池田有日子

# ユダヤ人問題からパレスチナ問題へ

## アメリカ・シオニスト運動にみるネーションの相克と暴力連鎖の構造

法政大学出版局

ユダヤ人問題からパレスチナ問題へ——アメリカ・シオニスト運動にみるネーションの相克と暴力連鎖の構造◉目次

## 第一部　アメリカ・シオニスト運動の成立——ルイス・ブランダイスを中心として

# ユダヤ人問題からパレスチナ問題へ

## ――アメリカ・シオニスト運動にみるネーションの相克と暴力連鎖の構造

# 序章　ユダヤ人問題、パレスチナ問題、国民国家

## 第一節　問題の所在

### 本書の目的

本書は、ユダヤ人国家建設を目指したシオニスト運動が開始された十九世紀末からイスラエル建国に至るアメリカ・シオニスト運動の展開を検証することで、「ユダヤ人問題」から「パレスチナ問題」に至る暴力連鎖の構造を明らかにしていくことを目的としている。いまだ記憶に新しい二〇一四年のガザ攻撃で二〇〇〇人以上の死者をだした「ユダヤ人国家」イスラエルによるパレスチナ人への暴力は、入植地や分離壁の建設などを恒常的に伴いながら、いまだパレスチナ人を脅かしている。そして二〇〇万人にも及ぶパレスチナ難民問題も解決されないまま残っている。そうした問題をもたらしたイスラエルが国際承認され主権国家として成立するに至った背景には、六〇〇万人もの虐殺で極限化するナチ・ドイツによる反ユダヤ政策とその結果としてのユダヤ難民問題があった。なぜアメリカを舞台にするかということについては後述するが、「ユダヤ人国家」「パレスチナ」をめぐ

るアメリカ・シオニストの思考、活動を具体的に描きながら、「ユダヤ人問題」「パレスチナ問題」の具体的様相や構造を浮き彫りにしていきたい。その際には近代のユダヤ人にとって、国家とは、ネーションとはいかなる意味を具体的に有していたのか、という点が重要な考察対象となるだろう。

## シオニスト運動の成立とパレスチナ問題の発生

まず初めに、シオニスト運動成立の背景とパレスチナ問題の発生について概観したい。

一七八九年、「自由・平等・博愛（同胞愛）」を掲げたフランス革命の結果、同年八月の「人および市民の権利」によって「信仰の自由＝宗教による差別の禁止」の原則が示され、ユダヤ教徒・ユダヤ人の解放の道がヨーロッパにおいて初めて開かれることになった。ユダヤ人解放への根強い反対が存在したものの、最終的にフランス国民議会はユダヤ教徒を「民族」ではなく「宗教集団」と判断し、一七九一年に全ユダヤ教徒はキリスト教徒と同等の「フランス市民」としてのすべての権利を獲得した。[1] こうして、それまでヨーロッパ・キリスト教社会のなかで「異質な他者」「悪の帰責先」として差別・迫害されていたユダヤ教徒[2]が、一個人として「フランス・ネーション」の一員となり、自由・平等を獲得できる世界（の可能性）が開かれたのである。

以降、フランスやドイツなど国民国家が成立したところでは、ユダヤ教徒の多くは居住国家のネーションに同化して市民権を得ることで「解放」され、自由・平等を獲得することを目指した。

しかし、事態は単純に進展していく類のものではなかった。

まずマイノリティの「同化」という問題、より具体的にユダヤ教徒の側からいえば、個人として「市民」「国民」になる（である）ということと、宗教的文化的心情やアイデンティティ、そのコミュニティの維持との間にある葛藤や軋轢である。これは「国民」と「民族」の内実や関係の問題であるといえる。(3)

また、「法の下の平等」が実現し、「同化」によって解放されることを目指し実際に一定程度実現したユダヤ人も、実社会においては何らかの形で差別や反ユダヤ感情を実感させられる。のちにとりあげるアメリカ・シオニスト運動指導者ブランダイス（Louis D. Brandeis, 1856–1941）が指摘するように、「法の下の（個人の）平等」ということだけでは、ユダヤ教徒・ユダヤ人の政治・社会における十全な「解放」は実現できなかったのである。

さらに十九世紀後半になって、ネーションが、アイデンティティを固定的なものとみなす本質主義に基づき、人種主義的に規定される傾向が強まっていくなかで、「ユダヤ人」は「劣等人種」として位置づけられ、新たな形で再度明確な差別・排除の対象となったことである。(4)実際にドレフュス事件として表面化・具体化した人種主義に基づく反ユダヤ主義は、フーコーが「人種主義とは権力が引き受けた生命の領域に切れ目を入れる方法」と述べたように、同化ユダヤ人も包摂していたはずの従来の「フランス・ネーション」のなかに、「優越的な白人としてのフランス・ネーション」と「劣等人種としてのユダヤ人」という新たな分断線を引くものだったのである。(5)

この人種主義に基づく差別や排除は、当人にとって変更不可能な「本質」的条件、しかも「他者（ヨーロッパ白人）」によって規定されるものであるがゆえに、論理的にいえば差別・排除される側による当該国民国家内での主体的対応をもはや不可能とする。

近代におけるユダヤ人は、国民国家への同化を前提とした市民権付与による「解放」的側面と、ネーションの同質性を根拠とする「排除」の側面に翻弄され続けた。そして十九世紀末の帝国主義時代に登場した反ユダヤ主義によって、「ネーション」の構成原理が「人種」という本質主義的なものへと変容、強化されたと考え、ユダヤ人の同化による解放が不可能であると判断した人々が、「ユダヤ人国家」の必要性を唱えるようになったのである。[6]

その具体的な表出が一八九四年のフランスでの「ドレフュス事件」であった。[7] これは、普仏戦争（一八七〇―七一年）を契機とする反ユダヤ主義の高揚を背景に、ユダヤ系大尉ドレフュス（Alfred Dreyfus, 1859-1935）がスパイ容疑によって有罪判決を受け、位階を剝奪された事件であった。その位階剝奪の儀式において、彼のサーベルは折られ、その姿に大衆は「ユダヤをやっつけろ」と叫ぶなど、当時のフランスにおける国家レベル、民衆レベル双方での反ユダヤ主義が、一気に具体的に噴出したのである。[8]

この事件を記者として目の当たりにしたヘルツル（Theodor Herzl, 1860-1904）は、「同化」によるユダヤ人の解放は不可能であると認識し、ユダヤ人にとっての父祖の地「パレスチナ」にユダヤ人国家を建設することを目指す、近代的な政治運動としてのシオニスト運動[9]を開始したのである。

それから五〇年ほどが過ぎた一八四八年五月十四日、ベン・グリオン（David Ben-Gurion, 1886-1973）は、中東・パレスチナの地にユダヤ人国家イスラエルの独立を宣言し、米ソをはじめとする諸外国が即座にこれを承認した。これに対し周辺アラブ諸国がイスラエルに宣戦布告して第一次中東戦争が勃発し、以降中東の政治状況はこのイスラエルとアラブ諸国との敵対関係を基軸に展開することとなった。この第一次中東戦争の停戦合意は成立したが、イスラエルは一九四七年国連パレスチナ分割決議[10]で想定されていた以上の領土を占領し、[11] ガザはエジプト軍政下に、ヨルダン川西岸はヨルダンの支配下に置かれることになった。そしてこれらの過程において、パレスチナの地に従来住んでいたアラブ人（以下、パレスチナ・アラブ人）[12]は追放・虐殺され、戦火を避けるため周辺地域に逃れていたパレスチナ・アラブ人の「帰還」は、国連による「帰還権」の保障要請にもかかわらず、イスラエル政府によって一切認められることはなく、またヨルダンを除くアラブ諸国は自らの支配下に置かれた彼らに国籍を与えることはなかった。[13]こうして、イスラエル建国によってパレスチナ周辺地域で成立した政治体制・権力空間から、パレスチナ・アラブ人は「はじかれ」て、虐殺され、政治的権利はもとより法的権利・保護もない「難民」状態に置かれることになったのである。[14]また、イスラエルにとどまったパレスチナ・アラブ人は、「国内にとどまる不在者（present absentees）」、二級市民として差別・抑圧の対象となった。[15]

パレスチナにおけるユダヤ人国家イスラエルの成立とパレスチナ・アラブ人の法的保護・法的政治的権利の否定という非対称的な構造は、様々な形でパレスチナ・アラブ人に対する暴力をもたらしてきたと同時に、中東地域全体、さらに世界情勢全体の不安定要因の一つとなっているといっても過言ではないだろう。

そして、こうした事態を生じさせることとなった背景には、国民国家成立以降に欧米において生じ、ホロコーストで極致に至る（人種主義に基づく）反ユダヤ主義という問題が歴然と存在していた。その意味で、「パレスチナ問題」を、中東地域固有の問題として、また一般にいわれるような宗教的な問題として捉えることは問題の本質を見逃すことになるだろう。この問題は、国民国家、ナショナリズムの有する排他性・暴力性、人種主義など、欧米で生じ欧米が抱えた諸問題を象徴的かつ集約的に示すものとして捉えるべきであるということが本書の基本的な前提となっている。

## シオニスト運動の「脆弱性」

しかし、ユダヤ人のための国民国家を創設しようとしたシオニスト運動は、ナショナリズム運動としては著しく基盤の脆弱なものであった。

まずネーションという点である。周知のように、ユダヤ教徒・ユダヤ人[16]は世界各地に離散していた。フランスやアメリカなど国民国家が成立・機能しているところでは、多くのユダヤ人はそのネーションの一員となっており、「アメリカ人」「フランス人」などの自己認識を第一義的に捉え、居住国家に強い忠誠心を抱くものも多かった。そうしたユダヤ人は、シオニスト運動を、「二重の忠誠」を疑われ、さらに（原理的には）「シオンへの帰還」を要請されかねないものとして警戒していた（シオンとはエルサレムのこと。実際の土地としてはパレスチナ）。実際シオニスト運動が開始された一八九〇年代後半から一九一〇年代半ばに至るまでのアメリカにおいて、シオニストは「シオン偏執狂（Zionmania）」と揶揄されるほど忌避される、[17]「マイノリティ」的存在に過ぎなかったのである。彼らにとってはアメリカ合衆国のネーションの一員であることが第一義的であり、政治共同体としてのユダヤ・ネーションの一員になることは、到底想定されていなかったのである。つまり、近代のユダヤ人においては、「何らかの文化的同質性を共有すると想定される『民族』と政治共同体の構成員としての『ネーション』が一致すべき」というゲルナーのいうナショナリズムのイデオロギー的原則が相対的にですら現実化しえないのである。[18]

次に領土という点に関してである。シオニスト運動が国家建設の場として想定していた「パレスチナ」は、当初はオスマン帝国支配下にあり、一九一七年にイギリスがバルフォア宣言によってパレスチナにユダヤ・ナショナル・ホームを建設することを認めたときにおいても、そのパレスチナとは漠然とシャーム（歴史的シリア、すなわち今日のシリア、レバノン、イスラエル、ヨルダン、パレスチナ自治政府管轄地）の南部地方を指していたにすぎない。[19]一九一七年のバルフォア宣言、イギリスのパレスチナ委任統治が決められた一九二〇年のサン・レモ会議、一九二二年の国際連盟におけるイギリスによるパレスチナ委任統治の追認を経て、暴力的に「パレスチナ」という地域が区画されたわけだが、[20]その区画されたパレスチナにおいては住民の大多数はアラブ人であった。

つまり、当時一般的な原則であった「民主主義」の多数決原理に基づく「民族自決の原則」を適用するならば、シオニスト運動がパレスチナにユダヤ人国家を建設する正統性は脆弱だったのである。

この問題は、本書で扱うアメリカ・シオニスト運動にとって極めて深刻な問題を投げかけるものであった。つまり彼らは、アメリカ人としてその国是ともいえる「民主主義」、またアメリカのマイノリティである彼らがアメリカにおいて平等を獲得し地位向上を可能にするものとしての「民主主義」と、シオニストとしての目標である「ユダヤ人国家」の正統性がパレスチナにおいて齟齬、ないしは矛盾をきたすという事態に直面せざるをえなくなるのである。この問題のポイントは、本書の第二部で扱うが、一言でいえばアメリカ・シオニスト運動指導部がパレスチナ・アラブ人を政治主体として認めるかどうかという点にあった。

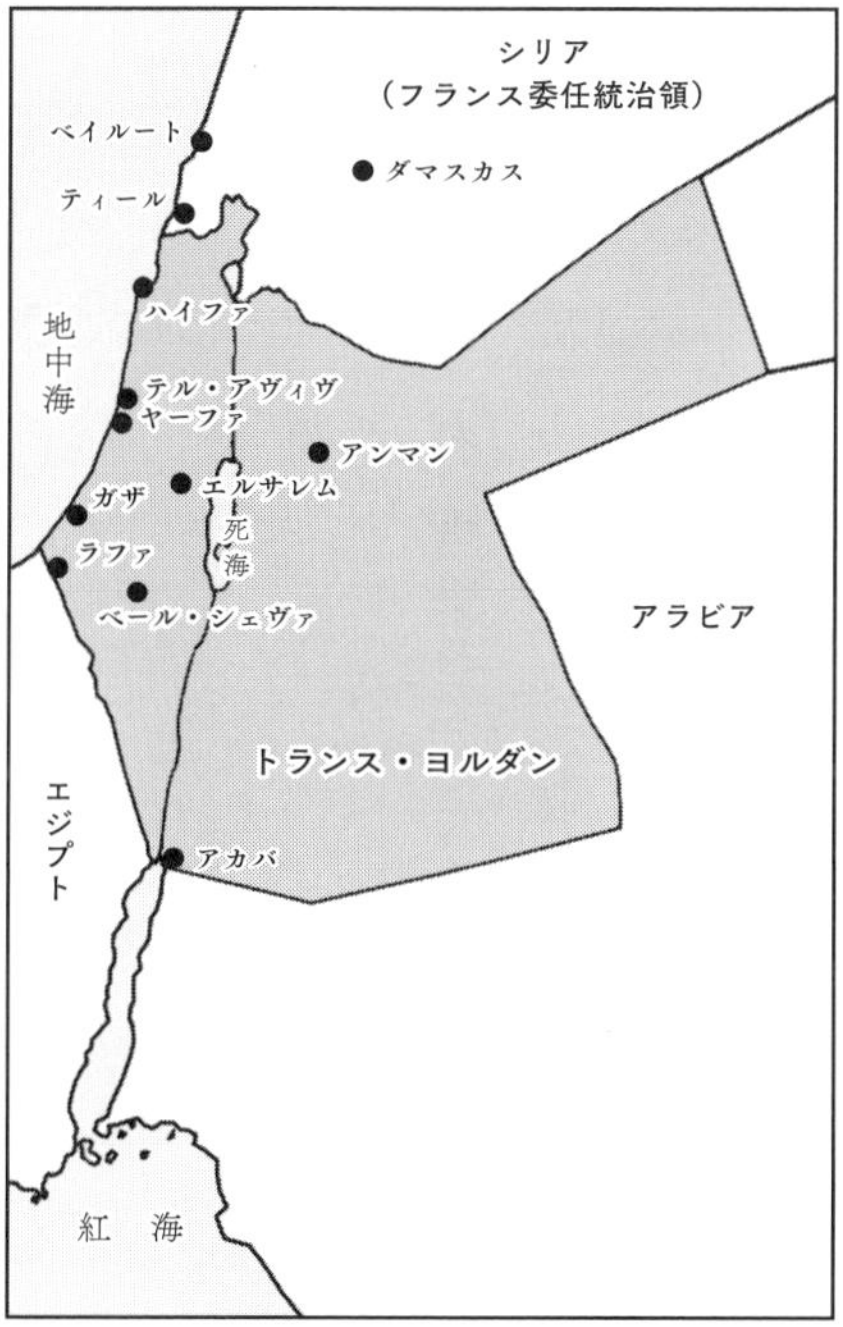

地図：イギリスのパレスチナ委任統治領（阿部俊哉『パレスチナ――紛争と最終的地位問題の歴史』ミネルヴァ書房、2004年、27頁をもとに作成）

## 「パレスチナ問題形成」と「ユダヤ難民問題」

パレスチナにおいてユダヤ人は少数に過ぎないという状況のなかで、シオニスト運動にとってパレスチナへのユダヤ移民の恒常的流入は死活問題であった。ユダヤ人国家建設に向けた最も合理的な方法は、パレスチナでユダヤ人が「多数」を占めることだったからである。一九三三年のナチスによる政権獲得以降はパレスチナへ移民する人々も増え、また難民となった人々をパレスチナに移民させる活動も行われ、パレスチナのユダヤ人口は増えていった[21]。しかし、一九四七年段階でもパレスチナで多数を占めていたのはアラブ人であり[22]、パレスチナにおけるユダヤ人国家とアラブ人国家の建設を唱えた国連パレスチナ分割決議は、彼らの存在を当然の前提としていた。にもかかわらず、なぜ、パレスチナ・アラブ人が虐殺され、難民化せざるをえない構造が成立し、また継続したのか。

このことを理解するためには、ナチスによるホロコーストで極限化される、ヨーロッパにおける「ユダヤ人問題」と、その具体的帰結であり国際的なイシューとなった「ユダヤ難民問題」が極めて重大な意味をもつ。

一九四七年の国連パレスチナ分割決議は、確かにパレスチナにおけるパレスチナ・アラブ人の存在・権利を前提とするものではあったが、他方当時のパレスチナの人口比率、土地所有率からすれば、過分な領土をユダヤ人国家に割り当てていた[23]。つまり、国連パレスチナ分割決議においては、ナチスの虐殺を免れたＤＰｓ（Displaced Persons: 強制追放者、事実上ユダヤ難民）の救済場所・手段としてパレスチナ・ユダヤ人国家が位置づけられていたということである。これは、いまからみれば一見「自明」なことかもしれない。しかしながら、原理的にいえばユダヤ難民救済の場所がパレスチナでなければならない必然性はない。現に、パレスチナを委任統治していたイギリス政府やシオニスト運動に反対する人々は、一九三〇年代後半以降、ユダヤ難民の救済問題とパレスチナもしくはパレスチナ・ユダヤ人国家との関連を認めない方針を採用し続けていたのである。そして、パレスチナ・アラブ人にとっては、パレスチナ・ユダヤ人国家は、ヨーロッパのユダヤ人問題を苛烈な形で彼らに押しつけるものでしかなかった。

こうした状況は、シオニスト運動の戦略的行為を背景としていたと考えられる。第二次世界大戦中、シオニスト運動は、アメリカにおいてユダヤ難民の救済をもってパレスチナ・ユダヤ人国家建設を正当化し、その必要性をアピールする戦略を採用していた（＝ユダヤ難民問題とパレスチナ・ユダヤ人国家の「リンケージ」[24]）。国連パレスチナ分割決議の内容は、ユダヤ難民問題という極めて深刻な問題とナチによるユダヤ人絶滅の試みへの戦慄を背景にして、この戦略が一定の「成功」を収めたことを示していたといえる。そして、一九四七年国連総会で建国の「正統性」が承認されたユダヤ人国家は、翌年イスラエルとして具体化し、それはパレスチナ・アラブ人を排除（虐殺、帰還権の拒否、二級市民化）する指向を原理的・恒常的に有し、また主権国家としてそれが実現可能となったのである。

こうした状況をもたらすことになった大きな要因であるユダヤ難民問題は、ナチス・ドイツ体制による、最終的にはユダヤ人の「絶滅計画」に至る反ユダヤ政策のなかで、「ドイツ国民」であったはずの人々が、「ユダヤ人」と規定されドイツ国民を腐敗させる「敵」として位置づけられたことにはじまった。ドイツ国民の共同性から除外され、さらにヨーロッパからのユダヤ人の一掃を目論んだナチス・ドイツの周辺地域への侵攻によって、ドイツ、ヨーロッパを逃れることを余儀なくされたユダヤ人たちは、その多くが難民となった。そして、逃げることもできずにナチス体制支配下に置かれた数百万のユダヤ人は、組織的に虐殺されてしまったのである。

このように、ナチス・ドイツが企図した人種的な同質性を希求する政治体制から排除された「ユダヤ難民」、ユダヤ人国家から、そして中東の国民国家体制からも事実上排除された「パレスチナ・アラブ難民」という視点を今一度確認するならば、「ユダヤ人問題」「パレスチナ問題」を、ヨーロッパを発祥の地とする国民国家という政治体制の暴力的側面の集約として捉える視座の必要を示唆しているように思われる。つまり、国民国家体制においで、なぜユダヤ人にしてもパレスチナ人にしても、国民国家内で差別され、ついにはその「法の外」にはじかれて「難民」という非人間的状況に貶められ、そして言葉すらにできないほど苛烈な形で大量に虐殺されることになったのかという問題として、である。

## 「パレスチナ問題形成」と「アメリカ」

そして、このパレスチナ問題形成を理解するうえで重要なのが「アメリカ」というファクター／アクターであった。この点について、以下国際政治レベル、シオニズムのイデオロギー・レベル、パレスチナ問題の政治構造レベルという三つの観点から説明したい。

国際政治レベルでユダヤ難民救済問題とパレスチナ、パレスチナ・ユダヤ人国家の建設との「リンケージ」が浮上、明確化したのは、一九四五年八月にアメリカ大統領トルーマン（Harry S. Truman, 1884-1972）が、イギリス政府の意向に反してイギリス政府に一〇万人のユダヤ難民のパレスチナへの受け入れを要求したことによる。以降、国際政治レベルにおける事態の展開は、イギリス政府の強い反対にもかかわらず、この「リンケージ」を軸に推移していくこととなった。パレスチナにおける実質的な基盤が脆弱だったシオニスト運動にとっては、アメリカ政府の支持を獲得しうるかどうかは極めて重要な問題であり、実際に支持を獲得しえたことは、イスラエル建国／パレスチナ問題形成において決定的な出来事であった。

トルーマンのこの声明やそれ以降のシオニスト運動への支持・支援の背景には、キリスト教徒としてのユダヤ人への贖罪意識や、ルーズヴェルト（Franklin Delano Roosevelt, 1882-1945）大統領の後任としてまだ不人気だった情勢を挽回するためにユダヤ票を獲得するという狙いがあったとされる。[25] 国務省はアメリカ政府がシオニスト運動に賛意を表明することに従来反対しており、トルーマンの行動は、アメリカ政府の対中東政策に向けた合理的・戦略的判断に基づくものだったとはいえない。やはりそれは、アメリカ・シオニスト運動の実際のロビー活動と、「ユダヤ難民救済のためにユダヤ人国家建設が必要」[26]という彼らの「リンケージ」に基づく主張が、アメリカ・ユダヤ人を「代表」するものとなり、一般的な世論もその主張を支持していた当時の状況が背景にあったと考えるのが妥当だろう。

以上の過程と論理を簡潔にまとめるならば、ヨーロッパで生じたユダヤ難民問題を前提に、ナチスによるユダヤ人絶滅計画に対する戦慄・絶望・狂乱といった状況のなかで、アメリカ・シオニスト運動が設定した「ユダヤ難民を救済するためにユダヤ人国家を建設すべき」というアジェンダがアメリカにおいて形成・確立し、トルーマンによってこのアジェンダが国際政治レベルにインプットされ、それをめぐるシオニスト運動の戦略・活動をもって、イスラエル建国の実現とパレスチナ・アラブ人の虐殺や難民化、アラブ・イスラエル紛争がもたらされた、ということになるだろう。その意味で、アメリカ・シオニスト運動を対象とすることで、ユダヤ人問題からパレスチナ問題に至る暴力連鎖の構造と、「アメリカ」の果たした役割を明らかにできると考えられる（図１参照）。

さらに、このようにアメリカ・シオニスト運動がアメリカ・ユダヤ人の広範な支持を獲得しえたことは、シオニスト運動にとって具体的な政治的意味をもっただけでなく、原理的・イデオロギー的な意味でも極めて重要であった。

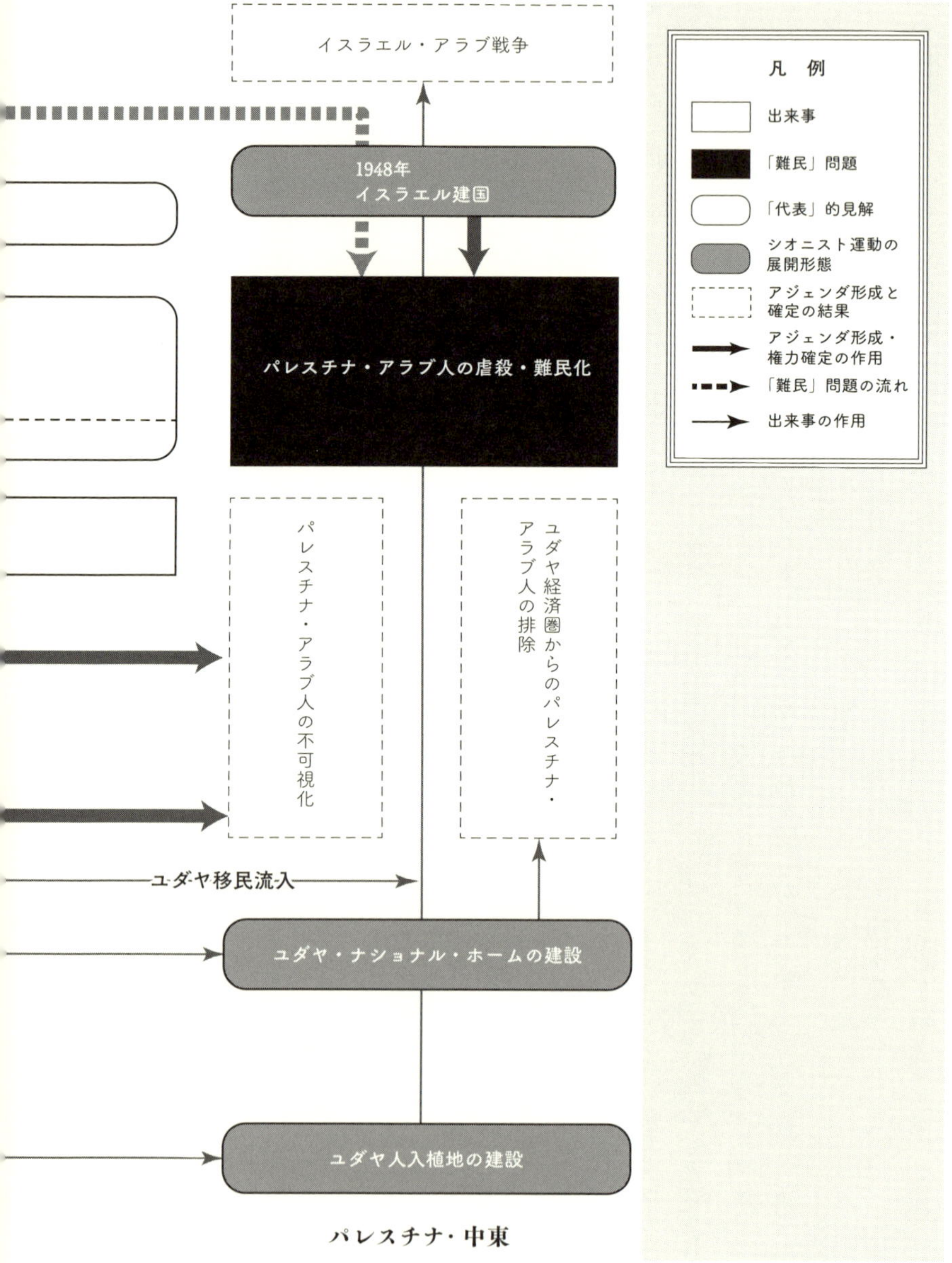
イスラエル・アラブ戦争
1948年
イスラエル建国
パレスチナ・アラブ人の虐殺・難民化
パレスチナ・アラブ人の不可視化
ユダヤ経済圏からのパレスチナ・アラブ人の排除
ユダヤ移民流入
ユダヤ・ナショナル・ホームの建設
ユダヤ人入植地の建設
パレスチナ・中東
凡　例
出来事
「難民」問題
「代表」的見解
シオニスト運動の展開形態
アジェンダ形成と確定の結果
アジェンダ形成・権力確定の作用
「難民」問題の流れ
出来事の作用

図1　アジェンダ形成・確定をめぐる権力過程としての「アメリカ」と「パレスチナ問題形成」

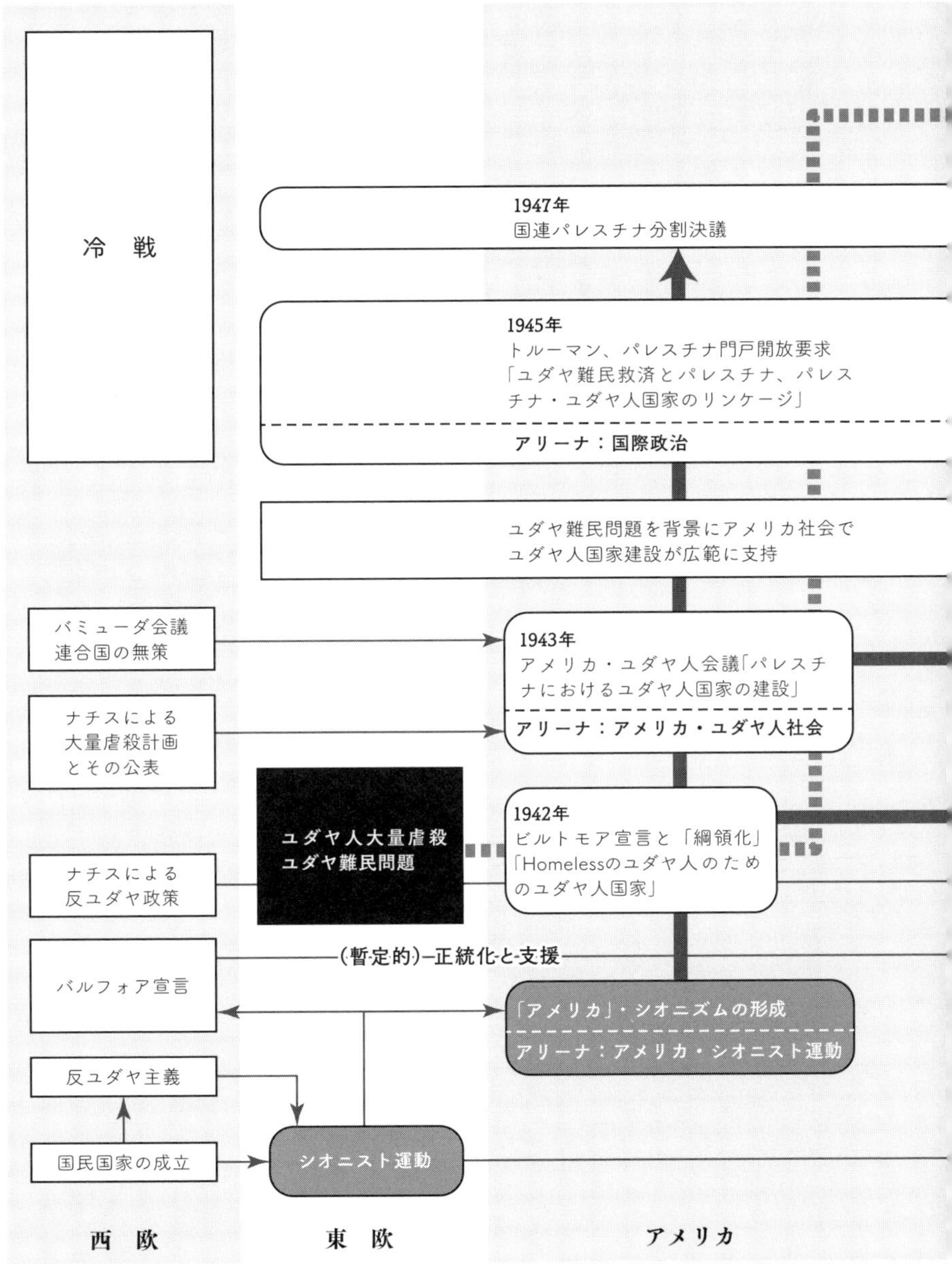

シオニスト運動がユダヤ・ナショナリズム運動たろうとすれば、原理的には世界各地に離散している「ユダヤ人」すべてを対象としなければならない。ディアスポラのユダヤ人の大多数の支持がなければ「一部の」「突出した」ユダヤ人の運動にとどまり、そのイデオロギーが破綻をきたしてしまうからである。その意味で、イスラエル建国過程において、当時およそ五〇〇万といわれるユダヤ人口を擁していたアメリカで支持を獲得しえるか否かは、そのイデオロギーの根幹に関わる原理的な問題を含むものだったのである。実際にはアメリカ・ユダヤ人がパレスチナ／イスラエルに移住することはまれであったが、アメリカ・ユダヤ人がユダヤ人国家建設を支持したという背景があってこそ、イスラエルは「ユダヤ人国家」としての正統性を担保しえたといえる。

しかし、先に述べたように、アメリカ・ユダヤ人がシオニズム、ユダヤ人国家を支持、支援することは決して自明のことではなかったのである。

では、なぜアメリカ・ユダヤ人がユダヤ人国家を支持していることが「自明性」を帯びるような状況が創出されたのか。この点を明らかにすることが本書の主要な課題の一つであり、具体的にはアメリカ・ユダヤ社会において「マイノリティ」に過ぎなかったシオニスト運動が、広範な支持を得ていく論理、状況、過程を検討する。

「アメリカ」・シオニスト運動を取り上げる理由の第三点目は、「アメリカ」が「個人の自由」や「民主主義」といった西欧近代の政治理念をその「ナショナリズム」の根幹に据えている、ということに関わる。[27] アメリカ・シオニスト運動は、同胞ユダヤ人の救済や、ユダヤ人としてのアイデンティティや自尊心、ユダヤ文化の維持・発展といった観点からだけではなく、アメリカ固有の政治・社会的な文脈において「ユダヤ人国家」の必要性を積極的に位置づけていた側面もあった。論点先取となるが、ブランダイスを中心として形成された「アメリカ」・シオニズムは、新たな「アメリカの理想」を追求する革新主義派法律家[28]としての彼の思想を重要な背景としていたのである。その意味で、彼をはじめとするアメリカ・シオニスト運動指導者を対象とすることで、アメリカ政治・社会やそこでユダヤ人が置かれた状況、彼らが抱えた諸問題やその方策を照射しうると考える。

さらに、彼らのパレスチナ（地域・アラブ人）に対する認識や対応、とりわけ先にも述べたパレスチナにおける「ユダヤ人国家建設」と「民主主義」との齟齬や矛盾にいかに対応したのかという点を検証することで、「パレスチナ問題」を西欧近代の政治理念・概念の解釈や具体的適用や実際の機能の仕方、さらに政治制度のあり方にまつわる問題として捉える視座を獲得しうると考えられる。

## 第二節　本書のアプローチ

### ユダヤ人・ネーション／ユダヤ人国家

ここで、本書のアプローチについて述べたい。

本書はアメリカ・シオニスト運動を対象とするわけであるが、これは以上述べてきた理由に加えて、「アメリカ人」「アメリカ合衆国」「ユダヤ人」「ユダヤ民族」「ユダヤ・ネーション」「ユダヤ人国家」など、アメリカ・ユダヤ人の「ネーション」や「国家」にまつわる錯綜するアイデンティティや関与の仕方、その変容などについても明らかにするという目的も有している。ここで、「ユダヤ人」を対象とする本書の「ネーション」概念の捉え方について述べておきたい（「ネーション」概念や「国民国家」の一般理論の検討を目的とするものではない）。

「国民国家」「ナショナリズム」研究は、ゲルナーら「モダニスト」によって、歴史的な連続性を有す「実体的」な「ネーション」を前提にした議論から、「ネーション」を「近代の産物」として捉える見方へと大きく変容したといえる。「モダニスト」の代表ともいえるゲルナーは、産業社会への移行における流動化、コミュニケーションの共有化・標準化の必要性、教育などに焦点を当てて分析・説明し、「ネーション」形成を産業社会における必然的帰結と位置づけた。[29]

これに対し、アンソニー・スミス（Anthony D. Smith）は、モダニストの説明では「ネーション」が人々に有す吸引力を説明できないとして批判し、前近代的な原初的・実体的「エスニー」と近代的「ネーション」の連続性を強調した。[30] 彼は、「モダニスト」は「なぜネーションなのか」「いつネーションとなったのか」という問いについては多少なりとも説得的な答えを提供しているかもしれないが、「誰がネーションなのか」「どこがネーションなのか」という質問についてはあまり答えていないと批判している。そのうえで、彼は「ペルシャ人、ユダヤ人、ギリシャ人など民族性（nationhood）の長い歴史を主張する文化的共同体にとって、これは何を意味するのか」と問い、「彼らは現在では国民国家を設立しているという限りにおいて明らかに近代のネーションである。しかし、彼らのナショナルなアイデンティティの構成要素には明白な形でずっと昔から、前近代の民族象徴的な要素――神話、記憶、価値、伝統――が維持されており、現在において土地や国家への要求を抱かせ正統化している。初期においては、政治的に統合されていようが分断されていようが、またホームランドを占有していようが分散していようが、それらの一群の要素がペルシャ、ユダヤ、ギリシャそれぞれのエスニーを形成していた。そしてこれらの古代エスニーの集合的記憶は、文字による記録（text）や工芸品や諸制度によって子孫代々伝えられ、とりわけ危機の時代にはその結果としての国家を要求するための特定のモデルを提供した」と述べ、ユダヤ人についても「エスニー」と「ネーション」の連続性を前提に議論している。[31]

スミスの「モダニスト」批判には一定の妥当性があるとは思われるが、しかしこうした彼の議論は「ユダヤ人」と国民国家との関連を歴史的に理解するうえで、いくつかの問題を孕んでいるといえる。
まず第一に、こうした議論では、ユダヤ人にとって相対的に安定した場を提供しうるアメリカ、西欧などの諸国家において、彼らの大多数がその居住国家に留まり、「同化」を志向したという点を取りこぼすことである。このことは、第二に、「シオン」に対するユダヤ人の伝統的・宗教的憧憬の問題と、現世的・具体的なホームランド／居住国家とを区別する必要を示唆しているように思われるが、スミスの議論ではそうした区別が曖昧になってしまうのである。さらに第三には、彼は、エスニーの構成要素に文化的象徴としての「ホームランド」、ネーションの構成要素にそれが保有する歴史的領土を含め、それらと国民国家による領土の主権的所有とを事実上連続的に捉えているが、文化的象徴としてのホームランド、ネーションの歴史的郷土、国民国家による歴史的領土の主権的所有は、それぞれ位相の異なるものであり、歴史的具体的な状況における意味合いを捨象してその連続性を強調する議論は、国民国家による領土の主権的所有に伴う暴力性を隠蔽することになるのではないかという点である
以上の議論を前提として、本書ではネーション形成におけるエスニーの重要性を否定するものではないが、「ネーション」における前近代の「エスニー」と近代の「ネーション」との実体性・連続性を強調するスミスのような立場はとらず、「モダニスト」と同様「ネーション」を「近代の産物」として捉える。しかし、「モダニスト」の議論にも限界があるといえる。
第一に、極めて単純化するならば、近代における政治社会構造が「ネーション」を形成していくという「モダニスト」の議論においては、「ネーション」形成において「他者」との関係性または出来事との遭遇という問題が概して軽視されているように思われる点である。本論で明らかにするように、「ユダヤ・ネーション」という概念の成立や内実、またさらには「ユダヤ人」という自覚すら、「他者」という問題や出来事の重要性抜きには

理解・説明できない。その意味で、本書は「他者」との関係におけるポジショニングのなかで「ネーション」にまつわるアイデンティティや「ネーション」概念、その内実が構成されるとする、「場」として「ネーション」を捉える立場を採用したい。(32) このことは、「ネーション」概念が状況的・関係的・言説的に構成されていく側面を重視することを意味している。

第二に、「ネーションは近代の産物」とする「モダニスト」の議論は、「国民国家」が近代において不可避・不可欠のものであるという認識を固定化し、(33) そのことによりナショナリズム、国民国家にまつわる暴力的事態を阻止し紛争を解決するための具体策やオールタナティブを構想する思考の幅を狭めてはいないかという点である。(34) この問題について、たとえばオーメン(35)やタミール(36)などは、紛争を回避または解決し、他者と共存可能な社会を構築するために、より柔軟で包摂的な「ネーション」概念の規範的な定義を行っている。本書は、こうした理論的・規範的な試みを前提にしつつ、「ユダヤ人」「ユダヤ民族」「ユダヤ・ネーション」の構築のされ方や内実、そのそれぞれの内部における葛藤や対立、この三者間の「ネジレ」、居住国家の「ネーション」との関係などに着目して具体的に描くことで、「ネーション」概念の非固定性を示唆したい。その際、オーメンの指摘したように、国民国家が本来前提としている、個人の人権や平等といった普遍的理念に基づくネーション概念形成といった規範性に対する感性も、限定・限界は想定しつつも排除せず、その可能性を念頭に入れて議論したい。

以上を前提として、本書は、「ユダヤ人問題」から「パレスチナ問題」に至るプロセスの根幹である、他者・上からの暴力的な境界画定、つまりユダヤ人の場合は「人種」という人間集団の境界画定、「パレスチナ問題」の場合は「領土」の画定と「民族」の設定という(37)「カテゴリー化の暴力」に抗して、「カテゴリー」「枠」（＝「人種」「民族」「ネーション」）を問題化したい。加えてさらに、規範的な試みとしてパレスチナに関する具体的な政治制度についての構想や議論も射程に入れて検証することとする。

## 歴史と権力論

次に、本書の「歴史」に対するアプローチについて述べたい。一言でいえば、本書はフーコーの提示したような「系譜学」に基づき、「ユダヤ人問題」と「パレスチナ問題」との暴力連鎖の構造を、「アメリカ」という場を通じて、「アジェンダ形成・確定をめぐる権力過程」という分析・記述枠組みを用いて明らかにしていきたい。

フーコーは、系譜学とは「伝統的歴史学では記述の対象とならない低い価値付けがなされてきた卑近な事柄や言説を取り上げつつ、それらを何らかの必然性のもとに統合しようとするのではなく、ただ偶然から生じた出来事を、形而上学的ではない『実際の歴史』として描くものである」とした。そして、歴史の記述者／解釈者としての自らの立場、パースペクティブを自覚・前提としたうえで、「実際の歴史」の解釈により「自明」「真理」を標榜する歴史・言説に対し、それが排除・捨象しているものを暴露し対抗するという自らの戦略的立場を打ち出した。[38]

こうした立場について、本書に引きつけてより具体的に述べたい。

まず第一点目は、「歴史の偶然性」という問題である。「ユダヤ人問題」の展開あるいは解決をめぐっては、いくつかのオプションが存在していた。まずはディアスポラのユダヤ人が居住国家に一定の「同化」を果たし、ネーションの一員でありつつ、「ユダヤ人」としての文化や自尊心も十全に尊重される状況が実現する、という道である。実際のところ、程度や具体的なあり方はさて置き、多くのユダヤ人が「同化」を志向した点に鑑みれば、仮に東欧やロシアまで含めてこの道が十全に実現し、かつナチスの反ユダヤ政策、そしてホロコーストがなかったとすれば、ユダヤ人国家イスラエルの建国はなかったかもしれない。

もう一つが、ユダヤ・ナショナリズムとしてのシオニズムのイデオロギーが内在的に抱え、実際に主張されていた「ディアスポラのユダヤ人すべてがユダヤ人国家に移民しユダヤ・ネーションを構成する（＝ディアスポラの否定）」という道である。しかし実際には、この道はこれまでも実現してこなかったし、将来的にも実現の見込みはないだろう。なぜなら、本書で扱うアメリカのように、ユダヤ人にとって相対的に安全で社会的上昇の機会も存在する国民国家においては、ユダヤ人はその国家に留まる傾向が強いからである。

これらのことは、ユダヤ人国家の実現は、シオニスト運動やユダヤ人の意図や戦略としてのみ語られうるものではなく、欧米の政治・社会の状況、とりわけそこでユダヤ人が置かれた歴史的状況に大きく依存するものであったことを示唆しているといえる。

さらに、ユダヤ人国家の「主権」という問題である。シオニスト運動においても、文化的・精神的なセンターとしてパレスチナのユダヤ・ナショナル・ホームを捉え、国家や主権に距離を置いたり批判したりする人々も存在していた。さらに、イスラエル建国の担い手となった東欧・ロシア系の労働シオニスト[39]は、そもそもは「自己労働」をスローガンに自律的なユダヤ・コミュニティを建設することを主たる目的としており、ヘルツルら外交によってユダヤ人国家を実現しようとする人々を批判すらしていた。[40]またより根源的な問題として、運動の目標、公的な表記、実現すべきアジェンダとの位相の違いが指摘できる。ヘルツルは「ユダヤ人国家」というその名の通りの著書を著したが、第一回シオニスト会議でのバーゼル綱領は「ホーム」という主権を明示しない表記を採用していた。そして、シオニスト運動の主流が実現すべきアジェンダとして「ユダヤ人国家」を公に掲げようとするのは、ユダヤ難民問題が切迫した一九三〇年代末のことなのである。だとするならば、シオニスト運動においてもユダヤ人主権国家建設が具体的固定的にすぐに実現すべき目標であったとは必ずしもいえず、やはり歴史的な状況によって規定・確定されていったものだといえる。

第二点目として、「政治主体の多様性」と「意図の非一貫徹性」という問題である。第一点目で述べたように、イスラエルの建国は「シオニストの意図」の結果とも、ましてや「ユダヤ人の意図」の結果とも単純にいえるものではない。さらに、先に指摘したように、トルーマンのユダヤ人国家への支持も対中東政策における合理的戦略的判断に基づいたものでもなく、またアメリカ国務省、イギリス政府がおおよそユダヤ人国家の建設については反対していた点を鑑みれば、イスラエルが「大国の意図・政策」の結果実現したものであるとはいえないだろう。

以上の諸点をふまえるならば、なぜイスラエルがあのような形で成立することになったのか、そしてなぜパレスチナ問題が生じたのかという問いに答えるためには、特定の政治主体の意図が貫徹したものとしてその建国過程をとらえるのではなく、偶然性を内包した特定の歴史状況のなかで、様々なアクターの意図と行為が錯綜し相互作用するなかで、あるオプションが選択され（あるいは残って）他のオプションが消えていき、より具体的な形で一つのアジェンダが形成・確定されて自明性を帯びていくという過程を検証する、つまり系譜学的なアプローチが有効であると考える。ただし、このことは暴力をもたらすアクターの責任を免除しようとするものではない。暴力にまつわる問題状況へのかかわり方を具体的に示す事で、かかわったアクターの当事者性や責任を再度喚起することが重要であると考えている。

第三点目は、「政治主体の多様性」ということとも関連するが、「地域相関性」という問題である。「中東」における「パレスチナ問題」の形成は、そもそもは「ヨーロッパ」の「ユダヤ人問題」に起因し、なおかつ「アメリカ」という場、アクターとしての関与ということが重要な意味をもっていた。このように、ある地域の出来事が別の離れた地域に重大な影響を及ぼすという事態を理解・説明するにあたっては、ある状況において成立し、各地域の政治主体が関与する特定のアリーナにおいて、いかなるアジェンダが形成・確定され、さらにそのアジェンダがいかなる影響を与えたのかを明らかにしていくことが有効な方法であると考える。

以上の議論を前提にして、「アジェンダ形成・確定をめぐる権力過程」とは具体的には以下のように整理できる。[41]

**Ⅰ〈相互作用〉**
この過程は、ある特定の歴史的条件のもと、様々な「意図」をもつ様々な政治主体の相互作用のなかで、さらに偶然的要素も加わりながら、特定のアリーナで特定のアジェンダが形成・確定される権力過程のことである。ここでは、ある事態が生じた原因を特定政治主体の「意図」に還元するという立場はとらない。

**Ⅱ〈経路依存性〉**
一度あるアリーナでアジェンダが形成・確定されると、このアジェンダに適合しない要素はそのアリーナから排除され、不可視化される。

**Ⅲ〈主体形成〉**
この場合の政治主体とは、個人、集団（運動、組織）、国家・政府が想定できるが、それらを「固定的」なものとしてとらえるものではない。政治主体そのものも特定の歴史的条件のなかで、様々なファクター（他者、政治・社会的な出来事など）の影響のもと、一定の傾向を有すものとして形成されるものとみなす。ただし、政府については主にこの権力過程に関連するファクターとしてのアウトプット（政策、政治家の言説など）に着目し、政策決定過程にあたる部分を深く扱うことはしない。

**Ⅳ〈多元性〉**
この過程に関与・影響するファクターを一元的に捉えることはしない。アジェンダの形成と確定過程を扱うため、言説・状況（とその変容）とを基軸とするが、あるアジェンダがヘゲモニーを確立するにあたっての背景や要因として、政治・社会状況や運動組織の内部状況、運動組織と外部との関係などについても重視する。

この「アジェンダ形成・確定をめぐる権力過程」の特徴は、第一に、あるアジェンダの形成・確定過程を、諸政治主体と関連するファクターとの複合的・総体的な相互作用の連鎖の権力過程として捉え、アジェンダの形成・確定とその「自明化」を、特定の歴史状況における権力の布置の結果として生じた出来事として捉えるということである。これは、特定の時点で成立した権力空間で形成され確定したアジェンダが「自明性」を帯びていくという側面に着目することで、ルークスの指摘したような二次元的権力（＝決定回避権力）、三次元的権力（＝洗脳の権力）の側面も射程に収めることを意図している。[42][43] このアプローチを採用する理由と目的は、これによりあるアジェンダが形成・確定し、自明化する過程で、排除・捨象されていったオプションやアジェンダ、議論などに再度光を当てることが可能となると考えているからである。本書に即して具体的にいえば、シオニスト運動内ではパレスチナ・アラブ人との共存を目指す二民族国家（Bi-Nationals State）や属人主義的連邦制などについての議論が存在していた。系譜学的なアプローチを採用することで、それらのアイディアがヘゲモニーを獲得しえなかった理由や状況・条件を抽出し、主権ユダヤ人国家の成立が歴史的条件に規定されていたものであるという認識を前提に、それらのアイディアを現在において再検討する可能性を開くことができると考えている。そうした規範性をもつという意味で、本書は「歴史を扱う政治学」であるといえる。

第二に、この過程における政治主体とは「上から権力を行使する」法的・制度的主体だけではなく「下から権力を行使する」非制度的な政治主体も含む。というよりむしろこのような後者の政治主体に焦点を当てることで、その戦略的行動があるアジェンダ形成・確定に果たす役割の重要性を明らかにする。その際、本書では対象をアメリカ・シオニスト運動とするが、アメリカ・シオニスト運動を明確な統一的意図をもつ確固たる主体として扱うものではない。そうではなく、様々な見解や立場の相違や対立を内包していたアメリカ・シオニスト運動が、いかなる条件、状況のもとで一定の統一的な立場を確立したのか、さらにその統一的な立場がどのようにしてアメリカ・ユダヤ人を「代表」するものとみなされるようになったのか、という点に着目しており、その意味でその統一的立場や一定の統一性をフーコーのいう「終端的形態」、すなわちある時点における権力過程の帰結とみなす。[44]

さらに政治主体の「意図（の非貫徹性）」という点である。「意図」そのものをめぐる問題も当然存在するが、[45]ここで問題としたいのは政治主体の「意図」を強調する議論が政治的に孕む限界である。一九八〇年代以降、イスラエル建国をめぐって「修正主義」学派とよばれる歴史家が登場し、そのなかでベニー・モリスはパレスチナ・アラブ人が難民となった過程について厳密かつ詳細な「新しい歴史記述」を行った。それまで、パレスチナ・アラブ人の難民化という問題に対して、アラブ側はパレスチナ・アラブ人の追放はシオニストの政治的・軍事的戦略の一部としてあらかじめ決定・立案された、「意図」的なものだと主張していた。他方、イスラエル側は、パレスチナ・アラブ人が避難＝離散したのはイスラエルによる強制ではなく、自らの「意志」であるか、パレスチナ・アラブ人指導者、アラブ側指導者に勧告もしくは命令されたからであるという公式見解を表明していた。それらの議論をモリスは、ある特定の要因のみを強調する恣意的な議論として排し、軽重はあるものの双方の政治家に責任はあるとした。[46]

こうした議論は、それまでのイデオロギーを相対化し再検証するという意味で重要であったと同時に、当事者の「意図」「意志」に焦点をあてる議論の立て方では恣意性を免れないとするモリスの指摘は正鵠を射ているように思われる。さらにつけ加えるならば、当事者の「意図」に焦点を当て強調する議論は、当事者の「意図」とそれに基づく「責任」のみに問題全体を集約・矮小化し、「なぜそのような事態が生じたのか」ということを歴史的構造的に検証・分析する視座を喪失させるように思われる。

ただし、繰り返しになるが、ユダヤ人国家イスラエルの建設がシオニストの「意図」が貫徹した結果ではないことを強調することで、シオニスト運動、イスラエルが行使してきた暴力の「責任」を免罪しようとするものでは決してないことを、確認しておきたい。

## 先行研究

先行研究について述べたい。まず第一部の「アメリカ・シオニスト運動の成立――ルイス・ブランダイスを中心として」であるが、これに関連する先行研究は大きく分けて二つに分類できる。一つ目の法律家としてのブランダイスに関する研究としては、トーマス・メイソンの『ブランダイスと近代国家』[47]、フィリッパ・ストラムの『ルイス・ブランダイス――人民のための裁判官』[48]、丸田隆「世紀転換期のアメリカと若き法律家ブランダイス――『ソーシャル・リベラリズム法学』形成の時代」[49]、橋本公亘「ルイス・D・ブランダイスの思想と行動」[50]などがある。二つ目のアメリカ・シオニスト運動指導者としてのブランダイスに関する研究としてはアロン・ガルの『革新主義とシオニズム――思想と社会背景の相互作用』[51]がある。前者の研究においては、ブランダイスのアメリカ・シオニスト指導者としての側面に言及しないか、関連はないとしている。後者の研究においては法律家としてのブランダイスの思想や行動が、彼の「シオニスト化」、「シオニズムのアメリカ化」の背景をなしていたとの指摘はなされているが、法律家としての彼の思想と彼の提示したアメリカ・シオニズムとの有機的論理的つながりについては明確にされているとはいえないし、彼のパレスチナの「ユダヤ・ナショナル・ホーム」ヴィジョンについての検討は不十分であるといえる。本書のこの部では、ブランダイスが「アメリカの理想」を追求した法律家であるからこそ、「シオニスト」となった論理・過程、彼の提示したアメリカ特有の「アメリカ」・シオニズムの内容、彼の法律家としての思想を前提にした「パレスチナ・ユダヤ・ナショナル・ホーム」観、ヴィジョンとその変容について検討する。

第二部の「アメリカ・シオニスト運動と『パレスチナ』」では、ラファエル・メドフの『アメリカ・シオニスト指導者とパレスチナ・アラブ人　一八九八―一九四八年』[52]、『シオニズムとアラブ――アメリカ・ユダヤ人のジレンマ　一八八九―一九四八年』[53]、『シオニズムにおけるアメリカ・ユダヤ人指導者とアラブ官吏との秘密交渉』[54]、『アメリカにおける戦闘的シオニズム――合衆国におけるジャボティンスキー運動の勃興とインパクト　一九二六―一九四八年』[55]、『施し外交――第二次世界大戦前夜におけるアメリカ・ユダヤ人指導者とアラブ官吏との秘密交渉』などの一連の著作に大きく依拠するが、アメリカ・シオニスト運動の政治活動の中心的組織であるアメリカ・シオニスト機構の機関紙『新しいパレスチナ』を用い、新たな側面に光を当てている。第三部の「アメリカにおける『パレスチナにおけるユダヤ・コモンウェルス建設』というアジェンダ形成・確定をめぐる権力過程」においては、一九四二年にシオニスト運動が「パレスチナにおけるユダヤ・コモンウェルス建設」について初めて公に掲げたビルトモア会議に至る過程と内容、そしてビルトモア会議の決議がアメリカ・ユダヤ社会において支持を得た一九四三年のアメリカ・ユダヤ人会議とその帰結について扱う。これに関連する研究については、相応の蓄積がある。まずアメリカ・シオニスト運動の研究については、サミュエル・ハルペリンの『アメリカ・シオニズムの政治世界』[56]やデーヴィッド・シャピロの『慈善から行動主義へ――ホロコースト期におけるアメリカ・シオニズムの政治変容』[57]などがある。ビルトモア会議に至る過程についての研究として、アロン・ガルの『ユダヤ人国家に向けたデーヴィッド・ベングリオンとアメリカとの提携』[58]や奈良本英佑の「ビルトモア会議に向けた準備」[59]などがある。一九四三年アメリカ・ユダヤ人会議に関連する文献としてメナハム・カウフマンの『あいまいなパートナーシップ――アメリカにおける非シオニストとシオニスト』[60]、デーヴィッド・ワイマン『見捨てられたユダヤ人――アメリカとホロコースト』[61]をあげておく。本書はこれらの文献に依拠するが、総じていえるのは、これらがパレスチナ・アラブ人に対するアメリカ・シオニスト運動の対応について検討してはいないということである。本書では、ビルトモア会議からアメリカ・ユダヤ人会議に至る過程と帰結を詳細に検討するなかで、パレスチナ・アラブ人をめぐる議論がどのように展開していくかということを射程に入れていきたい。

## 本書の構成

以上を前提として、本書はアメリカ・シオニスト運動の思想、政策、戦略を、世界シオニスト運動指導部との関係、非シオニスト系ユダヤ人団体との関係、シオニスト右派である修正主義派系勢力との関係や、当時のアメリカ政治社会状況や国際政治状況をふまえて考察する。「アメリカ」と「パレスチナ問題形成」についてのアジェンダ形成・確定の権力過程については主に第三部で扱い、その前提として第一部ではこの権力過程の主要な政治主体であるアメリカ・シオニスト運動の形成について、第二部ではアメリカ・シオニスト運動の「パレスチナ（地域・アラブ人）」に対する認識・対応について検討する。

各部についてより具体的に述べたい。まず第一部においては、アメリカ・シオニスト運動の理念的組織的基盤を築いたルイス・ブランダイスが、シオニスト運動を広くアメリカ・ユダヤ人に受容されうるものとして「アメリカ化」し、それが定着していく過程と論理を検証する。この部の主な目的は、アメリカ・シオニスト運動の形成と内実を検証することであるが、その際いかにアメリカ・ユダヤ人がユダヤ人国家、シオニスト運動をめぐって分裂していたかということや、ブランダイス自体も一貫した、明確な意図をもってユダヤ・ナショナル・ホームやユダヤ人国家をイメージし、位置づけていたわけではないことなどが明らかにされるだろう。

第二部では、アメリカ・シオニスト運動指導部のパレスチナ（地域・アラブ人）への認識・対応に着目し、とりわけパレスチナにおける「民主主義」と「ユダヤ人国家」建設の正統性との齟齬にいかに対応したのかを検討する。この作業を通じて、パレスチナをめぐって「国民国家」「民主主義」などがいかに認識され、位置づけられ、いかに機能し、いかなる帰結をもらしたのかといった点を解明し、西欧近代の政治理念・概念や政治制度と関連づけたうえでパレスチナ問題の構造の一端を明らかにしたい。

第三部においては、第二次世界大戦の勃発、ナチスによるユダヤ人大量虐殺、ユダヤ人絶滅計画の公表などの状況において、「homelessのユダヤ人ためのユダヤ・コモンウェルス建設」というアジェンダを掲げたアメリカ・シオニスト運動が、アメリカ・ユダヤ人社会を「代表」する存在となり、アメリカ・ユダヤ人社会、ひいてはアメリカ社会というアリーナでこのアジェンダがおおよそ確定されるに至る過程と、その過程と帰結のなかでパレスチナ・アラブ人の権利や彼らとの共存を前提とする議論や見解が排除、不可視化される過程を明らかにする。

終章においては、戦後からイスラエル建国、パレスチナ難民発生に至る経緯をごく概略的に扱ったうえで、本書全体の結論を述べる。

## 註

（1）市川裕「宗教学から見た近代ユダヤ人のアイデンティティ」市川裕・臼杵陽・大塚和夫・手島勲矢編『ユダヤ人と国民国家――「政教分離」を再考する』岩波書店、二〇〇八年参照。

（2）欧米の反ユダヤ主義については、ポリアコフの一連の著作が詳しい（レオン・ポリアコフ『反ユダヤ主義の歴史（Ｖ）――現代の反ユダヤ主義』菅野賢治・合田正人監訳、小幡谷友二・高橋博美・宮崎海子訳、筑摩書房、二〇〇七年など）。また、政治学者であるコノリーのキリスト教神学における「悪」と「責任」との関連での反ユダヤ主義の説明は、ヨーロッパ・キリスト教世界におけるユダヤ教徒・ユダヤ人に対する憎悪や迫害の激しさ、根深さを理解するうえで興味深い（ウィリアム・コノリー『アイデンティティ／差異――他者性の政治』杉田敦・齋藤純一・権左武志訳、岩波書店、一九九八年）。

（3）植村は、ドイツにおけるユダヤ人の、またはユダヤ人をめぐる葛藤に満ちた状況について、「ドイツ国民としての個人の権利と同時にユダヤ教徒としての信仰、信条やアイデンティティを維持するというユダヤ教徒解放運動の戦略は、宗教が何らかの形の集団性を帯びざるを得ないことから隘路に陥らざるを得ず、その集団性の維持が民族ないし人種としてゲルマン民族とは異質な集団としてのユダヤ人という規定を改めて呼び出してしまう」と指摘している（植村邦彦『同化と解放――十九世紀「ユダヤ人問題」論争』平凡社、一九九三年、三〇三―三一三頁）。なお、フランスの事情については有田英也『ふたつのナショナリズム――ユダヤ系フランス人の「近代」』（みすず書房、二〇〇〇年）が詳しい。ドイツのユダヤ系ドイツ人については長田浩彰『われらユダヤ系ドイツ人――マイノリティから見たドイツ現代史１８９３―１９５１』（広島大学出版会、二〇一一年）が詳しい。またソ連とアメリカ・ユダヤ人との関係を詳述している興味深い文献として高尾千津子『ソ連集団化農業の原点――ソヴィエト体制とアメリカユダヤ人』（彩流社、二〇〇六年）があげられる。

（4）人種概念や人種主義理論は、植民地獲得競争の激化のなか、ダーウィンの「進化論」の適者生存の考え方を接ぎ木されながら、「優等人種による劣等人種の文明化の使命」という形で、植民地主義を事後的に正当化する試みとしてフランスの政治において利用され、社会にも浸透することになった（有田、前掲、一五七―一五八頁）。それは、ヨーロッパ白人を「優秀」「強靱」「美しい」人種の頂点として位置づけ、黒人を最劣等人種として人類を序列化するものだった。

そして人種主義は、外＝非欧米における植民地化を正当化すると同時に、植民地獲得競争のなかで内＝ヨーロッパにおける差別・排除の論理となった。いまだ残存する根強い伝統的な反ユダヤ感情と、国民国家において「集団性」「民族性」を維持していたとされる「ユダヤ教徒・ユダヤ人」の「異質性」への敵意が相まって、「劣等人種」として「ユダヤ人」が位置づけられ、矛先が向けられることになったといえる。

（5）フーコーは、（「ユダヤ人」「黒人」といった類型に限定したものとしてではないが）人種主義を「権力が引き受けた生命の領域に切れ目を入れる方法」と位置づけ、「人種、人種主義は、規範化の社会において処刑が容認されるための条件」と述べて、個人の自由・平等を掲げ、同化の条件さえ果たせばネーションの正式な一員となれるはずの国民国家において、人種主義こそが「ユダヤ人」を（再）差別化し、処刑・虐殺にまで至らしめる排除の論理を提供するものだったことを示唆している。詳しくは、『ミシェル・フーコー講義集成（Ⅳ）——社会は防衛しなければならない（コレージュ・ド・フランス講義１９７５—１９７６）』石田英敬・小野正嗣訳、筑摩書房、二〇〇七年、七七—八五、二五三—二六一頁参照。ただし、ドレフュスが、最終的には無罪となったことを考えるならば、国民国家の発祥の地であるフランスにおいては、個人の自由・平等というフランス革命、国民国家の普遍的理念的側面を維持しようとする傾向も強かったといえる。

（6）ヘルツル以前にも、モーゼス・ヘス（Moses Hess, 1812-1875）は一八六二年に『ローマとエルサレム、最後の民族』を、レオン・ピンスケル（Leon Pinsker, 1821-1891）は一八八二年に『自力解放（Autoemanzpation）』を著し、双方ともヨーロッパにおける反ユダヤ主義の根深さ、ユダヤ人の同化による解放の不可能性を前提に、「ユダヤ人国家」建設を提唱していた。この時期「ユダヤ人国家」を提唱した三者とも、基本的には同化ユダヤ人であったことは、シオニスト運動の特質を象徴的に表しているといえる。

（7）「ドレフュス事件」とは、十九世紀末のフランス世論を二分した有名な冤罪事件である。一八九四年フランスのスパイが、パリのドイツ大使館のゴミ箱から四つに引き裂かれた文書を発見し、筆跡鑑定の結果、参謀本部の若いユダヤ系大尉、アルフレッド・ドレフュスにスパイ容疑がかかった。軍法会議はドレフュスに終身刑を宣告し、翌年一月、陸軍学校校庭で位階剝奪の儀式が行われた。有田の議論を参考にドレフュス事件を非常に単純化して図式化するならば、それは、フランスの法と言語を身につけてしまったフランス・ユダヤ人から人種主義に基づく身体的精神的脆弱性を口実にして「フランス・ネーション」たる資格を奪おうとする反ドレフュス派と、「個人の自由と平等」というフランス革命の原理に忠実であろうとするゾラ（Emile Zola, 1840-1902）らドレフュス擁護派との間での、「フランス・ネーション」の理解や内実をめぐる闘争だったといえる。ドレフュス事件自体は、一九〇六年に彼の無罪が確定される形で終結するが、「ユダヤ教徒」に「解放」をもたらした他ならぬフランスにおいて、「ネーション」が変更不可能で本質的な「人種」に基づいて概念化される論理を内包しており、そのことによって実際に「ユダヤ人」が異なる「人種」として差別・排除されるという事態と、それに対するフランス民衆の熱狂的な支持は、フランスのみならず広くユダヤ人に、ヨーロッパ国民国家内において「ユダヤ人」が同化することで解放されるという同化主義的な試みへの疑問を抱かせることになったといえる（有田、前掲参照）。

（8）英語においては、ユダヤ人に対する差別、迫害を一般にAnti-Semitismと表記する。これは、ユダヤ人が「人種」によって規定されたこと、さらにユダヤ人が非ヨーロッパ的な存在として位置づけられていることを示しているといえるが、本書ではそのことを前提として、Anti-Semitismの主たる対象はあくまで「ユダヤ人」であった点を重視するため、反セム主義ではなく反ユダヤ主義と表記する。

（9）シオニスト運動においては、領土主義者というユダヤ人国家建設の地をパレスチナに限定しない勢力も存在した。また、シオニスト運動指導者、とりわけロシア・東欧の労働シオニスト（註39参照）たちは、「主権国家」の建設を明確な目標としていたわけでもなく、彼らにしても、またアメリカ・シオニスト運動指導者にしても当初は自らの世代でパレスチナ・ユダヤ人国家が実現するものとは想定していなかった。さらに、アハド・ハアム（Ahad Ha'am, 1856–1927）らのような主権国家を目指さずパレスチナをあくまでユダヤ人の文化的なセンターとして位置づけようとする人々も、ヘブライ大学学長だったマグネス（Judah Leon Magnes, 1877–1848）のように「二民族国家」を唱える人々もいた。その意味では、シオニスト運動が「パレスチナ・ユダヤ人国家建設を目標とする」ということもフーコーのいう「終端的形態」の一つであった側面もあるが、それでもシオニスト団体とは「パレスチナにユダヤ・ナショナル・ホームを建設する」ことを掲げた『バーゼル綱領』の実現に向けた団体であり、「ホーム」が「国家」を暗黙に含意していた側面があること、また問題の構成を論理化する必要と全体の図式を描くということでの目的に鑑み、シオニスト運動を差し当たって「パレスチナにユダヤ人国家建設を目指す運動」と定義して議論する。

（10）UNSCOP（United Nations Special Committee of Palestine: 国連パレスチナ特別委員会）の多数派計画案であり最終的に一九四七年十一月に国連総会で決議されたパレスチナ分割決議は、パレスチナをアラブ人国家とユダヤ人国家に分割し、エルサレムを国際化しようとするものであった。国連パレスチナ分割決議の詳細は、浦野起央『パレスチナをめぐる国際政治』南窓社、一九八五年、八五頁参照。

(11) 同上、七八―九四頁。

(12) アラブ人とは、アラビア語を話しアラブ文化を共有する人々のことである。その意味でアラビア語を話すユダヤ教徒も「アラブ人」といえる側面はあった。パレスチナに住むアラブ人は「アラブ人」としてのアイデンティティと居住地である村に対する帰属意識を有していたが、「パレスチナ」という地域をベースにした強いアイデンティティをもつものではなかった。彼らのパレスチナ・アラブ人としてのアイデンティティは、シオニストとの対決のなかで形成・強化されていったものであった。

(13) 当事者であるパレスチナ・アラブ人が「帰還」を求めアラブ諸国における国籍付与を求めなかった側面はもちろんある。ここでは、パレスチナ難民が生じる構造や状況を問題にしているため、当事者やアラブ諸国の「意図」や「願望」といった問題は外して議論する。

(14) 一九四九年の国連発表では、難民となったパレスチナ・アラブ人の数は全体で九四万人、レバノンに一二万七〇〇〇人、シリアに七万八二〇〇人、ヨルダン川東岸に九万四〇〇〇人、西岸に三五万七四〇〇人、イスラエルに三万七六〇〇人、ガザに二四万五〇〇〇人であった(浦野、前掲、一二二頁)。ヨルダン川西岸はヨルダン政府の支配下に置かれ、一九五〇年に政府は東エルサレムを含む西岸を正式に併合することを宣言し、その人口は四五万人から一三〇万人に一挙に増大した。西岸の併合に際して採択された議会の決議では、パレスチナ人の法的権利の尊重が謳われ、ヨルダン旅券が発給された。他方ガザは一九四九年から一九六二年までエジプト軍司令官を長とする軍政府による統治が行われ、エジプトの緊急法が法的な基盤をなした。エジプト政府はパレスチナ人に国籍を与えることはなく、エジプト軍政府による統治は住民の自治を尊重せず、共産党やムスリム同胞団のような軍政府に批判的な勢力は弾圧を受けた(阿部俊哉『パレスチナ――紛争と最終的地位問題の歴史』ミネルヴァ書房、二〇〇四年、五五―五八頁)。レバノンでは市民としての法的地位はなく、シリアではパレスチナ・アラブ難民協会の取り扱いとなっていた(浦野、前掲、一二七頁)。

(15) この「国内にとどまる不在者」については、エドワード・W・サイード『パレスチナとは何か』島弘之訳、岩波書店、一九九五年を参照。

(16) 英語でのJewとはユダヤ教信徒としてのユダヤ教徒、民族集団としてのユダヤ人、人種集団としてのユダヤ人、「ユダヤ」としてのアイデンティティをもった自己認識とを意味しうる。本書では、使い手の立場や意図によって変わることを前提にしつつ、「ユダヤ教徒」として限定して使用する場合を除いて「ユダヤ人」と表記する。

(17) Samuel Halperin, *The Political World of American Zionism*, Detroit, Wayne State University Press, 1961, p. 72.
(18) アーネスト・ゲルナー『民族とナショナリズム』加藤節監訳、岩波書店、二〇〇〇年、一頁。
(19) 板垣雄三『石の叫びに耳を澄ます——中東和平の探索』平凡社、一九九二年、二一頁。
(20) それまで「パレスチナ」とは、ヨルダン川の西部と東部の両岸地域を指すものとされていたが、この時にヨルダン川東部が切り離されて、アラブ人指導者であるアブダッラー(Abdullah Ibn Husayn, 1882-1951)に付与され、トランス・ヨルダン王国となった。以降、「パレスチナ」とはヨルダン川西岸地域を指すものとなった。
(21) 次頁表1・2を参照。
(22) 当時のトランス・ヨルダンを除くパレスチナにおいては、アラブ人人口に対しユダヤ人人口は三分の一に過ぎなかった。
(23) 国連パレスチナ分割決議では、トランス・ヨルダンを除く五七パーセントがユダヤ人国家に割り当てられたが、アラブ側の指摘によれば僅か六パーセントの土地所有者であるユダヤ人がパレスチナのほぼ三分の二を与えられることになっていた(浦野、前掲、九二頁)。
(24) ただしこの戦略は、ユダヤ人国家をいわば難民救済の場として矮小化して位置づけることになり、ユダヤ・ナショナリズムとしてのシオニズムのイデオロギーを損なう危険性を孕むものでもあった。この問題については、本論の第三部で扱う。
(25) Michael J. Cohen, *Palestine, Retreat from the Mandate: The Making of British Policy, 1935-45*, London, Paul Elek, 1978, p. 45; 木村申二『パレスチナ分割——パレスチナ問題研究序説』第三書館、二〇〇二年、五六頁。
(26) アメリカ・シオニスト運動は、一九四二年五月の通称ビルトモア会議(The Biltmore Conference: 正式名称はThe Extraordinary Zionist Conferenceであるが、会議が開催されたのがビルトモア・ホテルだったことから、一般にビルトモア会議と称される)において「homelessのユダヤ人のためのユダヤ人・コモンウェルス建設」を運動の目標として初めて公式に掲げた。このhomelessという多義的な解釈の余地を残す用語の政治的含意については第三部で詳述するが、対外的なアピール、プロパガンダという観点からは、「ユダヤ難民」の救済をもってユダヤ人国家の必要性を訴えたということが重要であるため、ここでは「ユダヤ難民」と表記する。また「コモンウェルス」も様々な解釈が可能であるが、シオニスト運動内部ではおおよそ「国家」を指すものとして使用されていたため「国家」と表記し、本文にある訳文とする。
(27) 古矢旬『アメリカニズム——「普遍国家」のナショナリズム』(東京大学出版会、二〇〇二年)の議論を参照。
(28) 革新主義(progressivism)とは、産業化や都市化が個人のイニシアティブや機会の平等というアメリカ本来の理想と理念

表1 「パレスチナ事務局」「ドイツ・ユダヤ人救済協会」「ユダヤ人移住中央局」が援助したドイツからのユダヤ移住者数（1933-1939年）

| 行　先 | 1933 | 1934 | 1935 | 1936 | 1937 | 1938 | 1939 | 合　計 |
|---|---|---|---|---|---|---|---|---|
| パレスチナ | 3,984 | 4,948 | 3,982 | 2,908 | 1,300 | 1,140 | 4,352 | 22,614 |
| ヨーロッパ諸国 | 6,117 | 1,644 | 927 | 741 | 488 | 1,494 | 7,418 | 18,829 |
| 海　外 | 700 | 1,297 | 1,617 | 4,890 | 4,331 | 7,153 | 13,289 | 33,277 |
| 外国籍ユダヤ人の祖国等への帰国 | 11,700 | 5,500 | 4,000 | 3,000 | 630 | 1,060 | 3,247 | 29,137 |
| 合　計 | 22,501 | 13,389 | 10,526 | 11,539 | 6,749 | 10,847 | 28,306 | 103,857 |

出典：長田浩彰「ユダヤ人のドイツ社会への統合── 1871年から1939年の時期を通じて」『西洋史上における異民族接触と統合の問題』（平成7年度〜平成9年度科学研究費補助金（基盤研究（B)（2）研究成果報告書)、平成10年3月、39頁

表2 パレスチナへのユダヤ移民

| 年 | 移民総数（人） | ドイツから（人・%） | オーストリアから（人） |
|---|---|---|---|
| 1933 | 30,300 | 7,600（25） | 400 |
| 1934 | 42,400 | 9,800（23） | 1,000 |
| 1935 | 61,900 | 8,600（14） | 1,100 |
| 1936 | 29,700 | 8,700（29） | 500 |
| 1937 | 10,500 | 3,700（35） | 2,200 |
| 1938 | 12,900 | 4,800（37） | 2,200 |
| 1939 | 16,400 | 8,500（52） | 1,700 |
| 1940 | 4,500 | 900（20） | 200 |
| 1941 | 3,600 | 600（18） | — |
| 小　計 | 212,200 | 53,200（25） | 7,300 |
| 非合法移民数（1933-1941） | 18,100 | 1,800（10） | 2,200 |
| 合　計 | 230,300 | 55,000（24） | 9,500 |

出典：同上、40頁。

を掘り崩しているとの認識をもとに、一九〇〇年代から一九一〇年代に高まった改革の潮流を指す（紀平英作編『世界各国史　アメリカ史』新版、山川出版社、一九九九年、二四九―二五〇頁）。

（29）ゲルナー、前掲、九三―九四頁。

（30）Anthony D. Smith, *The Nation in History: Historiographical Debates about Ethnicity and Nationalism*, Juelsalem, Historical Society of Israel, 2000, pp. 65-70.

（31）*Ibid.*, p. 70.

（32）こうした立場を論じたものとして以下の文献を参照。栗原彬「ナショナル・アイデンティティの多元的構成――ポジショニングの視座から」中谷猛・川上勉・高橋秀寿編『ナショナル・アイデンティティ論の現在――現代世界を読み解くために』晃洋書房、二〇〇三年、五五―六五頁。佐藤成基「ネーション・ナショナリズム・エスニシティ――歴史社会学的考察」『思想』八五四号、一九九五年八月、一〇三―一二七頁。

（33）こうした問題関心については、T. K. Oommen, *Citizenship, Nationality, and Ethnicity: Reconciling Competing Identities*, Cambridge, Polity Press, 1997 参照。

（34）しかし、「ネーション」「国民国家」を近代において創造・想像されるものと捉え、その暴力性をふまえて批判的に検討するからといって、それを廃止すれば暴力的な問題が解決されるといった立場はとらない。この点について、杉田の主権国家・国民国家と境界画定、難民、法についての議論（杉田敦『境界線の政治学』岩波書店、二〇〇五年、とりわけ「おわりに――主権・境界線・政治」一七三―一九一頁。また「法と暴力――境界画定／非正規性」『年報政治学２００８―Ⅱ　政府間のガバナンスの変容』日本政治学会、木鐸社、二〇〇八年、一六六―一八一頁など）を前提に少し論じたい。

主権を有す国民国家とその法が、暴力的な境界画定を不可避的に伴うものであり、その帰結として法の外部が生じ、例えば「難民」を生み出してしまう構造を有しているとしても、法なくして社会生活が成り立ちうるとする想定は現実的であるとは思われない。法が実効的に機能するためには何らかの政治体制は不可欠であり、具体的なヴィジョンのないまま国民国家の廃止を唱えることで、ユダヤ難民にせよパレスチナ・アラブ難民にせよ、「法の外」に置かれ何をされても異議申し立てもできない「非人間的」な扱いを受ける人々の状態に政治的に対処し、そうした人々が生み出され続ける構造や状況を改善することにはつながらないように思われる。さらに、現実的に存在・機能している国民国家が廃止されるならば法が機能しえなくなり、無秩序状態のなかで人々が虐殺されるなど、現況以上のとてつもない暴力を生み出す危険性が高いように思われる。また、人々の最低限の生活を保障するための財の再配分という観点からも、「ネーション」という「想像の共同体」を前提とした国民国家の有す実効的な機能を無視しえないように思われる。重要なことは、国民国家の暴力性のみに目を奪われてゼロ・サム的な思考／志向に陥ることなく、その実質的な機能やポジティブな側面（マイノリティに対して一定の「解放」性を有していることは先に述べた通りである）も勘案しつつ、「法の外」に置かれる人々を生み出さずに済む政治秩序のあり方を、個別的状況に応じて構想することのように思われる。

(35) こうした試みとしてオーメンは、ネーションと国家の分離を前提としたうえで、「ホームランドに基づくネーション」という概念を提唱した（Oommen, *op. cit.*）。しかし、こうした「ネーション」概念の必然的結果として、民族紛争の本質が単なる「領土」の取り合いではなく、そこにおける「主権」の確立を目指すという政治的願望、要求の衝突であることを、つまりはそうした紛争は何らかの形で国家と結びついていることを看過、捨象していることは大きな問題であるといわざるをえない。また、彼は「ネーション」概念を宗教、言語などへ還元すれば現実的な差異、衝突を喚起、激化させ「ネーション」の対立をもたらすが、「ネーション」概念の基盤を「ホームランド」に置けばその土地に住むすべての住民の共存が可能になるという立場をとっているようにみえる。そうした彼の規範的意図と一定の妥当性は承認したうえで、しかし「ホームランド」という概念が人々の心情的愛着と具体的な「領土」の主権的所有との双方と結びつくからこそ、「ホームランド」によってネーションを規定することは、逆に言語や宗教が争点となる紛争よりも調整、妥協の余地のない衝突を招来、激化させる可能性はないか、という疑問が生じる。

(36) タミールは以下のように述べている。「……『非実体的（illusive）』な定義は、ネーションと文化的な共同体の他のタイプとを明確に区別することを困難とする。しかし『ネーション』概念の曖昧な定義を受け入れることは境界例を排除するよりも、より実害が少ないかもしれない。なぜならそれは厳密な定義では排除されるかもしれない集団を包摂できる可能性があるからである」。このようなタミールの「ネーション」に対する思考／志向を変える、とりわけ「過去」から「未来」へという規範的・実践的な試みは、「過去」に対する慎重かつ重大な配慮ということを前提とすれば、一つの方向性として検討する余地があると考える（Yael Tamir, *Liberal Nationalism*, Prinston University Press, 1993, p. 8）。

(37) パレスチナ・中東地域における暴力的な境界設定という点については、板垣、前掲書を参照。

(38) ミシェル・フーコー「ニーチェ、系譜学、歴史」『ミシェル・フーコー思想集成（Ⅳ）規範／社会（1971—1973）』筑摩書房、一九九九年、一一—三八頁。

(39) ロシア知識人のボロポフ (Ber Borochov, 1881-1917) は、シオニズムとマルクス主義の融合を、つまりマルクス主義的な分析手法でシオニズムを正当化し、そうした社会主義とシオニズムの理念的融合は労働シオニズムと呼ばれた。彼は、最初の社会主義－シオニストの大衆組織であるポアレ・シオン (Poalei Zion) を創設し、このポアレ・シオンを中心とする労働シオニズム系諸政党は、シオニスト運動で次第に大きな勢力となっていった。とりわけ、パレスチナのイシューブでは、労働シオニストが主要な役割を果たすようになり、彼らはマパイ (Mapai: 労働党) を設立し、またユダヤ人労働組合としてヒスタドルート (Histadrut: イスラエル労働組合総同盟) を設立した。このヒスタドルートは、イシューブの社会経済を統括した。ベン・グリオンをはじめイスラエル建国、そして建国後しばらくイスラエルの政界で中心的役割を果たしたのは、この労働シオニスト系の人物であった。

(40) 大岩川和正『現代イスラエルの社会経済構造――パレスチナにおけるユダヤ人入植村の研究』東京大学出版会、一九八三年、とりわけ第六章「パレスチナにおけるユダヤ人入植村のイデオロギー的基盤」、二〇一－二二四頁参照。

(41) この「アジェンダ形成・確定をめぐる権力過程」は、杉田敦の権力論を参考に考案したものである (杉田敦『権力の系譜学――フーコー以後の政治理論に向けて』岩波書店、一九九八年、および『権力』岩波書店、二〇〇〇年)。またスティーブン・ルークス『現代権力論批判』中島吉弘訳、未來社、一九九五年。

(42) 杉田 [2000]、前掲、六三頁。

(43) ルークスのいう二次元権力とは、(権力行使者) Aにとって「安全」な争点に決定範囲を制限することで、都合の悪い争点そのものをなくしてしまう権力であり、決定回避権力と呼ばれる。三次元権力とは、Aが自らにとって都合の悪い考え方をBがしないように洗脳する権力、とされる (ルークス、前掲)。この二次元的、三次元的権力論は、パレスチナ・アラブ人の難民化や「不可視化」といった問題やアメリカ・シオニスト運動、ひいてはアメリカ・ユダヤ人社会において「パレスチナ・アラブ人」との共存に関する議論が「タブー化」されるような状況を理解・説明するうえで、重要な示唆を与えてくれている。ただし、いずれにせよ権力行使者 (＝A) の明確な「意図」という前提は、政治主体、ネーションの枠や内実自体の形成のされ方を問題化し、ある状況が生み出されるにあたっての歴史的条件を重視し、なおかつ偶然的要素も組み入れて説明しようとする本書の立場とは異なる。

(44) フーコーは権力について、「権力とは、一つの制度でもなく、一つの構造でもない、ある種の人々が持っているある種の力でもない。それは特定の社会において、錯綜した戦略的状況に与えられる名称なのである」と述べ、何らかの統一性が生まれるにしてもそれは一連の権力関係の末の「終端的形態（les forms terminales)」に過ぎないとした（杉田［2000］、前掲、三〇—三一頁)。

（45）杉田［2000］、前掲、一三—一七頁。

（46）Benny Morris, *The Birth of Palestinian Refugee Problem, 1947-1949*, Cambridge, Cambridge University Press, 1987; 臼杵陽「イスラエル建国、パレスチナ難民問題、およびアブドゥッラー国王——一八四八年戦争をめぐる『修正主義』学派の議論を中心として」『大阪外国語大学　アジア学論叢』第四号、一九九四年、一八三—二一六頁。

（47）Alpheus Thomas Mason, *Brandeis and The Modern State*, Washington D.C., Princeton University Press, 1933.

（48）Phillipa Strum, *Louis Brandeis: Justice for the People*, Cambridge, Harverd University Press, 1984.

（49）丸田隆「世紀転換期のアメリカと若き法律家ブランダイス——『ソーシャル・リベラリズム法学』形成の時代」『甲南法学』第二七巻三・四号（三二三）、一九八七年。

（50）橋本公亘「ルイス・D・ブランダイスの思想と行動」片山金章先生追悼論文集刊行委員会編『法と法学の明日を求めて　片山金章先生追悼論文集』勁草書房、一九八九年。

（51）Allon Gal, *Brandeis, Progressivism and Zionism: A Study in Interaction of Idea and Social Background* (Ph.D.), Brandeis University, 1976.

（52）Rafael Medoff, *American Zionist Leaders and the Palestinian Arabs, 1898-1948* (Ph.D.), Yeshiva University, 1991.

（53）Rafael Medoff, *Zionism and The Arabs: An American Jewish Dilenmma, 1898-1948*, Westport, Praeger Publisher, 1997.

（54）Rafael Medoff, *Baksheesh Diplomacy: Secret Negotiations between American Jewish Leaders and Arab Officials on the Eve of World War II*, New York, Lexington Books, 2001.

（55）Rafael Medoff, *Militant Zionism in America: The Rise and Impact of the Jabotinsky Movement in the United States, 1926-1948*, Tuscaloosa, The University of Alabama Press, 2002.

（56）Halperin, *op. cit.*

（57）David Shapiro, *From Philanthropy to Activism: The Political Transformation of American Zionism in the Holocaust Years 1933-1945*, Oxford, Pergamon Press, 1994.

（58）Allon Gal, *David Ben-Gurion and the American Alignment for a Jewish State*, Indiana, Magnes Press, 1991.

(59) 奈良本英佑 "Preparation for the Biltmore Conference"『法政大学多摩論集』第一〇巻、一九九四年。

(60) Menahem Kaufman, *An Ambiguous Partnership: Non Zionist and Zionist in America, 1939-48*, Juersalem, The Magnes Press, 1991.

(61) David S. Wyman, *The Abandonment of the Jews: America and the Holocaust*, New York, The New Press, 1984.

# 第一部　アメリカ・シオニスト運動の成立——ルイス・ブランダイスを中心として

# 第一部　序

ここでは、アメリカにおけるシオニスト運動が、アメリカ政治・社会固有の文脈のなかで、「アメリカ」・シオニスト運動という独自の政治運動として成立していく過程を、その立役者ともいうべきルイス・ブランダイスに着目しながら検討する。

同化ユダヤ人だったブランダイスが、なぜシオニストとなり、さらに運動の指導者にまでなったのか。彼にとって「ユダヤ人国家」、「シオニズム」、「パレスチナ」がいかなる意味や意義をもっていたのか。そのことと、彼の革新主義派法律家としての思想や活動がいかなる関係にあったのか。アメリカ人としてのアイデンティティとシオニストであることがいかなる形で調整され、関連づけられていたのか。

また彼によってアメリカ化されたシオニズムが、アメリカ・ユダヤ社会、世界シオニスト運動においていかなる反応を引き起こし、どのように事態は展開していったのか。この点については、とりわけアメリカ・ユダヤ人委員会（The American Jewish Committee: 以下ＡＪＣ）[1]との関係と世界シオニスト運動指導者のワイズマン（Chaim Azriel Weizmann, 1874-1952）[2]や東欧系シオニストとの相互関係に着目して検討したい。

以上の問いをふまえつつ、アメリカ・シオニスト運動形成過程を検証することで、その形成の歴史的条件や特質、内実を明らかにしていくことがこの部での目的である。

## 註

（1）ＡＪＣは、一九〇六年の東欧・ロシアでのポグロムを背景に、アメリカにおけるユダヤ人の地位向上とアメリカ国外のユダヤ人支援を目的に設立された。

（2）ワイズマンは、ロシア生まれの早期からのシオニストで、一九〇四年にイギリスに移住し化学者として火薬の原料となるアセトン開発に携わり、第一次大戦中のイギリスの軍事努力に貢献した。

# 第一章　アメリカ・シオニスト運動の開始

## 第一節　シオニスト運動の開始

### テオドール・ヘルツルと第一回シオニスト会議

アメリカ・シオニスト運動を扱う前に、まずシオニスト運動が成立する過程について論じたい。
近代ナショナリズム運動としてのシオニスト運動の創始者テオドール・ヘルツルは、一八六〇年にブダペストに生まれた。彼は、基本的にはドイツの作家、脚本家として認められることを主たる関心としていた同化ユダヤ人であり、ユダヤ人問題にとりたてて強い関心をもっていたわけではなかった。[1]
ヘルツルは、初めは代表的なベルリンの新聞の自由契約記者だったが、一八八七年以降になるとウィーンの雑誌に安定した基盤をもつようになり、一八九一年十月『ノイエ・フライエ・プレッセ』紙のパリ通信員に任命された。当時パリは「文明」の中心地だったわけだが、同時に反ユダヤ主義が散見されるようになっていた。そして、一八九四年にフランスにおいて反ユダヤ主義が具体的に表面化したドレフュス事件が起きて、彼はこの事件を目の当たりにしながら、それを報道することになったのである。[2]

ヘルツルは、次第に反ユダヤ主義について言及するようになったが、反ユダヤ主義的な非難を全く不当なものとみなしたのではなく、「解放は、その諸権利が文書の上で保証されれば人間は自由になる、という幻想に基づいていた。ユダヤ人はゲットーから解放された。しかし根本的には、その精神構造に於いて依然ゲットーのユダヤ人であり続けた」としてユダヤ人側の主体的対応を検討し、一時期はユダヤ人の子供の洗礼なども考えた。[3] こうした思索を経たうえで、一八九六年、彼は『ユダヤ人国家――ユダヤ人問題の現代的解決の試み』[4]を出版したのである。

この著作においてヘルツルは、ユダヤ人の同化による解放は不可能であるという結論を前提に、反ユダヤ主義を近代の（国民）国家の問題であるとみなし、「ユダヤ人国家」の建設の必要を主張した。そして、反ユダヤ主義という問題を「ユダヤ人国家」を建設することで世界的な政治問題として遡上に乗せ解決しなければならない、と主張したのである。ヘルツルのシオニズムは、他者から投射されたネガティブな規定を、自ら主体的に引き受け政治化しようとするものだったといえる。

この著作のユダヤ人国家に関する具体的なプランについて述べたところで、ヘルツルは「パレスチナかアルゼンチンか」という項を立てて検討している。彼は、土地獲得や移民の吸収など具体的・現実的な部分においてはアルゼンチンにかなりの利点を見出している。他方、パレスチナは、自らにとってもユダヤ人の政治的な動員をはかるうえでも「歴史的故国」として心情を駆り立てる象徴であり、また「聖地の守護者」となることで名誉の回復をはかることもできるとしていた。[5]

ヘルツルがシオニスト運動の創始者と呼ばれる所以は、以上のような思想に基づきつつ、シオニズムを政治運動として組織化していったからであり、[6] 一八九七年にはほぼ単独の活動でスイス・バーゼルにおける第一回シオニスト会議の開催を実現させた。[7]会議は以下の綱領（『バーゼル綱領』）を採択し、ここに正式にシオニスト運動が開始されることになったのである。

シオニズムは、ユダヤ民族のために、公に承認され、法によって保証された、ユダヤ民族のためのパレスチナの郷土を、確保するよう努めるものである。その目的の達成のために、会議は次の方法を考慮する。

一、ユダヤ人農業労働者、工場労働者、その他の職業に従事している人々による、パレスチナの入植の計画的奨励。
二、すべてのユダヤ人社会の、それぞれの国の法律に合致した、地域的、ないしはさらに広範な集団への統合と組織化。
三、ユダヤ人としての自覚と民族意識の強化。
四、シオニズムの目的実現のために必要とされる、諸政府の同意を得るための予備的措置。[8]

この『バーゼル綱領』を実現するために、世界シオニスト機構（The World Zionist Organization: WZO）が設立されることになり、シオニスト会議が運動の最高決定機関となること、現下の政治問題を扱うために二三名からなる行動委員会（The Action Committee）が選出されることが決定された。一八歳以上で『バーゼル綱領』を受け入れ、シュケル（一シリングないしは二五セント）を納める者はだれでも会議に向けた選挙の投票権を有した。[9]

『バーゼル綱領』は、「パレスチナにユダヤ民族の郷土を確保する」ことを目標として掲げたが、民族郷土の建設地が最終的に確定するのは一九〇四年のことであり、それまでイギリス側から提案される案（エル・アリシュ案、ウガンダ案)[10]をめぐってシオニスト運動は揺れ動くことになる。また、ここで「国家(state)」ではなく「民族郷土(national homeland)」と表記しているのは、列強の指導者の疑惑や各国ユダヤ社会の指導者の反発を和らげるという政治的意図に基づくものであり[11]、この後もシオニスト運動は「ユダヤ人国家」という目標を明確かつ公に掲げることを回避し、ようやくそれを行ったのは、約五〇年後の一九四二年アメリカ・ニューヨークで開催されたビルトモア会議においてだったのである。

ともあれ、こうしてヘルツルの主導により、近代的なナショナリズム運動としてのシオニスト運動が始動することになった。次節では、アメリカにおけるシオニスト運動の展開について論じていきたい。

## 第二節　初期のアメリカ・シオニスト運動

### アメリカ・ユダヤ人の歴史

まず概略的にアメリカ・ユダヤ人の歴史について述べたい。

アメリカ建国当初、ユダヤ教徒は極めて少数にすぎなかった。一八四〇年に至っても、その人口は一万五〇〇〇人程度であり、彼らの多くはイベリア半島から逃れてきたセファラディームであった[12]。アメリカへのユダヤ移民が増大するのは十九世紀半ばのことであり、この第二波と呼ばれる移民の多くはドイツ系であった[13]。この第二波の移民によってアメリカのユダヤ人は二五万人にまで上昇した[14]。第三波は、一八八一年以降急速に増大したロシア系もしくは東欧系と称される、ロシアとその近辺からの移民集団である。この移民増大の背景には、根深く強烈な差別や貧困、そしてこの時期ロシア・東欧で頻発した、激しいポグロム（ユダヤ人への迫害、虐殺）があった。[15]

二十世紀前半までのアメリカ・ユダヤ人をみる場合に、一般的にドイツ系と東欧系（ロシア系）との二つに分類されて語られる。もちろん、個々のユダヤ人の事情・状況は様々ではあるが、一般的な傾向を述べよう。この両者の傾向は、本書で扱う時期におけるシオニスト運動への対応において明確な差異として現れるのである。

ドイツ系は、南北戦争とその後の金ピカ時代[16]のなかで、商人として各地に分散し、一八八〇年までには急速に経済的・社会的上昇を遂げていった。[17]そうしたドイツ系ユダヤ人は、ユダヤ教改革派[18]の著名な指導者であったアイザック・メイヤー・ワイズ（Issac Mayer Wise, 1819–1900）が「ユダヤ人は、自由に生まれた人間として誇り高き自意識を得るためには、アメリカ人にならねばならない」「我々は、単にアメリカ国民であるだけでなく、シナゴーグの外において、完全無欠なアメリカ人とならねばならない」[19]と述べていたように、「アメリカ人としての自覚」を高め、アメリカへ同化することを追求していたのである。

他方、十九世紀末に移民してきた東欧系ユダヤ人の多くは、ニューヨークをはじめとする大都市に居住し、衣服の仕立人や靴の職人などの労働者として過密な状況で生活していた。[20]こうした東欧系ユダヤ人は、政治的な重要性という観点からして二つのタイプに分かれる。第一のグループは、ユダヤ的伝統を厳格に維持しようとする集団であり、第二のグループは社会主義に傾倒する人々であった。こうした東欧系ユダヤ人は、アメリカ・ユダヤ社会に独特の特徴を持ち込んだとされる。それは、義務感、敬虔心、献身的な家族生活と集団生活という価値観、そしてアメリカ化したドイツ系には欠けていた多少の熱狂性や反抗精神だった。ドイツ系、そして東欧系でも従来的な宗教的生活を重んじる正統派ユダヤ教徒は現状を受け入れ生活していたが、東欧系の社会主義を信奉する急進派は、気質上も理論上も現状に甘んずることなく、常にその変革を目指したのである。[21]

さらにドイツ系と東欧系との差異において重要なことは、自己規定の仕方である。ドイツ系は、あくまで宗教上の集団として自らをとらえ、合衆国を祖国として「アメリカ人」である／になることを志向していた。先述したようにドイツ系改革派は、「この国が私たちのパレスチナ、この土地が私たちのエルサレム、この神の家が私たちの神殿」[22]という標語を掲げていた。それに対し東欧系は、イーディッシュ文化を保持しつつ自らを「ユダヤ民族」とみなし、「シオンへの帰還」を志向する傾向も残していたのである。[23]

こうした状況のもと、アメリカのユダヤ社会においては、移住時期が早く同化も進んでいたドイツ系が主導権を掌握していた。ユダヤ教徒は、元来宗教的、歴史的に同胞への慈善行為を行っていたが、加えてアメリカにおいては入植早期にユダヤ人に自由を認める条件の一つとして、自分たちの抱えた貧困者の面倒をみるべきという規定が定められており、[24]一八〇〇年代に入ると各種ユダヤ系慈善団体が設立され、一八四三年にドイツ系ユダヤ人によってアメリカ最初の友愛団体であるブナイ・ブリス（Bnai Brith:「契約の息子たち」の意）が設立されていた。この団体は、当初は保険への加入、文化集会の開催などを行う統一的な機関として設立されたが、次第に慈善事業や海外のユダヤ人の援助など広範な活動を行うようになっていった。一八八〇年までには、ドイツ系ユダヤ人が主導する団体は、新たに移民してきた東欧系ユダヤ人を対象とする慈善活動やユダヤ人の権利擁護のための政治活動を展開するようになり、新移民のアメリカへの同化促進に対しても支援を行った。[25]

以上のようなアメリカ・ユダヤ人社会のなかで、アメリカ・シオニスト運動は展開されていくことになるのである。

## アメリカにおけるシオニスト運動の位置

アメリカにおいてシオニスト運動が全国規模で組織化されたのは、バーゼルでの会議にアメリカ・シオニストの代表を送るために、アメリカ・シオニスト連盟（Federation of American Zionists: 以下ＦＡＺ）が結成された一八九八年のことであった。ＦＡＺ以前にも、ロシア移民による「シオンを愛するもの」が一八八〇年代に存在していた。しかし、その「ディアスポラの廃止」という教義は、アメリカ・ユダヤ人の大多数によって抱かれていたアメリカにおけるユダヤ共同体の将来の存在と繁栄に対する信念と矛盾していたため、支持者を獲得することはできず、一八八〇年代半ばには消滅していた。(26)

前年の九七年にこの連盟結成を呼びかけるにあたって、初代総裁となるグスタフ・ゴッテイル（Gustav Gottheil, 1827-1903）は以下のように述べている。「次第に、しかし確実に我々は物理的・道徳的ゲットーに押し戻されている。私立学校は、一つまた一つ、我々の子供に対して門戸を閉ざしている。我々はとりわけすべてのサマー・ホテルから拒否されている。そして、我々の社会生活は、ヨーロッパの退廃の最悪の日々と同じぐらい隣人たちから隔たって営まれている……」。(27) つまり、ユダヤ人にとって現世的な天国であったはずのアメリカでさえ、反ユダヤ主義が存在し強まっているという認識が、アメリカにおいても政治運動としてのシオニスト運動を本格的に開始させたのである。(28)

しかし、こうして組織化されたＦＡＺは、アメリカ・ユダヤ人社会を「代表」する組織というには程遠い状態にあった。ドイツ系の改革派ラビの組織であるアメリカ・ラビ中央評議会（The Central Conference of American Rabbis: 以下ＣＣＡＲ）は、早くも一八九七年にアメリカ・ユダヤ社会の一部にもヘルツルに同調する動きがあることを察し、その年次大会において「ユダヤ人国家を建設しようとするいかなる試みにも反対する」ことや「ユダヤ教は政治的なものでもナショナルなものでもなく、精神的なもの」だとする決議を採択していた。[29]またドイツ系の富裕で著名な人物らが指導していたことから、一九四〇年代までアメリカ・ユダヤ人の「代表」的組織とみなされ続けていたAJCも、一九〇六年設立時の綱領に、「我々はもはや自らをネーションとはみなさない。我々は宗教共同体である。……それゆえパレスチナへの帰還も……ユダヤ人国家に関するいかなる法の再生にも期待していない」と明記していた。[30]同化した、もしくは同化しようとするユダヤ人は、「ユダヤ人が別個の民族とみなされ」「非ユダヤ人から二重の忠誠の嫌疑をかけられ」「反ユダヤ主義を助長する」ものとしてシオニズムを忌避、反対したのである。端的にいえば、シオニスト運動は、アメリカ・ユダヤ社会において主流派から攻撃される「マイノリティ」的存在に過ぎなかった。

次章では、シオニズムが「アメリカ化」され、独自の「アメリカ」・シオニズムが形成されていく過程を、その立役者であるブランダイスに焦点をあてて論じたい。



## 註

(1) ウォルター・ラカー『ユダヤ人問題とシオニズムの歴史』新版、高坂誠訳、第三書館、一九九四年、一二七―一二八頁。
(2) 同上、一二八―一二九頁。
(3) 同上、一二九―一三三頁。
(4) 同上、一二七―一二八頁。
(5) テオドール・ヘルツル『ユダヤ人国家――ユダヤ人問題の現代的解決の試み』佐藤康彦訳、法政大学出版局、一九九一年、三三―三四頁。

(6)ヘルツルは、外交の分野でいくつかの成功を収めない限り、彼自身の民族の間に強力な支持を得られないとして、ヨーロッパの首都から首都へと駆けずり回り、有力者たちと関係をつくることに努め、またスルタン（オスマン帝国の君主）やドイツ皇帝、ローマ法皇などに謁見することを追い求めた。彼はほとんど独力で、シオニストの世界的会議を組織し、中心となるシオニストの新聞『ディ・ヴェルト（世界）』を創刊し、同時に彼の新聞『ノイエ・フライエ・プレッセ』紙のために記事を書いた。

(7)会議は当初ミュンヘンで開催されることが予定されていた。しかし、ミュンヘン・ユダヤ人社会の指導者たちが、会議の主人役をつとめることを望まず、結果バーゼルに変更されたのであった。彼らは「ユダヤ人問題は存在しない、ともかく中欧、西欧にないのは明らかである、なぜ問題を引き起こそうとするのか。ユダヤ人は独自の秘密政府を持つ別個の民族であり、忠実な市民ではないしそうなりえない、と一貫して論じてきた反ユダヤ主義者になぜ、武器を与えるのか」と主張したのである（ラカー、前掲、一四二―一五二頁）。こうしたシオニズムへの批判、反対はアメリカでも同様に顕著に見られたが、アメリカではシオニズムはヨーロッパと異なる展開をみせることになる。

(8)同上、一五六―一五七頁。

(9)同上、一五七頁。この前文は長い論議の末にやっと採択された。もともとの草稿は単に法によって保証された郷土《ホーム》（あるいは居留地《ホームステッド》）とだけ言及していたが、若い代議員の一部が、シオニズムはなんら隠し立てすることをもたない、その目的はパレスチナで自治を獲得するという願望のためにスルタンを説き伏せることであるなどと論じたのである。

(10)近藤申一「シオニズム運動とイギリスの出会い――エル・アリシュ案登場の背景」『史観』第九〇冊、一九七五年、一一―二四頁。

(11)ヘルツルは、自らの書物のタイトルを『ユダヤ人国家』としており、シオニスト運動の最終的な目標をユダヤ人国家建設と想定していたといえる。しかし実際のシオニスト運動において、先に述べたように明確な主権を有すユダヤ人国家建設へと収斂していったのは、歴史的状況的な要因に拠るといえる。

(12)セファラディーム（スファラディーム）とは、スペイン出自のユダヤ人を指し、日本では一般的には西欧系を指す。しかし正確にいえばこれは誤りで中東のユダヤ人もセファラディームである。セファラディームと東欧系を指すアシュケナジーとは、祈禱から食文化にいたるまで今日でも微妙に異なる習俗を残している。この二つは、いずれも聖書にある地名だが、場所がはっきりわからず、中世初期の註解家たちがそれぞれドイツとスペインを指すと考えたため、二つの地域のヘブライ語として定着した。これらのグループは、律法解釈の「二つの伝統」をもとに中世に生まれたものであった。詳しくは、高木久夫「中世におけるユダヤ思想の動き」手島勲矢編『わかるユダヤ学』日本実業出版社、二〇〇二年、一三四—一三六頁参照。

(13) この理由としては、ナポレオン戦争後の社会の疲弊や貧困、ユダヤ人差別の法律の復活とそれに伴う社会的上昇の機会の減少、そして一八四八年の反メッテルニヒ革命が失敗し、自由主義運動が挫折したことなどがあげられる。彼らは、経済的機会や政治的自由を求めて新天地アメリカへやってきたのだった。

(14) ラビリー・J・レヴィンジャー『アメリカ合衆国とユダヤ人の出会い』邦高忠二・稲田武彦訳、創樹社、一九九七年、一四五—一四六頁。

(15) これらのユダヤ移民をアメリカ全体の人口増大のなかに位置づけてみると以下のようになる。一七九〇年から一八四〇年までのセファラディーム系が移民の中心だった時期に、アメリカ全体の人口は四〇〇万人から一七〇〇万人と三二五パーセントの比率で増大している。一方、ユダヤ人口は、三〇〇〇人から一万五〇〇〇人とほぼ同率での増加に過ぎない。次の一八四〇年から一八八〇年までのドイツ系移民が中心だった時期には、全人口は一七〇〇万人から五〇〇〇万人へと二〇〇パーセント増加したのに対し、ユダヤ人は一万五〇〇〇人から二五万人へと一五〇〇パーセントの増大をみせている。さらに、一八八〇年から一九二〇年までのロシア系中心の時期には、合衆国全体では五〇〇〇万人から一億六〇〇万人へと一一二パーセント増加しているのに対し、ユダヤ人は二五万人から三五〇万人へと一三〇〇パーセントと膨大な増大を見せたのである(同上、二一二頁)。

(16) 南北戦争後の一八六五年から四半世紀にわたるアメリカの好況期。

(17) 一八九〇年代に行われた、ドイツ系移民が大部分を占める一万戸のユダヤ人家庭を対象とした国勢調査によれば、一〇戸のうち七戸は少なくとも一人の召使を抱えていたとされる(チャールズ・E・シルバーマン『アメリカのユダヤ人』武田尚子訳、明石書店、二〇〇一年、四五頁)。

(18) ユダヤ教の宗派は、一般に正統派、保守派、改革派に分かれる。

(19) シルバーマン、前掲、四二頁。

(20) こうしたニューヨークに集住する東欧系ユダヤ人の詳細については、野村達朗『ユダヤ移民のニューヨーク——移民の生活と労働の世界』山川出版社、一九九五年を参照のこと。

（21）レヴィンジャー、前掲、二二〇―二二一頁。この変革への志向性が、後に述べるようにブランダイスとの接点、親和性をもたらしたといえよう。
（22）同上、二三三頁。
（23）同上、二三三―二三四頁。
（24）同上、五七頁。
（25）同上、二二六頁。
（26）David Shapiro, *From Philanthropy to Activism*, p. xviii.
（27）Yonathan Shapiro, *Leadership of the American Zionist Organization 1897-1930*, Urbana Chicago London, University of Illinois Press, 1971, pp. 30-31.
（28）十九世紀末のアメリカ・ユダヤ社会をとりまく状況は激変しつつあった。一八七七年の南部再建の終了から八〇年代末までの時期は、俗に「金ピカ時代」と呼ばれ、かつての農業的社会から工業や都市を特徴とする社会へと爆発的に変貌していった時期だった。この急激な社会変化に対して、従来の価値観や生活様式に固執する人々は反発を強めていったと同時に、地位と特権を求める競争が激化していくなかで、同じレベルの富をもつユダヤ人の成金を「地位を求める競合」の場から追い落とすために、彼らを社会・経済的に排斥しようとした。この動きは一八七〇年代以後、北東部を中心に地域的偏差をはらみながら社交界、社会クラブ、保養地のリゾートホテル、私立の名門プレップ・スクールなどの「エリート度の高い」分野にほぼ限定されて広がっていった。しかし、一般のホワイトカラー職や専門職、それらを養成する高等教育機関への入学などについては、ユダヤ人の進出がそれほど脅威であるとは感じられておらず、これらの分野での排斥はこの時期にはまだ始動していなかった（佐藤唯行『アメリカのユダヤ人迫害史』集英社新書、二〇〇〇年、二九頁）。しかし、一八九〇年代に東欧、ロシアから大量のユダヤ移民がやってくるようになると、東欧系ユダヤ人集住地区を中心に反ユダヤ暴動が起こるようになっていった。暴動を引き起こす中心となったのは徒党を組んだ若者たちで、彼らは主に先住移民集団であるアイルランド系やポーランド系労働者だった。地元の警察も、ユダヤ人に加えられる暴行を効果的に取り締まろうとはしなかったため、各地のユダヤ社会は自衛の必要から自警団を組織し始めていたのである。ただし、佐藤が指摘しているように同時期の黒人やアジア系移民を標的にした凄まじい暴力と比較すれば、ユダヤ人に対する暴力行為は質量ともに、軽微なものだったといえる（同上、七六―七七頁）。しかしここで問題なのは、当事者であるユダヤ人にとってこうした比較におおよそ意味はなく、「自らも差別、暴力の標的となる」という認識を抱かざるをえない、ということだろう。

（29）Thomas A. Kolsky, *Jews Against Zionism: American Council for Judaism, 1942-48*, Philadelphia, Temple University Press, 1990, p. 23.

（30）Kaufman, *An Ambiguous Partnership*, pp. 23-24.

# 第二章　ブランダイスと「アメリカ」・シオニスト運動の形成

## 第一節　ブランダイスのシオニスト化

### 法律家ルイス・ブランダイス

ブランダイスは、一八五六年にケンタッキー州ルイスヴィルに生まれた。彼の父は、自由主義革命としての反メッテルニヒ革命の失敗を受けて、一八四八年に当時オーストリア領だったプラハを逃れ渡米した亡命者だった。[1] 自由主義に共鳴していた彼は、「アメリカ」について極めて高い評価をしており、[2] 経済的にも一定の成功を収めアメリカに着実な足場を築いた人物でもあった。そのような父を中心とするブランダイス一家は、正式な宗教を信仰したり宗教的行為を行ったりする家ではなかった。彼らはせいぜいクリスマス・カードや贈り物を交換するという、アメリカの世俗キリスト教と呼ばれるものを実践していただけだったのである。[3]

ブランダイスは、一八七五年にハーバード・ロー・スクールに入学し、[4] 七八年に同校を修了した。この時期のハーバードにおいては、「ユダヤ人」であることは知的天分に恵まれている限り、障害ではなくむしろ利点であるとさえみなされる風潮があった。ブラーミン(5)(Brahmin)と呼ばれるエリートたちは、ピューリタンの優位性と責任を自覚し、反奴隷運動を展開し、児童労働の制限を主張するなど先進的な立場をとっていた。こうした彼らは、「選ばれた民」として神の使命を遂行するという点において、ユダヤ人に対して親近感をもっていたとされる。(6)

ブラーミンの倫理的立場はブランダイスも共有するものであったが、彼が実際のブラーミン・コミュニティに溶け込んでいたかという点は疑問である。彼が「アウトサイダーであり、成功者であり、ユダヤ人であった」ことが、彼の不人気の理由であるという発言も存在していたのである。(7)

ブランダイスは、ハーバード・ロー・スクール卒業後、一時セント・ルイスに行き、まず製紙会社の顧問弁護士として法律実務を行い、七九年にボストンで共同法律事務所を開業した。

彼が法律家として活動するようになった十九世紀末のアメリカは、大きな転換期にあった。この時期、アメリカ合衆国は経済的に飛躍的な発展を遂げた。西部開拓の進展に伴って鉄道網が整備され、技術革新も進み、石炭・石油・鉄鋼などを基本とした工業・産業が急速に発達したのである。そして、一八九〇年代における「フロンティアの消滅」は、アメリカ社会の構造、自己イメージ、外交政策をも転換させる「事件」であった。(8)

このようなアメリカ政治・社会・経済の激変は、「司法」(9)の領域にも及ばざるをえなかった。ブランダイスは、弁護士として卓越した手腕をもっていたばかりでなく、婦人参政権、保険、労働者保護立法など多彩な公的活動を行うようになっていった。彼がとりわけ労働組合に関与していくようになったのは、雇用者側が暴力的にストを弾圧した一八九二年のホームステッド・ストライキの惨状に対する憤りからだった。「私はすぐに、より単純な生活条件下で成立したコモン・ローは、近代の工場システムにおける複雑な関係を調整する基盤としては不適切であることに気がついた。私はノートを放り投げ、新たな角度からテーマにアプローチした」(10)のである。彼は、こうした労働組合運動に関与するにあたって、「これらの人々は機械ではない、彼らは感情と感覚と関心をもった人間だ。彼らのそれぞれ、彼らのすべてはいまの彼らよりもさらに高くさらに地位を向上させることができる。人間は悪くない、人間は退化しない。なぜならそれを望んでいないからだ。彼らは状況を通じてのみ退化するものであり、すべての人間の義務、これらの不幸な人々と接するものの主要な義務は、彼らを向上させ、人生において希望が存在することを何らかの方法で感じさせることである」[11]と述べ、産業社会における「非人間化」に反対する革新主義者の主張と活動を展開していくことになるのである。

しかし、こうした産業社会における労働者の苦境をはじめとする社会問題に対し、合衆国の最高裁は、憲法修正第一四条のデュー・プロセス・クローズの「自由」には「契約の自由」が含まれるとして、政府が雇用関係に介入することは「契約の自由」に反するという立場を採り、事実上独占企業を擁護していた[12]。これに対しブランダイスは、「他者の権利のみが自由を制限することを正当化する」のであり、「すべての権利は彼らが存在する社会の目的から派生し、これらすべての権利は共同体への義務を生じさせる」ものと論じた[13]。こうした議論を前提に、彼は企業側の「契約の自由」を盾とした論理に対抗するためには、「労働者の集団としての権利」を立ち上げるべきであると主張し[14]、「労働協約」に基づいて労働者に「バーゲニング力」を与えることを提唱したのである[15]。

以降、実際に彼は社会学的法学に基づいて[16]、一九〇三年のオレゴン州－ミューラー裁判において社会的事実を法的推論に反映させるという手法で勝訴し[17]、彼のこの「事実」を強調する手法は、にわかにアメリカの法律家の中で注目されるようになった[18]。彼は、既存の法律家を痛烈に批判し、「司法」の保守性を告発して、法が公共の福利のためにこそ資すべきであると強調したのである[19]。

ブランダイスにとって「アメリカの理想」とは、「自分自身のため、そして共通善のために個人を発展させることである。個人の発展は自由を通じて達成され、共通善の達成は民主主義と社会正義を通じて達成される」ものであった。[20]彼は、十九世紀末の産業化に伴うアメリカ社会の激変のなかで、人間性の発展を可能にするために、弱者に「集団としての権利」を認め、新たな世紀の「アメリカの理想」、すなわち自由と社会正義とを同時に実現しうる社会の構築を目指し、[21]革新主義派「人民の弁護士」として全米に名を馳せることになったのである。

そして、この社会的正義の実現と「集団としての権利」の確立という思想が、ブランダイスの「シオニスト化」の重要な背景をなしていた。

## ブランダイスとシオニスト運動との出会い

先に述べたように、ブランダイスはユダヤ的要素の薄い環境で育ったが、弁護士になって以降はユダヤ系の慈善事業に多額の寄付を行うようになり、弁護士としてもボストンのユダヤ社会で指導的な役割を担うようになった。それでも彼は、一九〇五年までは、各ユダヤ系団体からのスピーチの依頼を婉曲に断っていた。[22]要するに、彼は典型的なアメリカのドイツ系ユダヤ人だったのであり、「家の外では一〇〇パーセント・アメリカ人」という立場を採っていたのである。

しかし一九〇五年以降、ブランダイスの「ユダヤ人」として、または「ユダヤ人」に対する態度は次第に変容し、ボストンの知事選において「ユダヤ人の票は、アメリカの理想と伝統を維持するために投じられなければならない」として、初めてユダヤ人組織に積極的に関与したのである。[23]

さらに一九一〇年、ブランダイスは「人民の弁護士」としてニューヨークのユダヤ人衣料労働者のストに調停者として関与し、東欧系ユダヤ人と実際に接触するなかで、「ユダヤ人」であることに積極的な意義を見出すようになっていった。彼は、一九一〇年十二月九日のボストンのシオニスト系新聞『ジューイッシュ・アドヴォケイト（Jewish Advocate）』に「祭司民族としてのユダヤ人」というタイトルの下、公に「ユダヤ人」について語り[24]、そこで「ユダヤ人」であることに対する積極的な自己規定や、「ユダヤ民族」への帰属意識の高まりなどを示した[25]。彼は、東欧系ユダヤ人が自らの出自やアイデンティティ、価値・伝統、信仰を維持し、それを自由に表明する姿に、彼の抱く新たな「アメリカの理想」を垣間みたのだろう。しかし、同時にブランダイスはこの新聞の記事において、「ハイフンつきのアメリカ人に居場所はない」とも強調しており[26]、アメリカ・ユダヤ人としての複雑なアイデンティティの有り様をみせていた。こうした彼の立場からすれば、この当時「ユダヤ人国家」建設を支持する理由は存在していなかったといえる。

ところが、一九一二年を境として彼の立場は急速に変容し、「シオニスト化」していく。その契機として、以下の点があげられる。

まず、一九一二年に『ジューイッシュ・アドヴォケイト』の編集者であったイギリス・シオニストのハース（Jacob de Haas, 1872-1937）と再会し、両者の間で政治活動における具体的な協力関係が構築されたことである[27]。彼がアメリカ・ユダヤ人に求めていたのは「シオンへの帰還」を要請するユダヤ・ナショナリズムの理念に忠実なシオニズムではなく、あくまでユダヤ・ナショナル・ホーム建設に対する政治的経済的な支援であった。ハースは、「アイルランド人がアイルランド自由国を支援する場合と同様に、シオニズムはアメリカニズムに反することはない」として、ブランダイスのシオニズムに対する抵抗を緩和するような説得を行い、ブランダイスもハースのそうした主張を受容していった[28]。つまり、「アメリカ国民」の下位集団として、何らかの文化的政治的集団、当時の文脈からすれば実体的な民族[29]の存在を設定することは、アメリカへの忠誠に反することではないと考え始めたのである。

さらに、パレスチナのシオニストで野生小麦の改良者であるアーロンソン（Aaron Aaronsohn, 1876-1919）の著作と、彼との実際の親交などを通じ、「不毛の地に文明と進歩をもたらすシオニズム」に対する共感を示すようになっていった。[30] パレスチナのシオニストの開拓精神に対するブランダイスの賛美は、「文明化に貢献するユダヤ人」という自尊心を示していたと同時に、そこに「アメリカ建国精神」との親和性・類似性を見出してもいた。[31]

さらなる契機は、ブランダイス自身が「反ユダヤ主義」に基づく攻撃を受けたことである。一九一二年の大統領選挙において、ブランダイスは民主党大統領候補ウィルソン（Woodrow Wilson, 1856-1924）を後押しし、実際彼に革新主義的な政策を提唱した。[32] この政策は、ウィルソンの独占禁止・自由競争・機会供与などを内容とする「ニュー・フリーダム」構想の骨子となり、[33] ウィルソンの信頼を得て親交を深めていくようになった。こうした経緯から、ウィルソンは大統領に就任した際、ブランダイスを司法長官として入閣させようと試みたが、それに対し強い反対が起こり、ウィルソンの最も親密な側近であったハウス（Edward Mandell House, 1858-1938）がブランダイスの排除を成功させた。[34] こうした彼の入閣への強い反対の理由には、「人民の弁護士」であるブランダイスは「ラディカル」であるとの批判に加えて、[35]「反ユダヤ主義」に基づくものもあったとされる。ブランダイス自身、自分に向けられた批判の中に「反ユダヤ主義」を見出し、以降反ユダヤ主義について言及するようになった。[36]

以上のことを背景・契機に、ブランダイスは一九一二年にFAZに正式に加入し、一三年にはその執行部に選出され、早期にアメリカ・シオニスト運動の中心的な人物となっていった。

ブランダイスは、アメリカ・シオニスト運動で指導的立場にたつにあたって、当時議論されつつあった文化多元主義（Cultural Pluralism）の代表的な論客でありシオニストでもあったホレース・カレン（Horace Meyer Kallen, 1882-1974）との親交を深めていった。[37] カレンは、アメリカへの政治的文化的融合を主張する「人種のるつぼ」論に反対し、[38]民主主義はエスニック的な言語、伝統、宗教、アイデンティティを維持する権利を含んだ文化的権利を保障するものであると主張していた。彼は、カレンと親交、議論するなかで、ブランダイス独自のアメリカ・シオニズムを論理化し確立していったのである。

## アメリカ・シオニスト運動指導者へ

一九一四年七月にヨーロッパで第一次世界大戦が勃発し、一九一四年八月三十日にアメリカにおいて「シオニストの一般的事務を行う臨時執行委員会（The Provisional Executive Committee for General Zionist Affairs: 以下PECGZA）」が開催された。[39]この委員会は、アメリカ・ユダヤ人を代表して、東欧におけるユダヤ人の利益を擁護し、講和会議の席上でユダヤ人の大義を陳述するための団体を設立することを目的としていた。そして、ブランダイスはその議長を務めることを承諾し、名実ともにアメリカ・シオニスト運動の指導者となったのである。[40]

ブランダイスが、まさにこの時期にアメリカ・シオニスト運動の指導者になることを引き受けた理由として、先述した経緯とは別に、ウィルソンやアメリカ社会へ失望していったこともあげられる。一九一二年にブランダイスが深く関わった「ニュー・フリーダム」構想を掲げて大統領に当選したウィルソンは、その構想に基づいて様々な措置を講じはしたが、独占を一掃するには程遠かった。[41]ウィルソンは立法措置をめぐって革新主義者と衝突し、一九一四年六月にブランダイスが深く関与していた連邦準備委員会に革新主義者が反対していたビジネスマンを採用したことで両者の対立は頂点に達した。このような状況に失望し、夏季休暇のためブランダイスはワシントンを去り、再びユダヤ人に関する問題に専心したのである。[42]こうした背景もあって、後述するように、ブランダイスのシオニズムへの関与には、アメリカ社会では実現できない「アメリカの理想」をパレスチナのユダヤ・コミュニティ、国家で実現しようとする意図が当初は濃厚だった。しかしそれは、アメリカの政治社会状況、国際政治状況、パレスチナの現実のなかで、様々な矛盾や限界に直面せざるをえないものだった。

ブランダイスは、議長就任演説において、自身が「シオニズム」とは縁遠かったことを率直に述べた後、正義と民主主義の双方を実現するという新たな「アメリカの理想」を追求するうえでユダヤ民族が存続されるべきであり、そのためにはシオニスト運動が最適な手段であると述べた。(43) さらに、議長就任以降ブランダイスは様々な講演においてパレスチナにおける「ユダヤ民族の再生」を掲げ、アメリカ・ユダヤ人がシオニスト運動を支援すべき理由として、アメリカ・ユダヤ人社会の「不道徳化」の阻止、ユダヤ人としての「自尊心の回復」の必要などをあげていた。(44)

こうした自尊心の回復の一貫として、ブランダイスは文化多元主義に基づき、パレスチナ・ユダヤ人国家に対し、(ヨーロッパのユダヤ人のための天国であると同時に)ユダヤ人の理想と文化のセンターとなることも期待し、そこでの成果をアメリカに広めるための青年団の組織化なども主張していた。(45) この段階では、彼はアメリカにおけるユダヤ文化の発展にも関心を寄せていたのである。

さらに現実的な問題として、ブランダイスはヨーロッパにおける戦争と反ユダヤ主義の高揚によって東欧からのユダヤ移民の増大が予測されるなかで、アメリカのみがそうした移民の吸収先となることが望ましいことではないこと、その意味でもパレスチナへのユダヤ移民の促進とユダヤ・ナショナル・ホーム建設の推進が必要であると主張してもいた。(46)

一九一五年にCCARの東部会議においてブランダイスが発表し、またたくまに版を重ねた「ユダヤ人問題――いかにして解決するか」というタイトルのパンフレットに、ブランダイスの体系的な「シオニズム」が述べられている。

そこでブランダイスは、「ユダヤ人の長年にわたる苦痛」について述べたのち、「いかにすればユダヤ人は、非ユダヤ人が享受しているのと同様の権利と機会をすべての居住地においても確保できるのか。いかにして我々は、もし人為的な差別がなければユダヤ人が世界のためになしうる貢献を確保できるのか」との問題提起を行った。そして彼は、この問題をユダヤ人個人と集団としてのユダヤ人との二つの側面に分けて論じた。

ユダヤ人であるという事実によって、非ユダヤ人が享受している通常の権利や機会がいかなる場所においても否定されてはならないことは明白である。しかし、同様にユダヤ人は集団としても、他の民族集団と同様に存続し発展する権利と機会を享受すべきである。この集団の発展の権利は個人が諸権利を完全に享受するために不可欠である。というのも、個人は、自らの発展（と幸福）を、彼がその一部を占める集団の発展に大部分依存しているからである。……死が人生の問題の解決ではないように、ユダヤ人問題の解決はユダヤ人がユダヤ人として存在し続けることを不可欠とする。(47)

この発言に、ブランダイスの民族集団に関する姿勢が、「ハイフンつきのアメリカ人は許容しない」という当初の立場から変容しているのを見て取ることができる。彼は、アメリカ国民・市民としての権利の確立と同時に、アメリカ国民の下位集団として「ユダヤ人」を確立しようとしたのである。こうした姿勢は、彼の「国民（nation）」と「民族（nationality）」との概念の区別と、「国民」と「民族」との相互補完・相互発展の可能性という文化多元主義的な立場に立脚していた。(48)

ブランダイスによるユダヤ人の集団性・民族性の擁護にはいかなる意味があったのか。彼は、「なぜ自由主義が反ユダヤ的偏見を取り除くことができなかったのか」という問いをたて、以下のように答えている。

先進的国家では法のもとでの個人の平等を認めている。しかし、それは多くの〔マイノリティ〕民族[49]に平等を認めることには失敗している。我々は、個人として、こうしたマイノリティを構成する人々を保護することを追求している。しかし我々は集団の平等が認められない限り保護は実現できないことを認識し損なった。[50]

つまり、実際に反ユダヤ主義が存在しているなかで、「ユダヤ人」を集団として確立することが必要であるとブランダイスは認識していたのである。

こうした態度は、「人民の弁護士」としてのブランダイスを支えた思想に通底するものであった。すなわち、西欧近代の個人主義的自由主義を単純に適用するだけでは、現実に存在する社会的な不正義は解決しえないこと、そしてそれは自由主義の根幹たる「個人の発展」を阻害するという逆説をもたらすこと、そうした状況を改善するためには弱い立場にある人々に異議申し立てを行う主体として「集団としての権利」が認められるべきこと、であった。資本家の横暴に対しては「労働者の集団としての権利」を、反ユダヤ主義に対しては「ユダヤ人の集団としての権利」を確立することが、新たな「アメリカの理想」に向けたブランダイスの戦略だったのである。

このようにブランダイスがアメリカ国民の下位集団として「ユダヤ人」を立ち上げることを目指していたことは明らかであるが、ここに「ユダヤ人」特有の困難が生じる。すなわち、そうした下位集団としての「ユダヤ人」とは何か、という問題である。現実にドイツ系と東欧系との間に溝が存在していたことは先に述べた通りである。ドイツ系は、おおよそ「アメリカ国民」としてのアイデンティティが強く、文化的社会的にもアメリカへの同化が進んでいた。また、宗教ということで「ユダヤ人」を想定することもできなかった。世俗化したユダヤ人も多く、ユダヤ教徒といっても正統派、保守派、改革派と宗派の分裂が存在していたのである。要するに、「ユダヤ人」という集団を定義するための明確なコアあるいは軸を設定することはほとんど不可能なのである。

ブランダイス自身、「ユダヤ人」を定義することの困難を以下のように明言している。

不可能ではないのかもしれないが、誰がユダヤ人とみなされるのか、ということについて定義することは困難であるとユダヤ人は常に感じてきた。その用語を我々が考えるにあたっては、ユダヤ人の一つの団体、もしくはユダヤ人全員でさえも有効な定義を確立する権限をもたないだろう。……差別を作り出し、それによってユダヤ人を定義づけてきたのは、非ユダヤ人なのである。これらの差別は大体においてユダヤ人の血を引く者すべてに拡大される。(51)

ブランダイスにとっての問題は、以下のことであった。すなわち、「ユダヤ人」とは他者により規定される「実体」としては極めて曖昧なものであり、いかにこの曖昧な「ユダヤ人」を「集団／民族」として「実体化」しうるか、ということである。

ここで、ブランダイスの有名なテーゼを検討したい。

よきアメリカ人たるには、よきユダヤ人たらねばならない、よきユダヤ人たるにはよきシオニストたらねばならない。(52)

このテーゼによって、「シオニスト」であることが、「アメリカ国民」としてのアイデンティティや国家への忠誠と矛盾しないということを、ブランダイスという著名な法律家が明確にしたことは、アメリカ・ユダヤ人のシオニスト運動に対する抵抗、懸念を軽減したとされる。しかし、このテーゼは単にそれだけの意味しかもたなかったのだろうか。

彼のこれまでの思想・論理からすれば、アメリカ・ユダヤ人はユダヤ人国家の建設を目指す「シオニスト」にならなければならないはずである。ブランダイスにとって「ユダヤ人国家」は、アメリカにおいてユダヤ人を「実体化」し「集団としての権利」を確立するために必要だった。当時の民族自決の原則は、特定の「実体的」な民族の存在を前提として、それが自決、すなわち国家建設の権利を有するというものである。ブランダイスは、この論理を反転させたといってよい。つまり彼は、アメリカにおいてユダヤ人が集団／民族として認められるために、「ユダヤ人国家」が必要であるとしたのである。彼にとって「ユダヤ人国家」は、ユダヤ人が集団／民族であることの、いわば「資格証明」だったのである。[53]

もちろん、こうした立場はアメリカ・ユダヤ人にとってはリスクを内包するものであった。

そもそも「アメリカという国民国家のユニークさは、国家を創造したそもそもの理念に忠実でありつづけ、個人主義的な世俗ナショナリズムの諸原則をほぼ実現してきた点にある。それはいまもなお、国家形成当初の約束であったデモクラシーのモデルでありつづけているので」あった。[54] アメリカ国民の下位集団として「民族」を設定することは、こうした個人をベースとする「民主主義」をナショナリズムの柱としていた従来的なアメリカニズムに反する行為だったのである。移民はあくまで個人として「アメリカ人」となることが大前提であり、それゆえに十九世紀末以降に移民し、集住して独自の文化や伝統を維持していたユダヤ人を多く含む東欧・南欧系移民は、アングロ・サクソン系を中心とするアメリカ人から嫌われていた。[55] こうしたなかで「ユダヤ人」が集団ないしは民族として自らを主張することは、アメリカニズムに反するとして非難され、反ユダヤ主義を助長しかねないものだったのである。

この問題にブランダイスは「ハイフンつき」や「非米」などとして移民を排斥しようとした「アメリカ化」の推進者たちが、移民が身にまとうべき「アメリカ的なるもの」を積極的に定義しえなかったことの間隙をつくことで、対応しようとしたといえる。[56] つまり新たな「アメリカの理想」とは、「集団の権利を認める多元的な社会である」と打ち出すことで、アメリカニズムとシオニズムが一致することを示そうとしたのである。さらには、この新たな「アメリカの理想」像をユダヤ人が積極的に掲げ実現に貢献することで、むしろそうしたユダヤ人こそが真の新たな「アメリカ人」であることを示そうとしたとすらいえるかもしれない。

さらに、ユダヤ人が集団／民族だとすれば、「『すべてのユダヤ人はパレスチナへ帰還しユダヤ人国家の国民となるべき』とヨーロッパ・シオニストやアメリカの非ユダヤ人から強要にされることになるのでないか」という疑念・批判が生じてくる。これは、アメリカ・ユダヤ人のアイデンティティや現実感覚、社会的立場からすればおおよそ受容できるものでない。ブランダイス自身にとってもこのことは当てはまる。それに対し彼は、シオニズムがユダヤ人にパレスチナへの「帰還」を強制するものではないことをまず強調した。そしてさらに、シオニズムを「ユダヤ人に自由を与える運動」であると規定することで、ユダヤ人にパレスチナに移住する／しないを選択できる「自由」を担保し、「自由」というアメリカ的価値とシオニズムにポジティブな関連があることを提示して対応しようとしたのである。[57] このようにして、ブランダイスはシオニズムの「アメリカ化」をなした。

以上みてきたように、ブランダイスの思想・活動の根底にあったのは、自由と社会正義との両立を可能とするために弱者の「集団としての権利」を確立すべきこと、マイノリティ的な立場にある民族集団にも「集団としての権利」が認められるべきこと、そしてアメリカにおいてユダヤ人が「集団としての権利」を有す「実体」として承認されるために、「ユダヤ人国家」建設もしくはその権利が認められる必要があること、であった。

このようなブランダイスのシオニズムは、「ユダヤ人」としての自覚と同胞意識の覚醒に基づく「ユダヤ人国家」建設支持・支援といった側面ももちろん含むものだったといえる。しかし彼のシオニズムは、「ユダヤ人」というマイノリティとして、アメリカにおいて安全かつよりよく生きるための手段として「ユダヤ人国家」を位置づけていた側面も強いように思われる。それは、アメリカへのユダヤ移民の流入を軽減するものであり、そのことによってアメリカにおける反ユダヤ主義の高揚を抑止するものであり、かつアメリカにおいて集団・民族として「ユダヤ人」が承認され集団としての権利を承認する多元主義的な「アメリカの理想」を実現するための手段の一つであったのである。

ブランダイスのシオニズムをすべてのシオニストが理解、共有していたとはいえないだろう。大多数のアメリカのシオニストは、ユダヤ人としてのアイデンティティやパレスチナへの願望などを基盤としてシオニストとなった。しかし、「ユダヤ人」としての自己認識を素朴にもっていたわけではなかったブランダイスは、だからこそ、革新主義法律家としての新たな「アメリカの理想」像を経由して、シオニズムとアメリカ国民としてのアイデンティティや立場とをつなぐ論理を確立しえたといえる。彼は「典型的」なシオニストではなかったし、そうした彼のあり方に対する批判も存在していたが、だからこそシオニズムを「アメリカ化」し、ユダヤ・ナショナリズムを警戒するアメリカ・ユダヤ人をシオニスト運動へと開く回路を提供しえたのである。

## アメリカ・ユダヤ人会議開催の試み

ブランダイスはシオニズムをアメリカ政治・社会に適合するように論理化したうえで、一般ユダヤ大衆のシオニスト運動への警戒を解き支持を獲得するために、一九一四年秋から一五年冬にかけて数多くの声明を発表した。一九一五年六月の第一八回ＦＡＺの大会においてはシオニスト一般会員の組織化の作業に集中すべきであると強調して、シオニスト運動の組織化にも本格的に乗り出したのである。[58]

同時にブランダイスは、広くアメリカ・ユダヤ人の支持を獲得するために、ＡＪＣ総裁のルイス・マーシャル（Louis B. Marshall, 1856-1929）に接触し、[59]ユダヤ人に関わる問題を議論することを目的としたアメリカ・ユダヤ人会議を開催する試みを開始した。一九一五年夏にＡＪＣ幹部に送った書簡において、ブランダイスは会議開催の主導権はＡＪＣに任せる一方、他の組織にも会議の条件や方式、範囲についての発言権を認めるべきとして、民主主義的な手続きに適う方法を提唱した。彼は、アメリカ・ユダヤ人社会におけるＡＪＣの指導権を尊重したうえで、新たに民主主義的な形でのアメリカ・ユダヤ人の結集を試みようとしたのである。[60]

しかし、先述したようにＡＪＣのシオニスト運動への抵抗は根強く、両者の対立はシンシナチを中心に具体的に表面化した。シンシナチはシオニスト運動に警戒的な改革派の多い都市だったが、ブランダイス自身も大きな影響力を有していた。彼は、ＡＪＣとの公の闘争を避ける一方、シオニストこそ「民主主義」的にアメリカ・ユダヤ人の声を広く反映させるものであることを強調して東欧系ユダヤ人の取り込みを図り、ＡＪＣを孤立させる戦略を採用した。その結果、ＡＪＣ指導者の支配権は継続したものの、アメリカ・シオニスト指導部の中心的人物の一人であったワイズ（Stephen S. Wise, 1874-1949）が多大な影響力を行使していた改革派ラビ東部会議（The Eastern Council of Reform Rabbis）は、極端な反シオニスト的立場を支持することを拒絶し、その総裁はシオニズムとユダイズム、アメリカニズムとの間に何の矛盾も見出せないと公に宣言した。アメリカ・シオニスト指導部は、反シオニズム的な傾向の強い改革派の切り崩しに一定の成功を収めたのである。さらにワイズとマック（Julian Mack, 1866-1943）らアメリカ・シオニスト指導者がシンシナチを訪れた際、ＡＪＣ有力者の不在のなかコミュニティから暖かな歓迎を受けるなど、[61] ユダヤ・コミュニティの指導層と一般大衆ユダヤ人との間に、シオニスト運動に対する態度や考え方に差異や温度差があることを示していた。

他方、ヨーロッパとパレスチナのユダヤ同胞を救済するための資金調達の試みにおいては、自ら富裕であり、富裕層との関係も密なAJCが圧倒的な影響力を誇り、資金調達を中央集権化するために一九一四年に結成した「ジョイント（Joint Distribution Committee）」の主導権は、ほぼ常にAJCが掌握し、アメリカ・シオニスト運動は資金源から遠ざけられていた。そのため、アメリカ・シオニスト運動はAJCの覇権に挑戦するために、「アメリカ・ユダヤ人会議の開催」というイシューをさらに積極的に位置づけ具体化に尽力した。[62] ブランダイスによって率いられ、イーディッシュ語系知識人によって支援されたシオニストは、AJCの貴族主義的、反民主主義的な性質を指摘し、自らの計画のアメリカ的な性質を強調してアメリカ・ユダヤ人会議に向けたキャンペーンを行ったのである。[63]

こうした動向に対し、AJC指導者のシフ（Jacob Henry Schiff, 1847-1920）はユダヤ人が別の階級とみなされることでアメリカに反ユダヤ主義が到来する危険性について述べるなど、[64] AJC内におけるシオニスト運動に対する懸念は強まっていった。こうしたAJCのシオニズムへの反対は、新たに移民してきたロシア系移民のイーディッシュ語の新聞に財政支援を与えるなどして早期の「アメリカ化」を図るという、彼らの「同化主義」政策と表裏をなしていたといえる。[65]

一九一五年六月までには、各ユダヤ団体はアメリカ・ユダヤ人会議問題について自らの立場を表明するようになった。こうした状況に対し、六月二十日にAJCは先手を取って主導権を握るために、秋に会議（conference）を開催すること、主要な団体からの代表を集めること、しかし数を一五〇名に制限することを発表し、数日後にこの問題についての議論を行うためにFAZのメンバーを招待した。[66] シオニストは大会のなかでこの招待について議論したが、ＡＪＣを非難する声が相次ぎ、執行部に他のグループと共に議会（congress）を召集する権限を与え、[67]ＡＪＣ抜きでの開催に一旦舵を切りかけた。しかしＡＪＣの影響力を無視することはできず、交渉自体は継続する方針を採用した。以降両者の交渉は幾度かの妥協の成立をみながらも、アメリカ・ユダヤ人会議の開催実現には至らなかった。[68]一九一九年初頭のパリ講和会議がアメリカ・ユダヤ人の視界に入ってきた一九一八年に、「一時的緊急的な議会であること」「戦後のユダヤ人の問題に限定する」という条件のもと、ヨーロッパのユダヤ人の権利を擁護することを目的として、ようやく実現したのである。[69]

以上のようなアメリカ・ユダヤ人会議開催に至る過程と帰結は、ＡＪＣら同化主義のアメリカ・ユダヤ人のシオニズムへの抵抗がいかに根強いものだったかを表している。さらに最終的な会議の前提条件をみれば、アメリカ・シオニスト運動指導部はＡＪＣに対し大幅な譲歩をしており、この時点においてシオニスト運動がアメリカ・ユダヤ人社会を「代表」するには程遠いものだったことを示唆しているといえる。

## 註

（1）一八四八年のフランス二月革命の余波を受けてウィーンで暴動が起こって三月革命となり、宰相メッテルニヒは亡命したが、そうした試みは失敗した。ウィーン体制が崩壊する一方、ドイツ統一と全国憲法制定のためドイツ諸邦の自由主義者がフランクフルト国民議会を開催したが、そうした試みは失敗した。

（2）アドルフは「これらの人々〔アメリカ人〕が骨を折って働くことさえ、ある種の愛国主義であるようにしばしば思う。彼ら一人一人が、自由な人間のなしうることを旧世界の専制君主にみせつける責務があるかのように、この国を繁栄させるために骨身を削っている」「アメリカの歴史は人間の諸権利の勝利の歴史であり、……それを我々は喜ばしく思う」と手紙のなかで述べていた（Strum, *Louis Brandeis*, pp. 4-5)。

（3）*Ibid*., p. 9.

（4）ブランダイスがアメリカの法律家を志すにあたっての心境は、一時的に滞在したヨーロッパのドレスデンでの出来事に示されている。彼は、一八七三年から七五年までドレスデンの学校で勉学を行い優秀な成績を収めたが、「私はアメリカに戻って法律を学びたかった。奴隷廃止論者である叔父は弁護士であった。私にとって、法律以外のものは本当に学ぶに値しないように思われる」と語っており、高い理想をもって法律家になろうとしていた（橋本「ルイス・D・ブランダイスの思想と行動」、四頁）。

（5）ブラーミンとは、特にニュー・イングランド出身でピューリタン精神の強い名門・旧家出身のエリートを指す。語源はヒンドゥー語のブラーマン。彼らの特徴は、ピューリタンの優位性・使命を前提とした公共に対する強い責任感にあるとされる。

（6）Strum, *op. cit*., p. 17.

（7）*Ibid*., p. 23. 一方ブランダイス自身が、自分の交際相手に関し「思慮分別のある選抜」を行い、交際を大きく制限した側面も存在していたことが指摘されている（*Ibid*., pp. 48-49)。

　時期は先のことになるが、一九一六年にブランダイスが合衆国最高裁判所裁判官に指名された際のエリート層の強い反対に、政治評論家ウォルター・リップマン（Walter Lippmann, 1889-1974）は、「ブランダイスは、アメリカにおいて最も均質的で自己中心的で自己陶酔的なコミュニティにおいて反抗的であり厄介者であることの罪を負った。……彼は信頼に値しない、なぜなら彼は厄介者だからだ。全くではないにせよ、彼は集団に対して不忠誠だった」と、ブランダイスのエリート層における孤立を評している（Melvin I. Urofsky, *Louis D. Brandeis and Progressive Tradition*, Tront, Little Brown and Company, 1981, p. 113)。

（8）古矢は、この時期のアメリカの諸変化を以下のように要約している。第一は、アメリカ経済社会の中心的性格が、農本主義から産業主義へと質的に転換したこと、第二はそれに伴う巨大企業の登場と、やがてそれに対抗する労働組合の成長、すなわち個人の時代から組織の時代への急速な変化、第三は、大量の移民の流入と移民集団ごとの集住、それによる都市社会の二次的な分断、第四は産業主義の展開にともなう都市化現象の進展、貧困問題や社会問題の噴出、第五に、これらの変化の帰結として、アメリカ国民社会の中に多面的、相互的な排除や対立の論理が生まれたこと。具体的には、ストライキの頻発、ヒステリックな反ラディカリズム、反カトリシズムの再発や反ユダヤ主義の勃興、反移民運動などの形で顕在化する。

第六に、自由放任的、消極的な十九世紀型国家から産業社会の統制と調整を行う行政国家への変貌。最後に、これらの変化がもたらす人々の価値認識の変容。これは一方で、従来のアメリカ型（アメリカのアダム）の個人主義が、競争的産業社会の実態に対応して、自由競争による淘汰や適者生存といった社会ダーウィン主義的個人主義へと変質していった。他方、この新しい個人主義は、集団主義という対抗潮流をもつことになった（古矢『アメリカニズム』、一八―一九頁）。

(9) 一八九七年から一九一六年までの弁護士の仕事により、二〇〇万ドル以上の収入を得たとされる。（橋本、前掲、六頁）。

(10) Jacob de Haas, *Louis Brandeis: A Bibriographical Sketch*, New York Bloch Publishing Company, 1929, p. 94.

(11) Urofsky [1981], *op. cit.*, p. 22. こうした労働者に対する共感や彼らに対する仕打ちへの憤りの背景に、同化していたとはいえ何からの形で存在していた「ユダヤ人」としての自らの境遇や心情を投影していたとみなすことは可能だろう。

(12) 橋本、前掲、九―一〇頁。

(13) Mason, *Brandeis and The Modern State*, p. 205. ところで、「権利」が社会の目的から派生し、それを制限するのは「他者の権利」のみとした場合、「他者」をどういう形のものとして捉えるのかということが問題となる。ブランダイスの議論や論理で具体的に問題となるのが、パレスチナのユダヤ人国家（建設の権利）を担保にアメリカのユダヤ人の集団としての権利を確立しようとした場合、パレスチナで衝突せざるをえなくなるアラブ人の「権利」にいかに対応するのか、という点である。この問題については、第二部で詳述する。

(14) ブランダイスは「私のみるところによれば、鉄鋼会社のように集中的な権力を擁する会社が、雇用者を対等に取り扱うようになるとはとうてい考えられない。そして、対等な取り扱いをしない限り、民主化はありえない。対等に扱うということは、契約を結ぶということだけを意味するのではない。それは継続的な関係に発展しなければならない。組合との契約は永い手続きである。労働協約――大きな進歩だけれども、それは第一歩に過ぎない、労働協約が産業社会における民主主義へと発展するためには、それを一歩進めて、実際上産業政府を、使用者と雇用者との間の関係が、ちょうど政治上の政府の場合と同じように、様々な問題が日々月々年々起こるにしたがって取り上げられ、解決されていくようなもの――を作らなければならない」と述べていた（丸田「世紀転換期のアメリカと若き法律家ブランダイス」、一〇〇―一〇一頁）。

(15) Mason, *op. cit.*, p. 67.

(16) 社会学的法学とは、既存の法学を、社会的経済的現実や実際の結果を省みることなく機械的、論理的過程によって、既成の概念から結論を引き出すことのみに終始しているとして批判し、「司法」は事実を重視し社会の進歩を可能にするものとならなければならないと主張するものであった。

(17) オレゴン州が製造業などにおいて雇用される婦人の労働時間を最高一日十時間に制限する法律を制定した。これに対し雇用者ミューラーは、同法違反で有罪の判決を受け、合憲性を争って合衆国最高裁に上告した。オレゴン州の代理人になったブランダイスは、全文一一三頁のブリーフのなかで、僅かに二頁のみを法律論にあて、一五頁を婦人労働時間制限のための立法例の引用にあて、残りは婦人の長時間労働が健康に及ぼす影響についての英米仏における研究調査の報告にあてたのである。結果、最高裁は全員一致でオレゴン州法を合憲とした（橋本、前掲、九―一一頁）。

(18) 同上、一一頁。

(19) ブランダイスは、一九〇五年のハーバード倫理学会の講演で以下のように述べている。「合衆国の主要な弁護士たちは、これまで、おもに会社の主張を支持する仕事に従事してきた。彼らは多くの場合、立法者が会社の力を抑制したり行き過ぎを抑制するために作った過酷な法律を、まぬがれたり無効にしたりすることに努力してきた。……ほとんど二〇年もの間、法曹界の指導者たちは例外なしに、わが国の社会的、産業的大問題の公共の利益のための解決を旨とした建設的な立法を怠ったばかりでなく、特定の利害関係に基づき促進された立法に反対することも怠ってきた。彼らは、公共の福利を無視して、さらにそれ以上に及ぶこともあった。彼らはしばしば市民としては承認できないような立法措置を、法律家としては主張することもあった。しかも、間違った類推によって自分の主張を弁護しようとした。弁護に適用されるべき倫理法則を、彼ら〔そうした弁護士〕は公共に対して私益を守る場合にも、私人間の争いの場合と全く同じものでよいと誤って考えたのである」（丸田、前掲、九三頁）。

(20) Solomon Goldman (ed.), *The Word of Justice Brandeis*, New York, Henry Schuman, 1953, pp. 27-28.

(21) Mason, *op. cit.*, p. 167.

(22) Gal, *Brandeis, Progressivism and Zionism*, 1976, pp. 226-227.

(23) *Ibid.*, p. 290.

(24) 「私は運動に対し多大な共感をもっており、プロパガンダの結果に深い関心を抱いている。これらのいわゆるドリーマー〔東欧系ユダヤ人組合活動家〕は、ユダヤ民族全体の尊敬と感謝に値する。私ほど自らの人種に属す人々の成功を誇りに感じるものはいないだろう。私は高次元での成功のことを指しており、私の人種のメンバーにとっては他のいかなる国よりも、ここにおいてこそ、そうした機会が存在していると信じている。私は、預言者の時代と同じように今日のユダヤ人は祭司民族たりうると信じている」(Haas, *op. cit.*, p. 151)。

(25) ブランダイスは、当初ドイツ系ユダヤ人よりも東欧系ユダヤ人により強い共感を抱いており、それは東欧系ユダヤ人のもつ理想主義や改革への情熱を共有したからであったとされる(Strum, *op. cit.*, p. 232)。

(26) 記者の「ユダヤ人の新参者との真の関係とはどのようなものであると考えますか」という質問に対し、アメリカ人は、何よりもアメリカの諸制度に忠誠を誓わなければならないとし、「ハイフンつきのアメリカ人に居場所はない。ここには、いかなる人種、信条、条件を有す人々にも余地はあるが、プロテスタント‐アメリカ人、ユダヤ‐アメリカ人、またドイツ‐アメリカ人、アイルランド‐ユダヤ人、ロシア‐アメリカ人にとっての居場所はないのである。この国は彼らの人種が何であれ、いかに彼らの宗教的なつながりが強く、もしくは多様であっても、彼らの息子・娘がアメリカ市民であることを要求する。生活や思考、慣習、出自の違いを残存させ、人々を宗教的信念に従って分類する傾向があるが、同胞アメリカ人という考えと一致せず、不忠誠なものである」として、アメリカのユダヤ人の「同化」を強く主張している(Haas, *op. cit.*, p. 152)。

(27) ハースはシオニスト運動の発展・強化のためにイギリスからアメリカに渡ってきていたが、一九〇九年の時点でブランダイスがアメリカのシオニスト運動の指導的立場にたつことを望んでいた(Gal [1976], *op. cit.*, p. 500)。

(28) *Ibid.*, p. 500.

(29) ブランダイスの「民族」の定義については後述する。

(30) 一九一二年一月七日付けの書簡において、ブランダイスは「パレスチナのユダヤ農業実験場のアーロン・アーロンソンが記した『野生の小麦』について話した。アーロンソンはルーマニアのユダヤ人で父と共に五歳の時にパレスチナへ移民し、現在そこで農業を行っている。その話は私がこれまで聞いた話のなかで最もぞくぞくするほど興味深いものであり、乾燥もしくは疲弊した土地における科学的農業や利用の可能性を示すものであった」と述べている(Melvin I. Urofsky and David W. Levy (ed.), *Letters of Luiis D. Brandeis Volume II* (1907-1912): *People's Attorney*, New York, State University Press of New York, 1972, p. 537)。

(31) Donald Neff, *Fallen Pillars: U.S. Policy towards Palestine and Israel, since 1945*, Washington, D.C. Institute for Palestine Studies, 1995, p. 11.

(32) 一九一二年七月三日の書簡において、「私には、党派に拘束されていない革新主義者は彼〔ウィルソン〕の選挙の勝利のためだけでなく、彼が担っている革新主義の立場を維持し、革新主義の政策を実行するために必要な援助と激励を与え、最大限支援することが義務であるように思われる」と述べている（Urofsky and Levy (ed.) [1972], *op. cit.*, pp. 638-639)。

（33）ウィルソンの「ニュー・フリーダム」構想は、経済力の集中が個人の自由を脅かしており、ゆえに独占を解体しなければならない、として新たな社会・経済状況において「個人の自由」の回復を目指すものであった。

（34）Ezekiel Rabinowitz, *Justice Louis D. Brandeis*, New York, Philosophical Library, 1968, p. 50.

（35）Urofsky [1981], *op. cit.*, p. 75.

（36）「私の入閣に対する反対は本質的に政治的なものではない」として、反ユダヤ主義的感情に基づく反対が存在していることをほのめかし、以降反ユダヤ主義について言及するようになっていった（Gal [1976], *op. cit.*, p. 526)。ブランダイスは、労働組合運動に関与するなかでアイルランド系移民とも接近したが、アイルランド系指導者は一九一〇年代以降反ユダヤ主義的態度を採るようになり、ブランダイスを「オリエンタル」と表象していた（*Ibid.*, p. 339)。

（37）*Ibid.*, p. 437.

（38）「人種のるつぼ」とは、ユダヤ系作家のイスラエル・ザングヴィル（Israel Zangvil）の戯曲の名前に由来し、アメリカ社会は様々な人種・民族が溶け込んでつくられたひとつの坩堝であるとされ、またそれを理想とするものだった（有賀夏紀『アメリカの20世紀（下）――1945～2000年』中公新書、二〇〇二年、九一頁）。

（39）ラカー『ユダヤ人問題とシオニズムの歴史』、二六三頁。

（40）多くのアメリカ・シオニストは、またブランダイスに議長になるよう説得したハースですら、ブランダイスが実際に承諾するとは思っていなかった（Urofsky [1981], *op. cit.*, p. 89)。

（41）紀平編『世界各国史　アメリカ史』、二六九―二七〇頁。例えば彼は、南北戦争後初めて関税の引き下げを行う（一九一三年、アンダーウッド関税法）と同時に、関税収入の減少を補うために憲法修正第一六条に基づいて、初めて累進制の連邦所得税を導入した。また連邦準備法を成立させ、全国一二の地区に通貨発行権をもつ連邦準備銀行が設置され、連邦政府の連邦準備委員会がそれらを監督する制度ができあがった。これはウォール・ストリートの銀行による金融の集権的支配を避けつつ、季節的需要や金融不況に弾力的に対応できる通貨制度を作ることを目的としていた。また、独占対策は、ニュー・フリーダム達成の最優先課題であり、一九一四年にクレイトン反トラスト法と連邦取引委員会法が成立し、シャーマン反トラスト法を改正した前者は、価格差別（競争相手をつぶすために特定の地域の価格を下げること）や重役兼任制などの半独占行為を禁止した。他方、連邦取引委員会は不当競争を阻止する権限を与えられ、独占規制の中心的役割を担うこととなった。

（42）Yonathan Shapiro, *Leadership of the American Zionist Organization 1897-1930*, p. 68.

（43）「……私はこの任務にふさわしくないのではないかと感じている。私の人生の長い年月にわたって、私はユダヤ人から相当程度乖離してきた。私はユダヤ人の様々な出来事に無知だった。しかし最近の公的、職業的経験は私に以下のことを教えてくれた。ユダヤ人は我々二十世紀の人間が発展させようとしている正義と民主主義のための闘争にふさわしい資質を備えている。高貴な行動を可能にする深い道徳感情。人間に対する深い同胞意識。三〇〇〇年の文明の果実である高度な知性……。これらの経験は世界にとってユダヤ民族が救われるべき何かを有していると感じさせた。ユダヤ人は存続されるべきである、最も成功を約束する救済方法を追求することが我々の義務である、と。私は、この課題が必要とする知識、経験、能力をもたないかもしれないと不安を感じる一方で、あなた方やこの国、そしてその他の国のシオニストと共にこの目的に向けて努力することを喜ばしく思う」（Haas, *op. cit.*, pp. 161-162）。

（44）「この不道徳の原因は明らかである。それは、我々の自由な土地において、ゲットーにおいてユダヤ人を守ってきた宗教的法的なすべての抑制が外れて、新たな世代が必要とする道徳的精神的支援のないまま放置されているという事実の帰結である。……自尊心を教え込むということは困難な仕事であり、それはユダヤ人に自らの高貴な過去との絆を維持し、同様に栄光ある将来の可能性を悟らせることによってのみ実現できる」（*Ibid.*, pp. 168-169）。

（45）Yonathan Shapiro, *op. cit.*, p. 72.

（46）Haas, *op. cit.*, p. 169.

（47）*Ibid.*, p. 171.

（48）「成員間の類似性が民族（nationality）の本質である。しかし国民の成員は全く異なることもありうる。国民は多くの民族によって構成されるということもありうる。……アメリカ国民はほとんどすべて白人民族によって構成されている。民族の統合は自然な事実である。国民への統合は、大部分人為的なものである。国民と民族が一致しなければならないという誤った教義がいくつかの悲劇の原因である。それは、大部分、現在の戦争〔第一次世界大戦〕の原因でもある。それは一方で、残酷で不毛な同化を導いている。……ある国民が多くの民族から構成されることによって発展しうるのと同様、民族はいくつかの国民の部分を形成することによって発展しうる。どちらの場合においても本質的なことはそれぞれの民族の平等な権利の承認である」(Haas, *op. cit.*, pp. 176-177)。この文章にあるように、ここにおけるnationalityとは、何らかの文化的同質性を有する有機的な人間集団というニュアンスであると考えられるため、「民族」と訳す。

(49) 原文では、peoples or nationalitiesとされているが、ここでは一括して「民族」と訳す。

(50) Haas, *op. cit.*, pp. 174-175.

(51) *Ibid.*, pp. 171-172.

(52) Neff, *op. cit.*, p. 11.

(53) こうしたブランダイスの議論には、「ユダヤ人と関連が深いとされているパレスチナに本拠地を建設する、あるいはその努力をみせることで、ユダヤ人がネーションであることをアピールし、それによってユダヤ人のロシア帝国での地位を向上させようとした」ロシアの綜合(synthetic)シオニズムの影響と共鳴もみてとれる(鶴見太郎「帝国の衰退とユダヤ政治の展開」臼杵陽監修、赤尾光春・早尾貴紀編『シオニズムの解剖——現代ユダヤ世界におけるディアスポラとイスラエルの相克』人文書院、二〇一一年、三四—三八頁)。

(54) 古矢、前掲、九頁。

(55) 有賀夏紀『アメリカの20世紀(上)——1890~1945年』中公新書、二〇〇二年、一二五頁。

(56) 古矢、前掲、三〇—三一頁。

(57) 「それ[シオニズム]は、世界中のすべてのユダヤ人を強制的にパレスチナへ移動させる運動ではない。第一に一四〇〇万人のユダヤ人が存在しているのに対し、パレスチナはその三分の一を吸収できるに過ぎない。第二にシオニズムは誰かをパレスチナに赴かせることを強要するものではない。それは本質的にユダヤ人に多くの自由を与える運動なのである。——その目的は、世界中でほとんどすべての他の民族によって行使されている権利と同じ権利、父祖の地で生きるか他の国で生きるかを選択できる権利を、ユダヤ人が行使することを可能にすることなのである。……シオニズムは、そこに行き、とどまることを選択したユダヤ人や彼らの子孫のために、法的に保護された郷土をパレスチナにおいて建設することを目指している。そこで彼らはユダヤ的生活を営み、かつ導き、最終的にはそこで人口の多数を占めることを期待しながら、我々が郷土における自治(home rule)と呼ぶべきものを待ち望むだろう」(Haas, *op. cit.*, pp. 180-181)。

(58) Rabinowitz, *op. cit.*, pp. 20-21. 一九一四年九月十八日の書簡において早くもプロパガンダ活動の必要と集会の開催などを主張しており、ブランダイスは明確にアメリカ・シオニスト運動を大衆運動として展開するつもりだったといえる(Melvin I.

Urofsky and David W. Levy（ed.）, *Letters of Louis D. Brandeis vol. III (1913-1915): Progressive and Zionist*, New York, State University of New York Press, 1973, p. 299）。

（59）*Ibid.*, pp. 293-295.

（60）Haas, *op. cit.*, pp. 213-214.

（61）*Ibid.*, pp. 165-168.

（62）Melvin I. Urofsky, *American Zionism: From Helzl to The Holocaust*, Lincoln and London, University of Nebraska Press, 1995, pp. 168-171.

（63）ブランダイスらとともに会議開催のために動いていたカレンは、「〔アメリカ・ユダヤ人〕委員会のメンバーは、一般の庶民を信じていない。彼らは世間の関心を集めることを恐れている。彼らは自らの『アメリカニズム』に疑いの目を向けられることを恐れている。彼らの一人は『……会議は開催されてはならない、なぜなら貧乏人の急進的な勢力の素性の知れないむこうみずなやつらは、ツァーリスト政府について何か言うかもしれず、それはロシアのユダヤ人の運命に深刻な悪影響を与えるかもしれない』と述べている。この階級は全体として……民主主義に対する不信、率直さへの恐れ、道徳的社会的不安を示している。それは反ユダヤ主義への懸念のもとで生きていることを示している。彼らは、中世のシュテートル〔Sh'tadlan: ロシアのユダヤ人村のこと〕とロシアのゲットーでのような裏工作による個人の影響力を使った秘密裡な方法によって、何でもなすことができるし、素早くなすことができると主張している」と述べている（Urofsky［1995］, *op. cit.*, pp. 175-176.）。

（64）Yonathan Shapiro, *op. cit.*, p. 82. また、ＡＪＣの中心的なメンバーの一人は一九一六年二月に私的な書簡において、「提案されているような会議を実際に開催したならば、政治的な反ユダヤ主義がこの地にやってくるのは単なる時間の問題となる。合衆国においては、アメリカ議会を除いて、全米規模の会議の余地はない。シオニストの策謀は、非ユダヤ人（Gentil）のアメリカ人がユダヤ人を『完全に分離された階級として、その利害は大部分のアメリカ人のそれと異なるものと』みなすことを促進するだろう会議が開催されたら、それは我々がユダヤ人であることが第一義的であり、アメリカ人であることは二義的なものであると世界に宣言することになるだろう」と強く主張していた（Urofsky［1995］, *op. cit.*, pp. 173-174）。

（65）*Ibid.*, p. 175.

（66）*Ibid.*, pp. 179-180.

（67） *Ibid*., p. 180.

（68） シフは一九一七年七月五日付けの書簡で、「ユダヤ・ナショナリズムという誤った考えから大衆を引き離そう」と呼びかけ、シオニスト－非シオニストの共同宣言の草案からユダヤ人が政治的な独立を望む「ナショナルなもの」であることを示唆する用語を排除することを主張するなど、ＡＪＣ側は一貫して「ネーション」として「ユダヤ人」がみなされることを警戒していた（Yonathan Shapiro, *op. cit*., pp. 114-115）。

（69） Kolsky, *Jews Against Zionism*, p. 26. その後一九二〇年のアメリカ・ユダヤ人会議の大会において、ＡＪＣ派はアメリカ・ユダヤ人会議が恒常的な機関とすることに反対し、シオニストと対立することになった。会議は一旦解散することになるが、ワイズが新たな恒常的なアメリカ・ユダヤ人会議設置に向けて活動して恒常的な機関となり、一九三〇年代にはドイツ製品のボイコット運動などの中心となった（Melvin Urofsky, *Voice that spoke for Justice: The Life and Times of Stephen S. Wise*, New York, State University of New York Press, 1982, pp. 159-160）。

# 第三章　アメリカ・シオニスト運動とパレスチナ・ユダヤ・ナショナル・ホーム

## 第一節　パレスチナ・ユダヤ・ナショナル・ホームの具体化とアメリカ・シオニスト運動

### バルフォア宣言とアメリカ

一九一四年八月の第一次世界大戦の勃発は、シオニスト運動にとっても大きな転換点となった。当時世界シオニスト機構（WZO）の本部はドイツ・ベルリンに置かれていたが、シオニストの連盟はドイツ人としての愛国的熱狂を表明し、しかし他方でドイツ帝国政府に対しシオニズムへの支持を表明するよう要請した。一九一五年十一月にはこの要請を受けて、支持しようとする動きもドイツ政府内でみられたが、結局実現することはなかった。(1) しかし、こうしたドイツ政府のシオニズムに対する動向が、のちに世界シオニスト機構総裁となるワイズマンのイギリスにおける活動が有利に展開する要因となった。

一九〇四年にイギリスに移住していたワイズマンは、「パレスチナにユダヤ・ナショナル・ホームを建設する」というシオニスト運動の目標に対するイギリス政府の支持を獲得するために、イギリス政府とほぼ単独で秘密裏に交渉を行っていた。[2] そうしたなかで、ドイツ側代表とシオニストの会談に関するニュースは、ロンドンやパリでも注目されることになり、一九一七年十月四日、ロイド・ジョージ（David Lloyd George, 1863-1945）内閣の外相バルフォア（Arthur James Balfour, 1848-1930）は、「速やかに決定がなされなければならない、というのもドイツ政府がシオニスト運動の支援を得るために、並々ならぬ努力を払っているからである」と述べ、以降「バルフォア宣言」に向けた交渉が具体化することになった。その際、イギリス政府の最大の懸案事項がアメリカ政府の支持を得られるか否かということであった。[3]

バルフォア宣言に向けた動きが本格化する以前の一九一七年五月六日、ブランダイスはすでにこの問題についてウィルソン大統領と会談を行い、そこで大統領はシオニスト運動とその目標に対する支持を表明したものの、[4] 国際的に複雑な状況をもたらすことへの危惧から公に宣言することには躊躇を示した。[5]

ウィルソンは、原則的心情的にはシオニズムに共感していたとされるが、それは彼がのちに「一四か条の提案」を提唱するように、この時期の諸民族の自決権要求に対し、ヨーロッパ民族に対しては積極的に支援しようとした思想、姿勢に基づくものだったと考えられる。ウィルソンの民族自決は「自治（self-government）」と同義語で、それは自決の能力をもつ民族の合意によって成立する民主主義的政治形態を意味していたとされる。これは、自決の能力をもたない民族には自治は認められないとして、アメリカもしくはヨーロッパが、ある民族が自決に値するか否かの判定を下す権利を有することが（暗黙の）前提となっていた。[6] ウィルソンにとって、親密な関係にあったブランダイスが属す「ユダヤ民族」が、自決権を有することは当然のように思われただろう。[7]

しかし、九月に入ってイギリス政府がこの問題について打診した際も、共感を示す声明だけならよいが具体的言質は含まないという条件で行うべきであると返答し、あくまで公に支持を表明することには抵抗した。[8]

このような膠着状況にあった一九一七年九月十九日、ワイズマンはブランダイスに書簡を送って、早急なウィルソン大統領の支持の確約を求めた。[9] ワイズマンは、シオニズムに反対するイギリスの同化ユダヤ人を牽制するためにも、大統領とブランダイスの支持を不可欠としていたのである。[10]

これを受けてブランダイスは大統領をさらに説得し、九月二十六日にウィルソンの支持の確約を得たとの返信をワイズマンに送った。[11] その後テキストの文言をめぐるイギリス政府とシオニストのやり取りののち、ウィルソンはようやく十月十三日に、最後のテキストの修正版への支持を側近に伝えた。[12] そして、一九一七年十一月二日、イギリス外務省は以下の内容の「バルフォア宣言」を公表した。

陛下の政府は、パレスチナにユダヤ民族の民族郷土 (a Jewish National Home in Palestine) を創設することを好意をもって見、この目的の達成を容易ならしめるために最善の努力を払うであろう。ただし、パレスチナに現存する非ユダヤ人諸社会の市民的、宗教的権利、ないし他の諸国でユダヤ人が享受している権利、政治的地位を損なうようないかなることも行われないことが、明確に了解されている。[13]

このようにして、バルフォア宣言はアメリカ政府の支持をもって発表されるに至った。そしてこの実現にあたっては、ウィルソンとブランダイスの親密な関係が極めて重要な意味をもっていたのである。以降アメリカ・シオニスト運動も、パレスチナ・ユダヤ・ナショナル・ホーム建設に本格的・具体的に関与していくわけだが、しかしこのことは世界シオニスト運動内部、アメリカ・ユダヤ人社会内部における「ユダヤ・ネーション」「ユダヤ人国家」などの運動の根幹に関わる概念に関する認識・立場の齟齬や相違を表面化、激化させることになるのである。

## ピッツバーグ綱領とＺＯＡへの改編

バルフォア宣言後の一九一七年十二月に、ワイズマンを中心とするシオニストも含めたパレスチナへの調査委員会が設置、派遣された。[14] しかしシオニスト指導部はパレスチナ現地のイギリスの役人がバルフォア宣言の実行に協力しないのではないかという危機感を早々に抱いた。[15]

ところで、世界シオニスト機構指導部側は、この調査委員会にアメリカ・シオニストも代表を送るよう要請していた。しかしアメリカ・シオニスト側は「アメリカはトルコと戦争状態にあるのではない」という理由で拒絶していた。その背景には、アメリカ・シオニストも委員会参加のためにビザの申請はしたものの、ハウスがこうした委員会にアメリカ人が参加することに対し政府として認可を与えることはできないと警告していたことがあった。[16] ブランダイスをはじめアメリカ・シオニスト指導部は、政府の意向に反してまで調査委員会に参加することはせず、こうしたアメリカ・シオニストの態度は、ワイズマンらヨーロッパ・シオニストとの軋轢を引き起こす下地となっていた。[17]

こうしてブランダイスは、アメリカ政府の承認が得られない状況下でユダヤ・ナショナル・ホーム建設に表立って政治的に関与することを回避していたわけだが、他方で「ユダヤ・ナショナル・ホーム」の将来的な政治的社会的ヴィジョンを構想していた。彼は、民主主義社会において、個人の自由と社会的正義とをともに実現するためには、社会が「適正規模」に保たれることが重要だとしていた。[18] そしてパレスチナをまさにそうした理想を実現するにふさわしい場所としてとらえていたのである。[19]

こうした「パレスチナ・ユダヤ・ナショナル・ホーム」とアメリカの革新主義の理想とを重ね合わせようとするブランダイスの試みは、一九一八年六月の大会で採択された『ピッツバーグ綱領』として具体化された。[20] この草案は、カレンの助力を受けつつ、ブランダイス自身が起草したものであり、戦争終結とともに、ヘルツルの夢を実現するために実践的な作業を行うべきであるとし、以下のことを掲げていた。

（一）人種、性別、信仰に関係なくパレスチナのすべての住民に政治的市民的平等を宣言する。
（二）土地を含む天然資源は住民全体によって所有され、私的利益による搾取を回避する。
（三）経済は、社会主義でも資本主義でもない協同組合型の原則を、農業、産業、商業、金融分野において適用する。
（五）啓蒙され情報をもつ市民を育成するために、国家はパレスチナで無料の公共教育を提供する。
（六）ヘブライ語がユダヤ人の民族言語となる。[21]

この『ピッツバーグ綱領』について、これ以前の、もしくはこれ以降のアメリカ・シオニスト運動の展開のうえでいくつかの点を指摘したい。

この綱領が、アメリカ革新主義の理想を反映させようとするものであったことは先述した通りであるが、これはアメリカの政治・社会の反動を背景としていたということである。一つは、繰り返しになるがブランダイスが進言しウェルソンが提唱した「ニュー・フリーダム」構想が事実上挫折したということである。確かに戦時体制のなかで労働者の権利は強化され、黒人や女性もこれまでえられなかった職の獲得に成功した。しかし、これは既存の巨大資本企業が温存されるシステムを変更するには至らなかったのである。[22]

さらに、第一次世界大戦中ウィルソン政権は政権反対の意見表明に対して激しい制限を課したが、その対象になったのはＩＷＷ（Industrial Workers of the World）のような急進的労働組合、社会主義者（アメリカ社会党は多くのヨーロッパの社会主義政党とは異なり戦争反対を貫いた)、あるいは分裂した忠誠心を抱いていると疑われたドイツ系移民たちであった。市民的自由の抑圧は、たんに連邦政府によってのみならず、州や地方政府の条例、あるいは民間団体によっても行われた。ドイツ語教育が禁止された地方やドイツ語の本が焼かれた町もあったのである。[23] これらのことが、ブランダイスをはじめとする革新主義派のドイツ系シオニストを失望させ、「パレスチナ・ユダヤ・ナショナル・ホーム」に自らの理想実現のための新たな活路をより一層求めさせたことは想像に難くない。

こうした背景のもと、ブランダイスの思想を反映した『ピッツバーグ綱領』の第一項は、「人種、性別、信仰に関係なくパレスチナのすべての住民に政治的市民的平等」を保証することを掲げていた。この場合市民的平等とは、法の下における個人の平等のことであるが、政治的平等とは、集団としての権利を前提にした平等観であったといえる。ブランダイスのシオニズムは、アメリカ国民の下位集団として「ユダヤ人」を立ち上げようとするものであったことから、原理的にいえばマイノリティが「集団としての権利」や「集団としての平等」を認められることを不可欠としていた。戦時体制下で、「ユダヤ人」としてまたは「ドイツ系」として二重に差別やパージの対象とされる危険性を抱えたことは、いよいよ「集団としての権利」の確立への意識を高めたといえる。

しかしながら、パレスチナにおいてすべての住民に「集団的政治的権利」を保障した場合、パレスチナで多数を占めるアラブ人を政治主体として認めなければならないが、その場合「民主主義の実現」ということと「ユダヤ人国家の建設」という目標とが齟齬をきたすことになるのである。この問題は第二部で扱うこととする。

ともあれ、この綱領を掲げ、ブランダイスはシオニスト運動への広範な大衆的な動員をはかるために、一九一八年にアメリカ・シオニスト連盟、FAZをアメリカ・シオニスト機構(The Zionist Organization of America: 以下ZOA)へと改編した。FAZは各地域のシオニスト団体が緩やかに結びついたものに過ぎず、

ＰＥＣＧＺＡは戦時の緊急事態に対応するための暫定的な組織であり有効な活動が行えるものではなかった。ＦＡＺがシオニスト諸団体により構成されていたのに対し、ＺＯＡは、『バーゼル綱領』に賛同し一定額を支払う「個人」により構成されるものであった。ＺＯＡは、より中央集権化された効率のよいシオニスト組織となったのである。そして、その会員数は、一九一四年のＦＡＺ時代には一万二〇〇〇名だったものが、一九一九年のシカゴでのＺＯＡ第二回の大会時には一七万六六五八名にまで増加することになった。[24]

## 第二節　ブランダイスの立場の変容

### ブランダイスの理念的後退

第一次世界大戦は、ドイツが一九一八年十一月に降伏して終結した。ウィルソン大統領は、一九一九年一月に戦後構想として「一四か条の原則」を発表し、これは、公開外交、公海の自由、軍縮、国際通商障壁の撤廃、植民地要求の公正な解決、ヨーロッパにおける民族自決原則に基づくいくつかの具体的提案、それらの諸原則を実現するための包括的な国際的組織の設立を内容としていた。こうしてウィルソンが理想主義的国際秩序構想を掲げる一方、イギリス、フランスはドイツに対して敵愾心を抱く世論を背景に懲罰的な講和を求め、またロシアの革命が東欧とドイツに広がりつつあり、さらにアジアやアフリカでは民族主義運動が起こりつつあるなど、現実の国際政治情勢は騒然としていた。

こうした状況のなか、一九一九年一月十八日からパリで講和会議が開催された。[25] すでに一九一八年十一月に、ブランダイスはバルフォア宛に書簡を送り、ワイズをアメリカ・シオニストの代表として送る旨を伝える一方、[26] 国際連盟統治下でのイギリスによるユダヤ・パレスチナの信託統治への大統領の支持獲得を試みるなど、アメリカ・シオニスト指導部はユダヤ・ナショナル・ホームの建設に向けた具体的な政治活動を行っていた。[27]

一方、AJC内部ではバルフォア宣言発表以降、[28] さらに強い懸念が表明されていた。[29] シオニズムに共感を抱いていたマーシャルですら、バルフォア宣言への支持を控え、むしろアメリカ市民としての立場を再確認するべきという方針を採用した。[30] 最終的にAJCは、バルフォア宣言から約五か月後の一九一八年四月二十八日に、「この国におけるユダヤ人は合衆国に全面的な忠誠を誓い」「完全な市民権を享受しつづける」ことは自明であるという前提で、「ユダヤ的生（Judaism）の、我々の信仰の、ユダヤ的な環境における文学、科学、芸術の発展のための中心として、聖地の建設に協力することを誓う」という声明を発表した。[31] この声明は、パレスチナのユダヤ・コミュニティ建設と発展への支援を行う意志は有すが、「ユダヤ・ネーション」「ユダヤ人国家建設」には同意しないとする、AJCの立場を示すものだったといえる。

しかしさらに戦後講和会議が近づきバルフォア宣言の実現が現実味を帯びてくるなかで、AJCをはじめとする非シオニスト・ユダヤ人の警戒は強まり反対活動もより具体的になっていった。ある反シオニストのラビは大統領に対し「私からアメリカを取らないでください。私の旗は赤と白と青であります。どうして私が他の民族郷土をもつということができましょうか」と訴え、また二九九名の反シオニストは「現在、そして将来においてもユダヤ人のパレスチナという考えを拒絶する」との嘆願書を送った。[32] さらに、大統領に対し「シオニズムはパレスチナのアラブ人の大部分の権利と願望を侵害している」と訴える人々も存在していたのである。[33]

こうしたAJCをはじめとする非シオニストの強い警戒感は、そもそものシオニスト運動に対する警戒に加えて、戦争以降、そして二〇年代まで続くアメリカ社会の反動や反ユダヤ主義の表面化、激化を背景としていたと考えられる。

まず、戦後においてナショナリスティックな感情が高揚していくなかで、第二次クー・クラックス・クラン（KKK）運動が起こっていたことがあげられる。この団体は一九一五年に組織されたのち、攻撃の対象を黒人から、カトリック、ユダヤ人、南欧・東欧の移民、さらにはアジア系移民にまで拡大し、活動地域も南部から、インディアナなど中西部や東部の一部にまで広げた。彼らの思想の中核は、アメリカ生まれの白人・プロテスタントの優越性であり、移民反対、プロテスタントの文化の雑種化反対、愛国心の高揚、学校での聖書の購読、進化論教育の排撃などであり、最盛期には約四〇〇万人もの会員数となるまでに至った。(34) さらに戦争後の世界に幻滅したアメリカ人は、アメリカを外国の影響から守りたいと考えるようになり、この排外感情は、十九世紀末に急増し大戦後再び増え始めユダヤ人が多くを占めていた南欧・東欧からの移民の排除を求めるようになった。実際、一九二四年に事実上彼らを排除する移民法が制定されることになるのである。(35)

こうした状況は、AJCらの非シオニスト・ユダヤ人のみならず、ブランダイスらアメリカ・シオニストにも影響を及ぼした。一九一九年四月二十二日、パリ講和会議における政治活動を行うためヨーロッパに渡っていたワイズは、ブランダイスに対しブランダイス派の思想を宣伝するために「イーディッシュ語の大衆に向けてイーディッシュ語の新聞を発行するべき」と主張した。(36) この時期、パリ講和会議においてサイクス＝ピコ協定を土台にしたシリア委員会が発足されて中東へ派遣されることになったが、それに対してカイロやダマスカスで扇動活動が行われ、「パレスチナ」の東部（現在のヨルダン）がユダヤ・ナショナル・ホームの予定地から外される可能性が高まっていたのである。(37) ワイズは東欧系ユダヤ人を動員して政治的な圧力を米政府にかけ、パリ講和会議における形勢の挽回をはかろうとしたといえる。しかし、ブランダイスはこの要請を拒絶した。彼は、反ユダヤ主義を伴うナショナリスティックな世論の空気のなかで、ZOAのなかに「ユダヤ・ナショナリズム」を支持する人々が存在することに言及することすら恐れており、ユダヤ人大衆を動員するのではなく、むしろAJCとの共闘を試みるようになっていたのである。[38] これは、「ユダヤ・ナショナル・ホーム」建設へ向けてユダヤ人大衆を広く動員するという、ブランダイスの当初の戦略の変更もしくは後退を意味していたといえよう。

## ブランダイスのパレスチナ訪問とシカゴ大会——パレスチナ主義

一九一九年夏、ブランダイスはパレスチナに赴いた。この時期、パレスチナはパリ講和会議を契機とする、シオニスト運動への反対と高揚するアラブ・ナショナリズムの中心となっていた。[39] 彼はイギリス人の役人と何度も会合し、さらにパレスチナ・アラブ人指導者とも会合を行って彼らの不満や見解を直接聞くこととなった。また、ファイサル（Faiṣal ibn ʿAbdal-ʿAzīz Āl-Saūd, 1906-1975）[40] らアラブ指導者は、アメリカも委任統治の責任を担うべきことやバルフォア宣言への反対を伝えるため、ブランダイスをダマスカスへ招待した。ブランダイスはこの招待を断ったものの、アラブ側のシオニスト運動に対する非常に強い反対を直接知ることになったのである。[41] 以降、ブランダイスは二度とパレスチナへ行くことはなかった。

一九一九年九月十四日、シカゴでZOAの年次大会が開催された。まずブランダイスは「パレスチナにおいて実践的な準備作業の期間が始まった。パレスチナは最終的には大規模な人口を抱えることができるようになるだろう」と述べ、以下の行動計画を提示した。

（一）大規模な移民に先立つマラリア駆除のキャンペーン
（二）大規模な土地の買収
（三）植林
（四）ヘブライ大学に対する強力な財政支援
（五）農業、産業、商業の発展を促進するためにその地に関する十分な調査と予備的な研究[42]

以上の綱領を掲げ、十月二十三日には、ブランダイスはAJCのマーシャルと会談し、ユダヤ・ナショナリズム的側面の強調を回避するためにWZOとの関係を遮断して、アメリカ・ユダヤ人が中心となってパレスチナの建設を進めることを提唱したのである。[43]

ブランダイスは、パレスチナでアラブ人が多数を占める状況でのユダヤ人国家建設の正統性の脆弱性を認識するようになっていたのであろう。また反ユダヤ主義の高揚への警戒感からのユダヤ・ナショナリズム的側面の強調を回避するようにもなっていた。[44] 彼は、表立った政治的な活動を避け、AJCら非シオニストの支持・協力を獲得して、パレスチナ・ユダヤ・コミュニティの早期の経済発展に集中して移民を促進し、ユダヤ人が多数を確立することを目指すようになったといえる。そして、パレスチナの経済発展を促進し、アラブ人にも経済的物理的メリットを提供することで、シオニスト運動への反対を緩和することを目指そうともしていた。

パレスチナの経済的社会的基盤整備をシオニスト運動の主たる目的とするこの「パレスチナ主義」は、同化ユダヤ人に「二重の忠誠」の嫌疑や「シオンへの帰還」の強制への危惧や懸念を抱かせずに、彼らのパレスチナ建設への具体的な支援、協力を獲得することを可能にするという意義を有していた。しかしブランダイスによって極めてアメリカ化されたシオニズムは、基本的にはユダヤ・ナショナリズムとしてシオニズムをとらえる、ヨーロッパ、パレスチナ、アメリカそれぞれで活動する東欧系のシオニストにとっては受け入れがたいものとして反発を抱かせるものであった。そしてそれは、実際にブランダイスとワイズマンの対立として具体的に表面化することになるのである。

## 第三節　ブランダイス派の敗北と復活――アメリカにおける東欧系ユダヤ人の動向

### ブランダイス派の敗北

ブランダイスとワイズマンとの関係は、当初は友好的なものであったとされる。[45] ワイズマンはブランダイスを「メシア的なところがある」と表すなど好意的にとらえていた。[46]

バルフォア宣言発表に至る経緯でもわかるように、ウィルソンと親交の深いブランダイスはワイズマンにとって必要不可欠な存在だったといえる。しかし、先に述べたようにワイズマンはパレスチナ調査団にアメリカ・ユダヤ人を派遣することをブランダイスが拒否したことに反発を感じ、また世界シオニスト機構（WZO）におけるアメリカシオニスト機構（ZOA）の伸長がヨーロッパ側のヘゲモニーを脅かすのではないかと恐れ始めていた。[47] また、ブランダイスの方も、ユダヤ・ナショナリズムとしてのシオニズムから明確に乖離していっており、さらに財政管理の杜撰さなど具体的な問題においてもワイズマンらヨーロッパ・シオニストに不信を抱いていた。

両者の対立は一九一九年にブランダイスがパレスチナからの帰路ロンドンに立ち寄り、ワイズマンらWZO

執行部の指導者と行った会合のなかで表面化した。この会合では委任統治条項の草案について議論されたが、土地政策やユダヤ機関（Jewish Agency: パレスチナ・ユダヤ・コミュニティを実質的に統治する役割を担うことを予定されていた）のあり方をめぐって両者は対立し、感情的となったワイズマンにブランダイスが冷ややかに応えたことで、決定的な決裂を迎えることとなった。[49] 翌一九二〇年のWZOのロンドン大会において、ブランダイス率いるアメリカ・シオニスト指導部は、これからのシオニスト運動の政策に関して、運動の主要な政治的任務は完了し、今後労力はパレスチナの建設に注がなければならないとして、パレスチナ以外の地でのシオニストの活動を支援することを拒否したのである。[50] これに対し、ワイズマンやヨーロッパのシオニストは、アメリカ・シオニストは政治的シオニズムの基本的性格や、ユダヤ的生活の変革という意義を理解しておらず、「ユダヤの心」を欠いているとして「シオンなきシオニズム」の烙印を押した。[51] 結局、ブランダイスを筆頭とするアメリカ・シオニストは、WZO執行部に参加しないことを決め、アメリカ・シオニスト運動が世界シオニスト運動から断絶する事態となったのである。

こうしたブランダイスの措置に対し、アメリカ・シオニスト運動の内部からも批判の声があがった。東欧系ユダヤ人を購買層としたイーディッシュ語系の新聞は、ブランダイスを「独裁者」と書き立てたのである。[52] というのも、アメリカのシオニスト運動においても、東欧系出自のシオニストには、ブランダイス的なシオニズムに対し違和感を抱くものが少なくなかったからである。

先にドイツ系と東欧・ロシア系との差異について言及したが、この差異はZOAの構成にも反映されていた。すなわち指導部は、ブランダイスをはじめ前者のカテゴリーに属すものが担っていたが、一般会員は圧倒的に後者だったのである。当時の一般会員は、シオニスト運動をワイズマンと同様のとらえ方をし、ブランダイス個人に対しては、そのカリスマ性を認めつつも、彼の主張や政策に完全に賛同していたわけではなかった。ゆえに、ブランダイスとワイズマンとが対立した際、ワイズマンに対する共感や支持の方が上回ったのである。このことは、ワイズマンが一九二一年にアメリカに行った際に、ブランダイス派によって構成されていたＺＯＡ指導部の意向に反して、ワイズマンを歓迎するためのデモが組織されたことに端的に現れた。(53) こうしたデモに参加したシオニストにとって、ワイズマンは、世界でも有名な科学者であり、ユダヤ民族のためにイギリス政府と交渉してその支援を獲得し、しかも「ユダヤ人の心を失っていない、偉大な指導者」だったのである。(54)

一九二一年にアメリカで行われたワイズマンとＺＯＡ指導部との合意を目指した交渉が最終的に失敗すると、ワイズマンは、ブランダイス派がパレスチナへ行く意思がないことを暗に非難する言明を数多く行い、(55) これに呼応してＺＯＡのワイズマン支持者たちは、アメリカ化された指導部はもはや真のシオニズムを代表するものではない、ユダヤ人は彼らなくともアメリカにおいて運動を展開することを喜んで学ぶだろうと強調した。(56)

こうしたＺＯＡ一般会員からの突き上げによって、一九二一年六月五日に開催されたＺＯＡの大会において、指導部を占めていたブランダイス派はついに自らその座を辞することとなった。(57) ブランダイス派の指導部からの撤退に至る経緯は、当時においてドイツ系と東欧系の間には深刻な亀裂が存在していたことやアメリカでシオニスト運動を展開することに伴う困難を示していたといえよう。

ブランダイス派がＺＯＡ執行部から退いて以降、ＺＯＡはワイズマンに近いルイス・リプスキー（Louis Lipsky, 1876–1963）が率いることとなった。リプスキーはブランダイスのシオニズムはユダヤ大衆と乖離していると述べるなど、リプスキーと彼の支持者が、ブランダイス的なシオニズムに反発し「ユダヤ・ナショナリズム」としてのシオニズムの「本来のあり方への回帰」を目指そうとしていたことは明らかであった。(58)

## 一九二〇年代におけるアメリカ・シオニスト運動とブランダイス派の復活

しかし、そのようなリプスキー派がZOAのなかではブランダイス派に勝利したものの、アメリカ・ユダヤ人社会におけるZOAの立場は低下していった。一九一九年の夏には一八万人いたZOA会員は、一八か月のうちに二万五〇〇〇人に激減し、以降も減少していった。[59] 同胞ユダヤ人を救済するために運動に参加したユダヤ人は、バルフォア宣言とイギリスによるパレスチナの委任統治の開始によって、ユダヤ人の救済もユダヤ・ナショナル・ホームの建設もイギリスが行うだろうと考え、自らは通常の生活へ戻ることを望み、ZOAを脱退していったのである。[60]

さらに、二〇年代のアメリカ・ユダヤ社会の状況は、ワイズマンやリプスキーらが主張していたようなユダヤ・ナショナリズムに対する共感を減少させるような変容をとげることになった。より具体的にいえば、東欧ユダヤ人のアメリカへの同化が進展していったのである。

まず一九二〇年の調査で、アメリカ生まれのユダヤ人が、外国生まれのユダヤ人の数を初めて上回ったことがあげられる。[61] さらに、アメリカ自体が好況を迎えるなかで、ユダヤ人の社会的経済的地位が上昇していったのである。東欧から移民してきたユダヤ人が経営していた衣服を製造する家内制手工業的な小さな工場（sweatshop）は、より大きな工場へと変わり、その子弟は教育を受けて医者や弁護士や教師となっていった。この時期のアメリカにおける排外主義ヒステリー（nativist hysteria）を背景とする反ユダヤ主義的雰囲気のなかで、これら同化しつつあった東欧系ユダヤ人も、アメリカでの自らの立場を危険にさらしかねないシオニスト運動を忌避するようになったのである。[62]

こうした状況のなかで、リプスキー派もユダヤ・ナショナリズム的な主張を行わなくなり、パレスチナのために資金を調達することのみをアメリカにおけるシオニズムの役割とみなすようになった。[63] しかし、こうした方針転換によってＺＯＡの弱体化に歯止めをかけることはできなかった。一九二九年のＺＯＡの大会では、会員数は一万八〇〇〇人にまで減少し、負債額は一四万六〇〇〇ドルに上っていることが報告されていた。[64]

一方、ブランダイス派の方は、ＺＯＡの組織的基盤なしにパレスチナの建設を支援することの限界を感じ、非シオニストのユダヤ人有力者との提携を模索し始めていた。この試みは、一九二九年十一月に、パレスチナの経済的発展を支援するための最善の手段を検討するという目的で、ブランダイス派と非シオニストが共同の委員会を設置するという形で結実した。[65]

これを契機に、低迷するＺＯＡを活性化し拡大するために、ブランダイスの復帰を実現すべきであるとの声がＺＯＡ内部で高まっていった。これは、二〇年代の変容を経て、ＺＯＡ一般会員も、ブランダイス的なシオニスト運動のあり方に対する違和感を減少させていたことを背景としていた。また、二〇年代後半には、ＺＯＡを主導するリプスキー派は、従来の主張に比べイデオロギー的に後退しており、ブランダイス派とのイデオロギー的、政策的距離は縮まっていた。そしてついに、一九三〇年にブランダイス派とリプスキー派の間で、ブランダイスとブランダイス派のＺＯＡ指導部への復帰をめぐる交渉が行われ、再びブランダイス派がＺＯＡの主導権を握ることとなったのである。[66]

以上のようにして、ＺＯＡ指導部におけるブランダイス派とリプスキー派との対立は解消された。この対立は「アメリカ国民」としての立場と「シオニスト」としての立場という二重の立場を背負うアメリカ・シオニストが抱えた潜在的矛盾や、同化の進んだドイツ系ユダヤ人といまだ民族性を強く残存させていた東欧系との間でのシオニズム解釈の齟齬の存在を象徴的に示すものであったといえよう。一九二〇年代のアメリカ・ユダヤ社会の変容を経て、最終的にブランダイス派が主導権を掌握したことによって、ＺＯＡを中心とするアメリカ・シオニスト運動は、ブランダイスによりアメリカ化されたシオニズムを基軸として展開していくことが確定したといえる。しかし先の矛盾や齟齬への対応はＺＯＡに常につきまとう課題であった。というのも、ＺＯＡが「シオニスト」組織である限り、ユダヤ・ナショナリズムとしてのイデオロギーや理念は常に対応や調整を行う必要のある課題であらざるをえないからである。さらにシオニスト運動は世界規模での運動であり、ＺＯＡが世界シオニスト機構指導部の意向と全く無関係に運動を展開することは基本的に不可能だからである。

## 小括

以上、ブランダイスの「シオニスト化」から一九二九年に彼の提唱した「アメリカ化」されたシオニズムが確定的な路線となる過程の検証から、以下の点が指摘できる。

まず、アメリカでもシオニスト運動が本格的に展開していくにあたっては、ヨーロッパと同様、反ユダヤ主義が重要な役割を果たしていたということである。同化程度の高いユダヤ人にとって、「ユダヤ人」であるということが本人にとっても明白な「自明性」を有してはおらず、反ユダヤ主義に遭遇し他者によって「ユダヤ人」と規定されるなかで形成、強化されていく側面が強かったといえる。

このことは同化ユダヤ人ブランダイスの「シオニスト化」の重要な背景でもあったが、さらに彼は革新主義法律家として、個人主義的自由主義の限界を前提に「(弱者の) 集団としての権利」の確立が必要であるという思想を「ユダヤ人」の苦境にも適用し、新たな「アメリカの理想」とシオニズムとの整合性を図った。このように、ブランダイスという傑出した人物の登場によって、アメリカ固有の政治・社会的な文脈において「ユダヤ人国家」が積極的な位置づけを与えられることになったのである。しかし、『ピッツバーグ綱領』から「パレスチナ主義」に至る彼のユダヤ・ナショナル・ホームに対する態度・政策の変容をみるならば、彼にとっての「ユダヤ・ナショナル・ホーム」や「ユダヤ人国家」の位置づけや内実は、時々のアメリカの政治・社会状況や出来事、国際政治情勢に規定されざるをえないものだったといえる。

またFAZやZOAとAJCとの緊張感に満ちた関係は、同化ユダヤ人の「ユダヤ・ネーション」「ユダヤ人国家」への一貫した根強い反対を示しており、個別的なイシューや政策をめぐっては共闘しえたものの、AJCがユダヤ・ナショナリズムとしてのシオニズムと原理的な理念・イデオロギーレベルで合意することは、大よそありえないことを示唆していたといえる。

ブランダイスとワイズマンとの対立関係は、個別具体的な問題における齟齬や対立ももちろんあったが、やはり根底にはブランダイスによるアメリカ化されたシオニズムとユダヤ・ナショナリズムとしてのシオニズムとの間には原理的な齟齬が存在していたことを示すものだったといえる。

さらに、アメリカの東欧系ユダヤ人のブランダイス派への反発と離反は、アメリカ・シオニスト運動内部における「シオニズム」理解に深刻な相違と対立が存在していたことを示していた。しかし最終的にブランダイス派がZOA指導部に復帰したことが示しているように、こうした対立関係も時代状況のなかで変容するものであった。

AJC－アメリカ・シオニスト運動指導部－世界シオニスト機構指導部の三者は、「同化」－「アメリカ・シオニズム」－「ユダヤ・ナショナリズムとしてのシオニズム」、さらにいえば「ユダヤ人」を、「(あくまで)個人」－「アメリカにおける下位集団・民族集団」－「ユダヤ・ネーションを構成しうるユダヤ民族」として捉える見方を「代表」していたといえるが[67]、歴史的状況やイシューに応じてそれぞれの距離や対応、関係性を変容させ、特定の政策においては共闘することもありえたものの、[68] 国民国家（アメリカ合衆国とユダヤ人国家）をめぐる原理的根本的な立場やイデオロギーの溝は、架橋することが不可能なほど深いものだったといえる。[69]

また各個人もある時点における政治的社会的条件のなかで、上記三つの枠を有すスペクトラムにおけるポジションを変えるものであった。例えばブランダイスは「同化」から「アメリカ・シオニズム」へ、東欧系シオニストは「ユダヤ・ナショナリズム」から「アメリカ・シオニズム」へと立場を変容させたといえる。

以上のように、アメリカ・ユダヤ人のネーションにまつわるポジショニング自体が、歴史的状況や他者との関係によって変容するものであり、「ユダヤ人」という自己意識、何らかの文化的象徴を共有すると想定される「ユダヤ民族」、国民国家を前提とする「ユダヤ・ネーション」の一構成員たることの間には、深い亀裂が存在し、そこに一直線的な連続性を見出すことは現実的には不可能だといえる。

## 註

（1）ラカー『ユダヤ人問題とシオニズムの歴史』、二五二―二五九頁。
（2）同上、二六六―二七四頁。
（3）イギリスはできるだけ早期にアメリカを同盟国側との戦争に参加させるよう望んでおり、そのためにアメリカ・ユダヤ人の動向に注目していた。一九一七年四月にはバルフォアは直々にアメリカに赴き、二度にわたってブランダイスと会見を行っていた（ラカー、前掲、二六四―二六五頁）。
（4）Rabinowitz, *Justice Louis D. Brandeis*, p. 63. またウィルソンは「一般的な民族問題の観点からして、その民族〔ユダヤ民族〕を承認し、承認を獲得する試みを支援する」「適切な時期に声明を発表するが、まずフランスで起こっている状況を念頭に置きその方向に沿って影響力を行使する」「それ以降になって初めて見解を表明する」「その見解はブランダイスによって起草される」などとも語っていた。

(5) Neff, *Fallen Pillars*, p. 13.

(6) 例えばフィリピンに対しては「われわれは、フィリピン人に立憲政治、つまり彼らが公正たることを期待できる政治、明らかな、そして公平な理解に基づき、われわれの強化ではなしに、彼らの向上を意図した政治を与えることができる……。われわれは、彼らに、自治は与えられない。自治権というものは誰にでも与えられるものではない。なぜなら、それは、民族の資格の形態であって単なる政治形態ではないからである。誰にも成熟の自制は与えられない。素直に従う長い見習い期間だけが、彼らに貴重な地位を、つまり与えられるものでもなく、もたらされるものでもないものを保証するのである。彼には、彼らの社会の性格上、その地位が与えられるものではなく、彼らが公正な法律と健全な政権の有益な影響の下に社会を形成することによって確実に与えることが期待できるのである」と述べている(草間秀三郎『ウィルソンの国際社会政策構想――多角的国際協力の礎』名古屋大学出版会、一九九〇年、六九―七〇頁)。

(7) こうした「自決権」を行使するに値する民族かどうかを欧米がいわば独断的に判定しうるという認識は、シオニストにも意識的・無意識的に採用、利用されることになる。

(8) ラカー、前掲、二六四―二六五頁。一九一七年九月七日の大統領への書簡において側近のハウスがシオニスト運動に深く関与しないよう忠告していたのである(Rabinowitz, *op. cit.*, p. 66)。

(9) ワイズマンはブランダイスに以下の電報を送った。「以下の宣言のテキストが外務省と首相によって承認され、戦時内閣に承認された。(一) H・M〔Her Majesty〕政府はパレスチナがユダヤ人の民族郷土として再構築されるべきであるという原則を承諾する。(二) H・M政府はその目的の達成を確実なものとするために最善の努力をし、必要な方法と手段についてシオニスト組織と相談するだろう。同化主義のある方面の人々からの反対が予測される。もしウィルソン大統領と貴方自身がこの文面を支持してくれるなら、多大なる助けになる。事態は緊急を要する。どうか電報をください」(Rabinowitz, *op. cit.*, pp. 66-67)。

(10) 英系ユダヤ人代表者会議と英国・ユダヤ人協会など同化主義を取る立場の勢力と「ナショナル・ホーム」の問題をめぐる対立が存在していた(浦野『パレスチナをめぐる国際政治』、二五頁)。

(11) 「大統領との話や最も近い顧問の言い回しから、私は彼が外務省と首相によって承認された十九日付けの貴方の書簡に引用されている宣言に全面的に共感していると、貴方に伝えることができます。もちろん私も心から同意します」(Rabinowitz, *op. cit.*, p. 67)。

(12) Neff, *op. cit.*, p. 14. ネフによれば、ウィルソンが戦争の只中にあって、そのメモの緊急性を感じていなかったために、しばらく返答が遅れたとされる。

(13) ラカー、前掲、二九〇頁。

(14) この調査委員会の目的は、(一) イギリス当局とパレスチナのユダヤ人の連携を形成する (二) パレスチナにおける救済作業を調整し、追放・避難した人々や難民の本国への帰国を支援する (三) 植民地の維持と発展、そしてユダヤ人一般の組織化を支援する (四) パレスチナにおけるユダヤ人諸組織、制度の活動の継続を支援する (五) アラブ人との友好的な関係の形成を助ける (六) パレスチナ全体のユダヤ人植民地のさらなる発展の可能性に関する情報を収集し報告する (七) ヘブライ大学の創設という案の実現可能性を検討する、というものだった (Rabinowitz, *op. cit.*, pp. 74-75)。

(15) その実行委員長は「ヤーファ〔現在のテル・アヴィヴのすぐ南部にある港町〕の総督は、YMCAのイギリス役人に対して公に、また二人のフランス人もいるなかで、以下のことを言った。『もし、アラブ人がヤーファのユダヤ人を虐殺するようなことがあったとしても、私は彼らを守るようなことはしないだろう。窓辺に立ちそれを笑いながらみていることだろう』と述べた」と報告していた (*Ibid.*, pp. 75-76)。

(16) *Ibid.*, p. 70.

(17) 例えば一九一七年にワイズマンが企図した世界ユダヤ人会議にブランダイスと彼に近いアメリカ・シオニストが賛意を表明しなかったことに対するワイズマンの以下の言葉に表れている。「あなた方は、アメリカ・シオニズムの周囲にモンロー・ドクトリンを築いている。私は全力でこのモンロー・ドクトリンを打破することが義務であると感じている。……もしあなた方が包括的なユダヤ人組織の創設に対して苦痛を感じるならば、あなた方はアメリカ人としてとどまるか、包括的なユダヤ人組織に参加するかのどちらかを選択しなければならないだろう。あなた方には、その選択を行う猶予がこれから二五年もある。……我々ゲットーのユダヤ人には、もちうるものはユダヤ郷土しかない。それゆえ、我々はそれを建設するためにはすべてを捨てるだろう。もし、そのために世界ユダヤ人会議が必要であれば、我々はそれを設立する。あなた方には別の郷土がある。ユダヤ・ナショナル・ホームは、あなた方の視界のはるか彼方にただ揺らめいているにすぎないので、あなた方は自らの郷土を危険にさらす覚悟がない」(Ben Halpern, *A Clash of Heroes: Brandeis, Weizmann and American Zionism*,

Oxford, Oxford University Press, 1987, pp. 203-204)。

（18）ブランダイスの思想に一貫してみられる特徴として「巨大さへの呪い」ということが指摘されている。これは、巨大資本に対する反対と同時に連邦政府の巨大化への抵抗として具体的に表明されていた。とりわけ、鉄道会社の合併問題に関与するなかで、そうした認識が強化されたとされる（Urofsky, *Louis D. Brandeis and Progressive Tradition*, 1981, p. 46）。

（19）彼は「ユダヤ人の理想はその非常に重要な特質において本質的にアメリカ的なものである。シオニズムが代表しているのは民主主義である」と述べたうえで、パレスチナを「『大きい』ことの災いから解放された小さな国、ここでの実験は自由と社会正義との結びつきを拡大し、アメリカの州と同様に立法の工場として機能するもの」と述べていた（*Ibid*., p. 95）。

（20）この資本主義的な搾取から免れた「理想郷」としてのパレスチナ・ユダヤ・ナショナル・ホームということは、ヘルツルも唱えていた。

（21）Haas, *Louis Brandeis*, pp. 96-97.

（22）紀平編『世界各国史　アメリカ史』、二七八頁。

（23）同上、二七九頁。

（24）Rabinowitz, *op. cit*., p. 31.

（25）講和会議の実際の決定は主要国の秘密会議だった（紀平編、前掲、二八二頁）。

（26）Rabinowitz, *op. cit*., p. 44.

（27）*Ibid*., p. 109.

（28）バルフォア宣言以前の十一月二日、『ニューヨーク・タイムズ』は「ユダヤ人は自由のための戦いにおいて命をかけて誓う」というタイトルのもと、ＡＪＣが第一一回年次大会において、ドイツとの戦争遂行にあたって、合衆国政府に対する忠誠とそれに伴う義務を担うことを謳った決議を採択したこと、ユダヤ移民のアメリカ化に関する計画を実行するための取り決めがなされたことを伝えていた（*The New York Times*, 11/2/1917）。アメリカは同年四月にすでに参戦していたが、ＡＪＣの決議やユダヤ人のアメリカへの忠誠を改めて強く表明するものとなっており、そこにはバルフォア宣言発表に向けた動向やシオニスト運動を牽制する意図が存在していたと考えられる。

（29）例えば「……ユダヤ人は自らのアメリカ市民権を放棄するか、シオニズムのようなあらゆる危険な教義を非難するかしなければならない」といった激しい反対の主張がなされた。また、一般会員から執行部にあてた書簡において「イギリス政府によるパレスチナに関する曖昧な表現に対し、シオニストはすべてのアメリカ・イスラエリがその国を復興しそこにユダヤ人国家を建設する機会を歓迎するつもりであるという印象を創出する機会とみなして即座に飛びついた。改革派教会の我々の同会派はそのような行動が大衆の心に引き起こすであろう危険に完全に気がついている」としてバルフォア宣言に伴う一般ユダヤ人の動向への危惧を表明し、執行部がシオニスト運動に対して中立的な立場を採るよう訴えていた。親シオニストと自称していたシフもＡＪＣの分裂を恐れ、ＡＪＣとしてこの問題に関与すべきではないとの立場をとっていた(Rabinowitz, *op. cit.*, pp. 8–9)。

（30）彼は「我々はこれを義務だとみなしている。多くの実際的感情的理由から、バルフォア宣言に対する我々の態度を述べることが。しかし同時に我々はアメリカ市民としての我々の立場や地位に不可欠な支配的な原則を強調することが重要だろうと考えている」とイギリスのユダヤ人連盟の代表に書き送っていた（*Ibid.*, p. 11）。

（31）Urofsky, *American Zionism*, 1995, p. 215.

（32）Rabinowitz, *op. cit.*, p. 8.

（33）Medoff, *American Zionist Leaders and the Palestinian Arabs, 1898-1948*, 1991, p. 64.

（34）紀平編、前掲、二八七頁。

（35）有賀『アメリカの20世紀（上）』、一二五頁。

（36）Yonathan Shapiro, *Leadership of the American Zionist Organization 1897-1930*, p. 132.

（37）イギリスは第一次世界大戦中、中東に関して異なる三つの約束をしていた。サイクス＝ピコ協定は、イギリス－フランス間の中東分割に関する協定であり、そこではフランスが現在のイラク北部からレバノン、シリア各地域を勢力圏または統治地域とし、イギリスがイラクの中部から南部、およびヨルダン、さらにパレスチナ南部地域を勢力圏または統治地域とすることが合意されていた。またエルサレムを含むパレスチナ北部は国際管理地域とされていた。他方、イギリスはメッカの太守でありアラブ独立運動の指導者でもあったフサイン（Sayyid Hussein bin Ali, 1854-1931）に対し、アラブのトルコに対する反乱と引き替えに、東アラブ地方とアラビア半島に独立アラブ王国の建国を支持することを約束したフサイン＝マクマフォン（Husayn-Macmahon）協定も結んでいた。サイクス＝ピコ協定を土台とするシリア委員会が、アラブ側との協定を反故にして英仏の中東分割を遂行するためのものであることは明らかであり、アラブ側の反発、反対は当然のことだったといえる。

（38） Yonathan Shapiro, *op. cit.*, p. 132.

（39） ジョン・キムチ『パレスチナ現代史――聖地から石油へ』時事通信社、一九七四年、二九〇―二九二頁。

（40） 第三代サウジアラビア国王。

（41） キムチ、前掲、二九四―二九五頁。さらにファイサルは、ブランダイスの側近フランクファーター（Felix Frankfurter, 1882-1965: 法律家でありブランダイスを通じてシオニスト運動に関与するようになった。一九三九年より最高裁副判事）に宛てて三月三日に書簡を送り、「アラブ人とユダヤ人の協力」の必要性を訴え、「シオニズム運動に深い同情」を表明し、「ユダヤ人による長き心温まる祖国を生む」点にさえ言及していた。これに対しフランクファーターは「アラブ人民の正統たる民族的目的が平和会議によって確認され守られなければならない」と希望していると表明していた（浦野、前掲、三五頁）。

（42） Haas, *op. cit.*, p. 122.

（43） 「これらの計画はZOAによって実行されるべきである。……〔ZOAは〕党もしくは闘争的な政党であることをやめ、開発組織となった」と述べていた（Yonathan Shapiro, *op. cit.*, p. 130）。

（44） パリ講和会議に出席していたアメリカ・シオニスト代表は、パレスチナ・アラブ人が人口のマジョリティを占める限り、パレスチナがユダヤ人国家になることを期待していないということを明らかにしていた。パリにおいてアメリカ・シオニストが提案したパレスチナに対する公的な〝信託統治に関する文言〟は、パレスチナの人々が代表制に基づいた責任能力のある政府を設立する用意ができるまで、民主主義を遅らせるということを構想していた（Medoff, *Zionism and The Arabs*, 1997, p. 26）。パレスチナ・アラブ人への認識・対応については、第二部で具体的に検討する。

（45） Urofsky [1981], *op. cit.*, p. 135.

（46） Haas, *op. cit.*, p. 112.

（47） Urofsky [1981], *op. cit.*, p. 135.

（48） ユダヤ機関（Jewish Agency）とは、パレスチナ委任統治条項の第四条において設置を定められたものであった。「適切なるユダヤ機関が、ユダヤ人の祖国建設及びパレスチナにおけるユダヤ住民に影響する経済的・社会的・その他の事項について、パレスチナ行政府に助言し、それと協力し、かつ常に当該行政の支配の下において当該地域の発達に助力し参与するための公的機関として認められるものとする。シオニスト機構は、受任国がその組織と構成を適用と認める限りにおいて、これをかかる機関として認めるものとする。かかる機関は、英皇帝陛下の政府と協議の上、ユダヤ人の祖国の建設を支援するすべてのユダヤ人の協力を確保する手段をとるものとする」（浦野、前掲、四四頁）。このようにユダヤ機関は、シオニスト機構が中心となってパレスチナ・ユダヤ・コミュニティを実質的に統治するものであった。しかし一九二〇年代にシオニスト機構の財政の逼迫などを背景に、ワイズマンを中心にユダヤ機関執行部に非シオニストの代表を入れようとする動きが展開され、紆余曲折を経て一九二九年に拡大ユダヤ機関へと改編された。

（49） Haas, *op. cit.*, pp. 119-121.

（50） ラカー、前掲、六四八―六四九頁。

（51） 同上、六四九頁。

（52） Urofsky［1995］, *op. cit.*, p. 281.

（53） *Ibid.*, p. 286.

（54） *Ibid.*, pp. 286-267.

（55） *Ibid.*, pp. 290-291.

（56） *Ibid.*, p. 291.

（57） この大会において、ブランダイス派執行部が一貫して反対していた政策が可決された。これに対し、ブランダイス派でＺＯＡの総裁を務めていたマックは、辞意を表明するとともに、ブランダイスが名誉総裁の地位から降りること、主要な指導部のメンバーもその役職から辞すことを伝えた（*Ibid.*, p. 293）。

（58） このリプスキーの発言は、あるジャーナリストが「ブランダイスのシオニズム概念は、ゴーイシュ的〔goyish: ユダヤ人からみた異邦人〕であり、ユダヤ的ではない。彼は、このゴーイシュ的なシオニズム概念をアメリカのユダヤ人に押しつけることを欲していた」とブランダイスを批判したことに同調してのものであった（*Ibid.*, p. 294）。

（59） *Ibid.*, p. 271.

（60） *Ibid.*, p. 305.

（61） *Ibid.*, p. 302.

（62） *Ibid.*, p. 311.

（63） *Ibid.*, p. 345.

(64) *Ibid.*, p. 360.

(65) このことは、ブランダイスが、シオニスト運動で再度積極的な役割を果たすようになったものとして、シオニストに受けとめられた。ZOAの機関誌である『ニュー・パレスチナ』は、ブランダイスを賞賛し、彼の演説をすべて掲載した(*Ibid.*, pp. 362-363)。

(66) リプスキー派は、ブランダイスの復帰をブランダイス派の一人に打診し、ブランダイス派とリプスキー派の間で、新たな指導部体制の確立に向けた交渉が行われるようになった。一九三〇年のZOAの年次大会で、ブランダイスは新体制への協力は約したものの自らが直接指揮をとることは辞退すると伝え、彼自身の復帰は実現しないことが明らかとなった。しかし、ブランダイス派とリプスキー派の間で妥協が成立し、新体制はブランダイス派が主導権を掌握する代わりに、リプスキー自身とリプスキー派の残留も認めることとなった(*Ibid.*, pp. 364-369)。

(67) もちろん、アメリカ・シオニスト運動指導部にせよ、AJCにせよ、世界シオニスト運動指導部にせよ、それぞれの内部での相違や齟齬、温度差はあり決して「一枚岩」ではなかったが、ただそれぞれが拠って立つ根本的な組織の原理自体は、「アメリカ」への「同化」、「アメリカ」・シオニズム、ユダヤ・ナショナリズムと規定しうるという前提で、全体の理解を容易にするためにあえて単純化して図式化する。

(68) ワイズマンは資金援助を目的として一九二〇年代初頭以来アメリカの非シオニスト、とりわけマーシャルと接触し、ユダヤ民族全体を代表するものとしてユダヤ機関を再編することを試みていた。ようやく実現した一九二九年の拡大ユダヤ機関には、実際にマーシャルらAJC指導部が参加していた。これは世界シオニスト指導部とAJCとの協力関係の構築を意味していたとはいえるが、拡大ユダヤ機関は原則的に「シオニスト」の機関ではなく、ゆえに当初は非シオニストがユダヤ機関評議会の半数を占めるという合意を前提としていた(ラカー、前掲、六六一―六六二頁)。

(69) 「アメリカ」・シオニズムとユダヤ人の「シオンへの帰還」を要請することになる原理的なユダヤ・ナショナリズムとしてのシオニズムの間で決して合意できない点は、アメリカ・ユダヤ人のパレスチナへの移民であった。この問題については、第三部において詳しく扱うこととする。

# 第二部　アメリカ・シオニスト運動と「パレスチナ」

# 第二部　序

バルフォア宣言、イギリス委任統治の開始により「パレスチナ・ユダヤ・ナショナル・ホーム」建設が具体化していくなかで、アメリカ・シオニスト運動はパレスチナにおける「民主主義」と「ユダヤ人国家」建設の正統性との齟齬ないし矛盾に直面しなければならなくなった。またこの問題は、アメリカ・シオニスト運動指導部が「パレスチナ・ユダヤ人国家は民主主義に反する」というシオニスト運動への反対意見や反対勢力へ対応を迫るものでもあったのである。そこで、ここでは、アメリカ・シオニスト指導部やその他のアメリカ・ユダヤ人が、パレスチナ地域、パレスチナ・アラブ人人をいかに認識し、いかなる主張、議論を行い、いかに対応しようとしたのかを検討する。この作業を通じて、国民国家、民主主義、さらに人種主義など西欧近代のなかで産み出された概念が、パレスチナにおいていかなる意味と帰結をもたらすことになったのかを明らかにすることが、この部での課題である。

# 第一章　アメリカ・シオニスト運動とパレスチナ・アラブ人

## 第一節　ユダヤ・ナショナル・ホームと「民主主義」

### アメリカ・シオニスト運動における初期のパレスチナ・アラブ人に対する認識

第一部において、「ユダヤ・ネーション」という概念への拒絶に基づくＡＪＣメンバーらのシオニスト運動への反対を取り上げた。さらに加えて「ユダヤ・ナショナル・ホーム」が一定の具体性を帯びていくなかで、別のシオニスト運動批判の論拠が浮上することになっていった。それは、パレスチナに現に住み、多数を占めるアラブ人の問題である。

バルフォア宣言が発表されると、ＡＪＣは「アメリカの理想に忠実なアメリカ・ユダヤ人たろう」と主張し、バルフォア宣言で明記されていた非ユダヤ系パレスチナ住民（実際にはアラブ人のこと）の権利を保護することが、「本質的に重要」であると強調した。(1) またシオニスト運動に反対する別の勢力は、アメリカ政府がバルフォア宣言を支持することに反対し、「ユダヤ人国家としてパレスチナを承認することは、政府の民主主義的な基盤と衝突する。……パレスチナはユダヤ人に属しているのではなく、そこに住んでいる住民に属している」「民族自決の原則は、他の地域と同様にパレスチナにおいても正確に適用されるべきである」と主張したのである。[2] 彼らは、「特定領域において多数を占める民族が国家を建設する権利を有す」という当時の民族自決の原則に照らして、アラブ人が多数を占めるパレスチナでのユダヤ人国家の正統性を否定した。この問題は、「民主主義」をナショナリズムの重要な要素とするアメリカ国民としての自覚やアイデンティティにかかわるものだったのである。

では、アメリカ・シオニスト指導部の方はパレスチナ・アラブ人の問題をどのように認識し、どのように対応しようとしていたのだろうか。

初期のアメリカ・シオニスト運動においては、パレスチナ・アラブ人に対する認識は非常に限定的なものであった。アメリカ人にとってパレスチナは遠隔地であり、またアメリカ政府も中東への関心は低かったため、パレスチナに関する情報に乏しかったのである。アメリカ・シオニストがパレスチナのアラブ人に関する情報を入手するための唯一の媒体ともいえたのは、FAZの機関誌であった『マッカビアン（*The Maccabean*）』であった。しかしその『マッカビアン』も、例えば一九〇二年に「今日ではパレスチナの人口の三分の一はユダヤ人である〔実際は一〇分の一に過ぎなかった〕」などと報告をするなど、[3] パレスチナのアラブ人に関する情報源として信頼に値するものではなかった。

そのため、アメリカ・シオニストはパレスチナに関する情報をヨーロッパのシオニストを経由して得るしかなかった。このことはアメリカ・シオニストのパレスチナ・アラブ人への認識が、ヨーロッパのシオニストの認識に規定されることを意味した。ヨーロッパのシオニストのパレスチナ・アラブ人に対する基本的認識は、「シオニスト運動がパレスチナの発展に貢献すれば、パレスチナのアラブ人はシオニスト運動／ユダヤ人国家を受け入れるだろう」というものであった。こうした認識をアメリカ・シオニストも共有し、「民なき土地に、土地なき民を」というスローガンを素朴に信じ、パレスチナのアラブ人の人的規模やその潜在的政治的重要性に対する認識もほとんどなかったとされる。[4]

一九〇四年になると、[5]パレスチナにはアラブ人が多数として現に存在していることを『マッカビアン』は報道していた。しかし、その事実に対する自らの立場を表明したのは、ようやく九年後の一九一三年のことであり、しかもその立場とは「アラブ人がパレスチナにとどまる理由はない……なぜならアラブ人の歴史的な中心はメッカとメディナだからである」というものだった。[6]

一九一四年八月に第一次世界大戦が勃発し、アメリカ・シオニスト運動にとってヨーロッパのユダヤ人の保護と同時にパレスチナのユダヤ人への支援も急務の課題となった。ブランダイスは十月五日の書簡において同僚に対しパレスチナやパレスチナのアラブ人に関する情報を提供するよう要請し、[7]情報を分析したのち、一九一五年のFAZの大会において「もし散発的なアラブ人の攻撃があるとしても、それは不可避である。マサチューセッチュー湾岸入植地を建設したアメリカ人入植者もインディアンに対し自らを守らなければならなかった」「アラブ人の攻撃はユダヤ人に気骨（mettle）を示し、男らしさ、勇気、自助能力を磨く機会を与えてくれた」と述べている。[8]これは、アラブ人との衝突における「暴力」が、（アメリカ的）「強さ」を示す機会をユダヤ人に与えるものであり、第一部で述べたこととは異なる文脈で、アメリカニズムとシオニズムの親和性を主張するものであったといえる。[9]

他方で彼は、バルフォア宣言の発表がおおよそ確定し、パレスチナのユダヤ・ナショナル・ホームの将来構想についての議論が行われるようになっていた一九一七年十月に、アラブ人に市民としての資格があるかと尋ねられた際、「ユダヤ人国家内のアラブ人に市民権を保障するのは当然である」という見解を表明していた。[10]しかしながら以降の展開において本質的に問題となるのは、こうしたアラブ人への「個人」としての市民権の保障という問題ではなく、区画化されたパレスチナにおいて多数を占めるアラブ人に政治的集団的権利を認めるか否か、ということであった。

第一部で述べたように、革新主義の理想をパレスチナ・ユダヤ・ナショナル・ホームで実現するという意図を反映させていた一九一八年『ピッツバーグ綱領』は、パレスチナのすべての住民に「市民的政治的権利」を保障すべきことを提唱していた。しかしながら、住民すべてに政治的（集団的）権利を保障すると、原理的にいえばパレスチナで多数を占めるアラブ人の政治主体としての（潜在的）実在や主張を認めざるをえないが、これはユダヤ人国家の正統性や実現を阻害することになる。パレスチナにおいて、「ユダヤ人国家」と「民主主義」とは齟齬をきたしてしまうのである。

この問題について、バルフォア宣言が発表された直後、アメリカ・シオニスト運動指導者はその内部において、「パレスチナ・アラブ人は民主主義を実行する用意ができていない、民主主義的原則の適用は、ユダヤ人の多数派としての地位確立というシオニストの目標が達成されるまで延期されるべき」と大よそ合意していた。(11) ブランダイスもこの「民主主義の先送り」方針を前提としていた。(12) そして、この「民主主義の先送り」方針は、最終的に一九一九年十二月に発表された『新たなシオンに関する憲法趣意書』においてアメリカ・シオニスト運動の基本方針として確定したといえる。(13)

この段階においてアメリカ・シオニスト指導部は、パレスチナ・アラブ人の問題を、とりわけ彼らが「集団としての権利」「政治的権利」を取り上げる可能性を射程に入れて議論することを回避し、(14) 一九一九年のシカゴ大会での「パレスチナ主義」が示していたように、イギリスの保護のもとでパレスチナにおいてユダヤ人が多数を確立することで、民主主義・民族自決の原則に即して、将来においてユダヤ人国家を実現することを目指してい

たといえる。(15)

## サン・レモ会議

一九一九年六月八日のパリ講和会議において国際連盟規約が採択され（正式には一九二〇年八月十日のセーブル条約に含められた）、その第二二条は「従来トルコ帝国に属したある部族は、独立国としての仮承認を受ける発達に達したけれども、その自立しうる時期に至るまで、施政上委任統治国の助言および援助を受けるべきものとする」として、中東における委任統治を規定していた。連盟規約の調印で、連合国最高会議は委任統治方式の起草に当たる委員会を発足させ、一九二〇年四月十九日に始まったサン・レモでの英・仏・伊・米の四カ国会議で、二十四日にパレスチナとメソポタミア（イラク）に対する英国、及びシリアに対するフランスの委任統治が正式に決定された。(16)

これらは、英仏によるアラブ人に対する諸々の約束の事実上の破棄を意味し、アラブ側は当然のように激昂することとなった。翌一九二一年にはパレスチナ・アラブ人指導者を団長とするアラブ代表団がロンドンを訪れ、当時植民地相だったチャーチル（Winston Leonard Spencer-Churchill, 1874-1965）に「外国ユダヤ移民の洪水」やヘブライ語を公用語として認めたことなどについて抗議した。(17)パレスチナにおいては二〇年、二一年に、シオニズムに反対する大規模な暴動が起こり、死傷者をもたらした。

こうした情勢に対し、アメリカ・シオニストで後にヘブライ大学学長に就任し、パレスチナ・アラブ人との共存を唱える二民族国家案(18)の提唱者となるマグネス（Judah Leon Magnes, 1877-1848）は、サン・レモ会議がアラブ人の民族自決権を否定していることを批判し、将来について悲観的な観測を行った。[19] 改革派ラビの団体であるCCARでは、サン・レモ会議への支持を表明する決議を採択すべきとするCCAR内のシオニストの提案に対し、「アラブ人を怒らせパレスチナにおいてポグロムの嵐を呼ぶ」との反対意見が表明されていた。[20] 女性シオニスト団体ハダサー（Hadassah）の指導者ヘンリエッタ・ゾールド（Henrietta Szold, 1860-1945）は（実際にパレスチナの暴動を目撃していたのだが）その大会において、「いわゆるアラブ人によるポグロムは誇張されている」と主張し、慈善行為と宥和主義の革新的計画がアラブ人とユダヤ人の和平にとって重要であると主張した。[21] このようにサン・レモ会議とそれに対するアラブ側の強い反対のなかで、アメリカ・ユダヤ人社会内でパレスチナのアラブ人の問題が具体的に浮上するようになっていたのである。

これに対し、ZOA指導者の一人は「事件は土着のパレスチナのアラブ人による虐殺ではなくベドィンによる急襲である」と述べ、[22] またZOA機関紙である『ニュー・パレスチナ』も、アラブ人の暴動はユダヤ人に向けられたものではないとして、「いわゆるアラブ人の煽動は〔中〕東からのイギリスの影響を掘り崩そうとする人々によって操られた人為的なものである」「富裕な土地所有アラブ人の反発であり、経済的な要因のもの」などと、暴動の潜在的な政治性を一切認めようとせず、パレスチナ・アラブ人を政治主体としては認めようとはしなかったのである。[23]

他方、この問題に対しアメリカ・シオニスト指導部主流派以外のところで、別のアプローチが提示された。一九二三年にイギリスのシオニストであるイスラエル・ザングヴィル（Israel Zangwill, 1864-1926）が、アメリカ・ユダヤ人会議の会合における演説でギリシャ・トルコの住民の交換を参考に事実上アラブ住民のパレスチナ以外の地への移住促進を提唱したのである。[24]

このザングヴィルの声明に対し、アメリカ・ユダヤ人会議の事務局長が唯一彼の見解を支持したものの、当時副総裁だった人物は、ザングヴィルのアラブ人に対する言及に対し強い不快感を表明した。さらにアメリカ・ユダヤ人会議の総裁でもあったワイズも、ザングヴィルを擁護しながらも、自らは「パレスチナの一人のアラブ人を詐取したり搾取したりするぐらいならシオニズムとパレスチナを滅ぼした方がよいと思っている」と宣言した。しかしながら、アメリカ・ユダヤ人会議の主要なメンバーはこの問題を回避し、大きな論争が巻き起こることはなかった。(25)

このように、パレスチナ・ユダヤ・ナショナル・ホーム建設が具体性を帯びるなかで、メドフが指摘しているように、「アメリカ・シオニストにとって、多数派の支配というアメリカの観念への忠誠と、多数を占める現地住民が反対しているなかでパレスチナにユダヤ人の郷土を建設することとの間で、イデオロギー的な衝突を引き起こす可能性をよみがえらせることとなっ(26)」ていた。そして、この問題は二〇年代後半に本格的に浮上するようになるのである。

## プリチェット報告

一九二六年遅く、「国際平和のためのカーネギー基金」は、近東の政治状況に関する現地調査報告書（プリチェット報告）を出版した。その報告はシオニスト運動をパレスチナ・アラブ人の願望を無視してユダヤ人のホームランドを樹立しようとするものであると非難し、シオニズムはユダヤ人にとってもアラブ人にとっても敵意と不幸をもたらすだろうと予言した。さらに「一〇〇万人ものユダヤ人を定住させることは、現在のアラブ住民を相当程度追放しないかぎり不可能であり、すでに表面化する寸前の敵意を促進することになる」「もしパレスチナからアラブ人が一掃され、ユダヤ人が排他的に住むことになったとしてもそれは不幸なことだろう」「なぜならユダヤ人による民族的な自己隔離は彼らをより攻撃的でエゴイスティックにさせ、他の世界と協力するための能力をなくさせてしまう」と述べていた。[27] そして、このプリチェット報告は、『ニューヨーク・タイムズ』の一面を飾るなど大きな反響を引き起こしたのである。

これに対しアメリカ・シオニスト指導部は、「今日パレスチナのアラブ住民の間で住民投票を行えば、パレスチナのユダヤ人による入植を圧倒的多数で支持するだろう、ユダヤ人がパレスチナにもたらし、なしてきたことのために」といったワイズの主張に典型的にみられるように、[28] シオニストの活動がアラブ人にも経済的メリットを提供していると強調することで、シオニスト運動に対する批判をかわそうとした。

こうしたアメリカ・シオニスト指導部の見解に対し、一九二六年十二月三日『ニューヨーク・タイムズ』に、パレスチナ・アラブ人と自称する人物の投稿記事が掲載された。それは「ワイズの予見は完全に間違っている、なぜならパレスチナ・アラブ人は国際的シオニスト機構によってではなく、我々民族（people）の手によって統治されることを望んでいるからである」と主張するものであり、[29] シオニストの見解を真っ向から否定していた。

以上のように、アメリカ・シオニスト指導部は、バルフォア宣言から一九二〇年代後半に至るまで、パレスチナにおける民主主義とユダヤ人国家建設との齟齬を「民主主義の先送り」やアラブ人への経済的便益を強調することで回避しようとしていた。しかし、パレスチナのアラブ人の政治主体化という問題が次第に現実化しつつあったのである。

## 第二節　パレスチナ・アラブ人の政治主体化

### パレスチナ議会設置問題（一九二八—二九年）

一九二八年、アラブ人は民主的に選出されたパレスチナ立法議会のためのキャンペーンを公に開始した。『ニュー・パレスチナ』の論説は、民主主義を求めるアラブ人の請願がユダヤ人を困惑させる立場に追いやったことを認めたが、[30]「民主主義の先延ばし」を再度繰り返すのみであった。[31]他方、あるエッセイは、アラブ人が多数によってユダヤ人の票に勝るということを不可能にするために、ユダヤ人に議席を十分に保障し、さらに議会の役割を行政的な日常業務に関する問題のみに限定し、ユダヤ移民の問題に対し発言権をもたないものとするべきであると主張した。[32]シオニストにとって、アラブ人が多数を占めている状況におけるパレスチナ立法議会の設置は、パレスチナにおけるユダヤ人国家建設の正統性の脆弱性を浮き彫りにするという原理的な問題を孕んでいた。と同時に、もし議会が実現されれば、シオニスト運動にとって死活的な必要性を有していたパレスチナへの恒常的なユダヤ移民が確保できなくなるという、具体的現実的かつ切迫した脅威をもたらすものでもあった。

このパレスチナ・アラブ人による議会設置のキャンペーンは、アメリカ・シオニスト運動指導部が採用していた「民主主義の先送り」戦略が限界を迎えたことを示していたといえる。

アメリカ・シオニスト指導部は、以上のような苦境からの突破口を見出す方途として、ニューヨーク・コミュニティ教会の牧師で当時著名なプロテスタントの牧師だったホームズ（Haynes Holmes, 1879-1964）のパレスチナ訪問をセッティングした。このことによって、パレスチナにユダヤ人のホームランドを建設することへの世論の支持を獲得しようとしたのである。実際にテル・アヴィヴなどの発展中の都市を訪問したホームズは、ユダヤ人の植民の努力に深く感銘を受けた。しかし、一九二九年四月六日にホームズはマックに対し、「パレスチナ・アラブ人の指導者が代表制度の欠如について述べたこと」、そして「多数が支配することがアメリカの民主主義の原則であること」、「しかしユダヤ人とパレスチナとの深い繋がりを考えると問題を単純に捉えることもできないこと」などを述べて、パレスチナ・アラブ人が民主的な制度のための用意ができていないとするシオニストの主張を是認せず、彼自らが著作と演説においてこのイシューを取り上げると語ったのである。[33]

当然のように、ワイズとマックはホームズの説得に乗り出した。彼らは、パレスチナ・アラブ人の民主主義への適格性を否定する一方、アメリカ・シオニストがユダヤ人の多数確立まで民主主義を遅らせることを望んでいるということも否定した。しかし同時に民主主義の実現に先立ってユダヤ人が数の上でもいかなる方法によっても発展することが許されるべきだとも主張し、結局彼らがホームズに提示できたのは「ユダヤ人とアラブ人がそれぞれの憲法制定議会を設立する」、「これら二つの団体から何らかの形でアラブ－ユダヤ人議会が生じ、いずれその土地に平和を、そこにおける人々には自治を与えるなにかが生じるだろう」という曖昧な方策に過ぎなかった。[34]

このようにアメリカ・シオニスト指導者の目論見は逆効果をもたらした。と同時に、このエピソードは、「民主主義」を国是とするアメリカだからこそ、パレスチナにおける「ユダヤ人国家」と「民主主義」という問題が、重要なイシューとして浮上せざるをえないこと、それはアメリカ・シオニスト運動のあり方に深刻な葛藤をもたらすものだったことを明瞭に示すものだったといえる。

結局、パレスチナ・アラブ人がイギリスの提案した議会に関する妥協案を拒絶したことで、この話題は公に上らなくなった。これはアメリカ・シオニストに安堵をもたらすものだったが、翌年の一九二九年にはパレスチナのユダヤ人とアラブ人の対立は暴力的な衝突として顕在化し、さらに深刻な形でアメリカ・シオニストに対応を迫ることになるのである。

## 一九二九年「嘆きの壁」事件

一九二九年八月十七日、数年前から起こっていたエルサレムの「嘆きの壁」をめぐるアラブ人とユダヤ人との対立は、ついに暴力的な形で噴出することになった。双方がデモを行い、その後広範囲にわたって暴動が広がり死傷者をもたらした。[35]

この暴動に対し、ブランダイスはイギリスの現地役人を批判すると同時に、「暴動は一時的な反動であり、暴力は『人間性、勇気、自助能力』を示すことでユダヤ人入植地の気概をみせつけるものだった」[36]として、現地ユダヤ人の「強さ」を賞賛した。

他方、AJCのマーシャルは、シオニスト運動指導部にパレスチナにおける多数の獲得という目標の事実上の破棄を求めた。[37]さらにAJCの指導者ウォーバーグ(Felix Warburg, 1871-1937)は九月四日に声明を発表し、そこにおいてユダヤ人、アラブ人、イギリス人それぞれを非難し、「嘆きの壁」に関するユダヤ人のラリーが暴動を誘発したという認識を示した。さらに彼は暴動を煽動したとして死刑を宣告されたアラブ人の死刑宣告にも反対した。このように、AJCは、パレスチナにおけるアラブ人とユダヤ人の衝突という事態において、ユダヤ人に肩入れするのではなく基本的に中立的な立場をとろうとしていた。[38]

こうした状況のなかで、ハダサーのゾールドは「ユダヤ人がアラビア語を学んでアラブ人との社会的接触を促進し、ユダヤ人の教育からショーヴィニズムを取り除くべきである」と主張し、ブランダイスも「協同組合の門

戸をアラブ人にも開く、労働組合をアラブ人にも開放する」などとアラブ人と共存するための具体的な対応を提示した。(39)

しかし他方で、ブランダイスは私信では異なる対応を示していた。彼は、アラブ人にも機会の平等を認めるという宥和策を掲げていたが、同時にいわば人種主義的なアラブ人への偏見とユダヤ人の彼らに対する優越性の自負に基づき、実質的にはユダヤ人が数多くの業務を担うようになるだろうし、またなるべきであるとも主張していたのである。(40)これは、彼がパレスチナ・シオニストによるパレスチナの全労働部門においてユダヤ人が独占し、アラブ労働者を排除しようとする「労働の征服」政策を実際には支持していたことを示していたといえる。(41)また、この同じ書簡において、「我々の入植者はインディアンに対するアメリカの開拓者と似たような立場にある」としてユダヤ人の自己防衛、武装を提唱してもいた。(42)

他方、マグネスは『ニューヨーク・タイムズ』のコラムにおいて公にパレスチナ議会を支持する見解を公表した。(43)それに対しワイズは、(マグネスが関与していた)「ブリット・シャローム(B'rit Shalom:「平和連合」の意)の態度は、アメリカのリベラル世論全体の趨勢を我々に反対させるものである」と不満を述べたが、マグネスはリベラルの反対は「我々が双方に公平な政治形態や制度を案出するためのイニシアティブをとらずに、アラブ人の正当な政治的願望の多くを抑えつけている事実によるものだ」と反論した。(44)この問題をめぐって、シオニスト運動内での対立や亀裂が表面化するようになっていたのである。

アメリカ・シオニスト指導者は、マグネスの言明に慎重に対応した。なぜなら「彼らは、シオニズムへの支持とリベラルな世論に好印象を与えたいという願望との間でデリケートなイデオロギー的均衡を維持することを切望していたから」である。(45)ワイズは、アメリカ・シオニストの一般会員に対してはマグネスを「無責任」だと非難した。(46)他方で非ユダヤ人のリベラルに対しては、パレスチナ議会創設という発案への支持を表明したが、しかしそのような議会はバルフォア宣言の目的に適う条件のもとで創設されなければならないとの留保をつけ、[47] パレスチナ議会設置キャンペーン以降アメリカ・シオニスト運動指導者が置かれた複雑で葛藤に満ちた状況を垣間見せていた。

『ニュー・パレスチナ』紙上では議会問題を回避する一方、ZOA指導者はパレスチナの政治形態に関する代替案を提示することで対応しようともしていた。そのなかでローゼンブラット（Bernard Rosenblatt）は、二つの選択肢を提示した。一つ目は「パレスチナ議会のための余地はない、それは合衆国人民にとって神聖な領域であるコロンビア特別区に議会を設置しなければならない理由がないのと同様のことである」[48]として、アメリカの先例を利用して民主主義的制度を拒否することを正当化しようとするものであった。二つ目は「二民族議会」を要件とするもので、それはアラブ人が支配する立法議会と、ユダヤ人が支配する上院によって構成され、イギリス高等弁務官が執行権と拒否権をもつというものであった。[49] この案は、パレスチナ・アラブ人の議会設置要求の妥当性は認めたうえで、「多数者の専制」を抑制するという目的を有すアメリカの政治制度を参考に、アラブ人が政治権力を完全に掌握することによるシオニスト運動へのダメージを極力抑えようとするものだったといえる。

また別の指導者は、「議会に対するシオニストの完全に消極的な政策は世界の世論を敵に回すことになるだろう」として、異なる戦略を提案した。それは、（アラブ人側が拒絶するであろう）議会設置に向けた予備作業としての円卓会議開催をシオニストが提案し、アラブ人側がこれを承諾しなかったことをもって「シオニストが民主主義に反している」という批判をかわす、というものだった。[50]

以上のように、パレスチナ議会設置キャンペーンを経て「嘆きの壁」事件がおき、ユダヤ－アラブ間の対立が表面化したわけだが、この問題が「民主主義」という「アメリカ」の国是にかかわる問題であるがゆえに、アメリカ・シオニスト運動内部の対応は錯綜し、明確な方針を打ち出すことができなかったといえる。

## ショー報告、パスフィールド白書

パレスチナのユダヤ人の武装が取り上げられるほどのパレスチナの暴力的な混乱状態に対し、イギリス政府も何らかの措置を取らざるをえなくなり、一九三〇年三月に暴動の原因究明のための調査を行った。その調査結果はショー報告として発表され、それは、流血の事態の責任を明確にアラブ人に帰していたが、その根本的な原因は、彼らの民族的願望が実現されないことへの失望や、将来の経済生活に対する恐れからくるユダヤ人に対する敵意であることを強調し、政府が今後の政策について明確な声明を出すべきことを提案していた。その際、その指針は、委任統治条項に付されていたアラブ人の諸権利を保障するものであるべきだとしていたのである。

シオニストは、委任統治政府がユダヤ民族郷土に対する共感をこれまで示してこず、アラブの攻撃を生み出しやすいような状況を作り出したと論じたが、委員会は、政府にその罪はないことを言い渡すとともに、ユダヤ人は政府の責任の二面的性格を理解しておらず、アラブ人と同様の「妥協する度量の乏しさ」を示してきたと強調した。[51]

このショー報告に当然のようにシオニストは反対したが、植民地相パスフィールド（Lord Passfield, 1859-1947）は退役インド文官ジョン・ホープ・シンプソン卿（John Hope Simpson, 1868-1961）にパレスチナの経済状況に関する調査報告を命じることで対応した。この報告は一九三〇年八月に答申され、パレスチナは新しい移民者の農業入植地として不適であるとの前提で、将来の移民に関しては、全般的な発展により、外部から二万人の入植者の余地はあるだろうと述べていた。この報告は、一九三〇年十月二十日にロンドンで公表され、同時にイギリス政府はその政策についての声明、「パスフィールド白書」を発表した。これは、アラブ人、ユダヤ人に対するイギリスの義務は同じ重みをもつこと、ユダヤ機関は特別な政治的地位を有しないことをさらに詳しく言明していた。[52]

端的にいえば、「嘆きの壁」事件によって噴出したパレスチナにおけるアラブ人とユダヤ人の暴力的衝突を経て、イギリス政府はアラブ人の政治的要求を承認し、バルフォア宣言、委任統治条項において保障していたユダヤ人の「特権的」な地位を否定する方向へ向かったのである。

先述したように、「嘆きの壁」事件を契機として、さらにそれ以前のパレスチナ・アラブ人による議会設置運動とマグネスらによる二民族国家案の提示によって、アメリカ・シオニスト指導者はいよいよ「民主主義」と「シオニズム」「ユダヤ人国家」との齟齬に直面せざるをえなくなっていた。そこでは、パレスチナ議会に代わる案や戦略を提示されていたわけだが、明確な方針を打ち出せないなかで、新たな解決策としてパレスチナ以外の地にパレスチナ・アラブ人を再定住させるという案が浮上するようになった。[53] 一九三〇年十一月にショー報告に反対するために行われたZOA主催のラリーにおいて、AJCの代表者は、トランス・ヨルダンをパレスチナ・アラブ人の新たな故郷とする、という案を初めて公に切り出したのである。また、別の非シオニストは、イラクへのパレスチナ・アラブ人の再植民を提唱した。[54] これらはいずれも経済的な便益をパレスチナ・アラブ人に提示することで自発的な移住を促そうとするものだった。

こうして「嘆きの壁」事件を契機として、アメリカ・シオニスト、アメリカ・ユダヤ人は、パレスチナ議会設置問題、民主主義とシオニズムとの齟齬、パレスチナ・アラブ人のパレスチナ以外の地への再植民など、パレスチナに関する本質的かつ様々な議論を行ったが、騒乱が収まり一九三〇年代初頭にパレスチナ情勢が比較的平穏な状態となると、これらの議論はアメリカ・シオニストの言説には現れなくなり、伝統的なヨーロッパのシオニストの議論、すなわちアラブ人は次第にユダヤ人のプレゼンスを甘んじて受け入れるようになるだろうとする議論に終始するようになっていった。[55] しかしながら、パレスチナ・アラブ人が政治主体として立ち現れ、「民主主義」「議会」といった西欧近代の理念に則った政治的主張を明確に行うようになっていったことは、こうした旧来型の議論が本来的には通用しなくなりつつあったことを示していたといえよう。

## 註

（1）Medoff, *American Zionist Leaders and the Palestinian Arabs, 1898–1948*, 1991, p. 58.

（2）*Ibid.*, p. 60.

（3）Medoff, *Zionism and The Arabs*, 1997, p. 19.

（4）*Ibid.*, pp. 17-18.

（5）この時期、ウガンダにユダヤ・ナショナル・ホームを建設するというイギリス政府の提案をめぐってシオニスト運動は大きく揺れたが、最終的にウガンダ案を拒絶し、あくまで「パレスチナ」にナショナル・ホームを建設するという方針を採用した。

（6）Medoff [1991], *op. cit.*, p. 44.

（7）ブランダイス以下は情報を欲していると伝えている。（一）パレスチナのユダヤ人に対するトルコの法の内容と実施、（二）ここ三、四〇年のパレスチナのユダヤ人の扱いに関する情報、（三）トルコの他の地域のユダヤ人に対する扱いに関する情報、（四）トルコ政府とトルコ臣民、そしてアラブ人の態度（Urofsky and Levy（ed.）, *Letters of Louis D. Brandeis vol. III (1913–1915)*, 1973, p. 312）。

（8）Medoff, *Militant Zionism in America*, 2002, p. 182.

（9）これは、ブランダイスにおけるユダヤ人の自尊心の回復が、「（物理的）強さ」と不可避に結びついていたことを示すものであり、シオニズムがローマ帝国に抵抗し自決した「マサダの砦」を神話化していたことと基底を同じくするものであったといえる。

（10）Medoff [1997], *op. cit.*, pp. 23-24.

（11）Medoff [1991], *op. cit.*, p. 48. 十一月八日の『マッカビアン』紙上における二一名の著名なシオニストのコメントにおいて、アラブ人の問題について言及していたものは一つもなかった（Medoff [1991], *op. cit.*, p. 51）

（12）彼は十一月二日の私信において「……我々は独立国家が現在、または予見しうる将来においてユダヤ人のナショナルな願望の永続性にとって最も深刻な脅威であるとみなすべきである」と述べていた（Yonathan Shapiro, *Leadership of the American Zionist Organization 1897-1930*, p. 115）。

（13）カレンが起草したこの文書においては「長期にわたって民主主義を先送りすべきである。移行、準備のための恐らく一世代ぐらいの間は」と述べられていた（Medoff [1997], *op. cit.*, p. 24）。

（14）マグネスはこの時期すでに「バルフォア宣言は政治的に不平等であり、将来の紛争の種を孕んでいる」と指摘していた（Medoff [1991], *op. cit.*, pp. 58-59）。

（15）*Ibid.*, p. 55.

（16）サン・レモ会議は一九二〇年四月二十四日に「最高会議は、サン・レモで会議を開き、フランスも関連している、英国に対する委任統治を付与するもの」とし、かつ「委任統治国は自らバルフォア宣言を効果あらしめるべく責任を負う」と補い付け加えた。委任統治条項は全文二三条から成り、それはバルフォア宣言の内容を受認し、「主要連合国は、また、パレスチナに現存する非ユダヤ人民共同体の市民的権利及び宗教的権利、あるいはユダヤ人が他国において享有する権利及び政治上の地位を損なうべきではないとの明瞭なる了解のもとに、受任国はパレスチナにおけるユダヤ人民の祖国を建設するべく、英皇帝陛下の政府が一九一七年十一月二日に初めてなし、かつ前記諸国により採用された宣言を実現することの責任を負うべきことにつき、合意したことにより、ユダヤ人民とパレスチナとの歴史的絆、及び当該地域におけるその祖国復興の基礎が承認された」として、以下細かな規定を定めていた。その第二二条では「英語、アラビア語、ヘブライ語を、パレスチナの公用語とする。パレスチナにおける印紙又は貨幣におけるアラビア語の記載又は刻印はヘブライ語にて繰り返されるものとし、ヘブライ語の記載または刻印はアラビア語にても繰り返されるものとする」と定め、また第二五条では「受任国は、ヨルダン川と後に決定されるべきパレスチナの東部境界との間の地域において、国際連盟理事会の同意を得て、現在の地方的状況への適用を延期し又は停止し、同地域の統治のためその状況に適合すると見做す規定を設ける権利を有するものとする」とし、イギリスは（アブダッラーを国王として）トランス・ヨルダン国をパレスチナとされていた地域のヨルダン川東岸に設定することを予定していた（浦野『パレスチナをめぐる国際政治』、四二一—四七頁）。

（17）ラカー『ユダヤ人問題とシオニズムの歴史』、三四四頁。

(18) 二民族国家案とは、パレスチナ・アラブ人との協調、和平を前提として、パレスチナ・アラブ人もユダヤ人もパレスチナに居住するすべての人は平等な権利を、個人としてだけではなく民族集団としても享受し、アラブ人国家とユダヤ人国家を建設したうえで双方の権力の均等（parity）に基づく中央政府を設置するという案だった。マグネスは、一九四〇年代に入っても一貫して二民族国家案を主張し続けた。

(19) マグネスは「ベルサイユ会議が、民主主義、自己決定、調停の原則のほとんどを否定するものであったと同様、サン・レモ会議も［それらすべてを］否定している」「パレスチナに関しては自決権の原則が無視されている。……事実はパレスチナにはユダヤ人の五倍から六倍のアラブ住民がいるということである。私はイスラエルの地に対するユダヤ人の歴史的権利を信じているが、ユダヤ人もアラブ人もシリア人もムスリムもキリスト教徒も自らの生活を自由に営み、自らの労働によって権力と方向性を決定する機会に平等に参加できるものであるべきだと考える」「パレスチナにおいて政治的平等よりもユダヤ人を政治的に優遇するというイギリスの贈り物は、憤慨と将来の抗争の種を孕むものである」などと述べていた（Medoff［1991］, *op. cit.*, pp. 82-83）。

(20) 彼女ものちにマグネスとともにアラブ人と和平を唱え、二民族国家を提唱するようになった。

(21) Medoff［1991］, *op. cit.*, p. 84.

(22) *Ibid.*, p. 80.

(23) *Ibid.*, p. 91.

(24) *Ibid.*, p. 109.

(25) *Ibid.*, pp. 110-111.

(26) *Ibid.*, p. 118.

(27) *Ibid.*, p. 119.

(28) *Ibid.*, pp. 119-120.

(29) *Ibid.*, p. 121.

(30) 「『代表のない課税』に反対して請願するということに集中し、公平な心をもつ人々の耳には真摯なものに響くようにすることによって、アラブ人は表面的には抵抗できない請願を論理的で義にかなったものとした。このようにしてシオニストの一般層はアラブ人の要求が論理的で義にかなったものとして同意し承認すべきなのか、それを我々の利益に害を与えるという理由で拒絶するのかという選択の前に立たされた」「このジレンマに対する回答はエジプト、シリア、そしてイラクにおける議会政治の確立という最近の試みが困難に直面しており、……自己統治のできるほど成熟していない諸民族にそのための制度を付与することが望ましいのかという疑念が生じているという事実によって与えられている」(*Ibid.*, p. 123)。

(31) *Ibid.*, p. 124.

(32) *Ibid.*, p. 127.

(33) Medoff [1997], *op. cit.*, pp. 1-6.

(34) *Ibid.*, pp. 4-5. メドフはこの点について以下のように述べている。「ワイズ－マックの方策が曖昧なものにみえるならば……彼らがアメリカ・ユダヤ人のアイデンティティの核心に迫るジレンマに直面しているからだろう。伝統的なユダヤ思想、この場合パレスチナにユダヤ人のナショナル・ホームを建設するということと、民主主義という価値がその政治文化に不可分な国において承認されたいという願望である」(*Ibid.*, p. 5)。

(35) ラカー、前掲、三六七頁。

(36) Medoff [1997], *op. cit.*, p. 53. メドフは、シオニストの開拓者はブランダイスにマサチューセッチューの湾岸入植地を創設したアメリカの入植者がインディアンに対し自らを守らなければならなかったことを想起させた、と指摘している。

(37) 彼は「パレスチナのユダヤ人のマイノリティが、アラブ人が享受していない政治的、あるいは他の特権を享受することは、アメリカと西欧において自由な自治政府の原則に従って育てられた人々の良心と一致しないだろう」「それゆえユダヤ人は文化的宗教的な自由と入植地と都市において純粋に地方の事柄に対する自治に関するいくつかの規定ということに満足しなければならい」と述べていた(*Ibid.*, pp. 54-55)。

(38) *Ibid.*, pp. 30-36.

(39) *Ibid.*, p. 56.

(40) 「我々のなすべき最も重要な要求は、差別のないこと、実際的な機会の平等である。それは政府事業のすべての部門やすべての政府の契約のもとでの平等な機会を意味する。アラブと平等、イギリスと平等……いくつかの例外的なポジションを除いては。私はパレスチナにおいては最も高いレベルから最も低いポジションまでその業務遂行においてアラブ人に対して優れているユダヤ人が存在するし、存在するだろうという信念を抱いている。我々はユダヤ人がそうなることを期待すべきだ」(Melvin Urofsky and David W. Levy (ed.), *Half Brother Half Son: The Letters of Louis Brandeis to Felix Frankfurter*, Norman and

London, University of Oklahoma Press, 1991, p. 381)。

（41）「労働の征服」については第二部第二章註6で詳述する。

（42）Urofsky and Levy (ed.) [1991], *op. cit.*, p. 381.

（43）一九二五年に設立された左派知識人であるブーバー（Martin Buber, 1878-1965）やショーレム（Gershom Gerhard Scholem, 1897-1982）を中心とする、アラブ人との平和共存を提唱した団体。マグネスは正式な会員ではなかったが、密接な関係をもっていた。

（44）Medoff [1991], *op. cit.*, pp. 146-147.

（45）*Ibid.*, p. 147.

（46）ワイズは私的な書簡においてはマグネスを「良くいっても『狂人』であり悪くいえば『反逆罪的』である」と激烈に評していた（*Ibid.*, p. 148）。

（47）*Ibid.*, p. 148.

（48）コロンビア特別区とは、アメリカの首都（＝ワシントン）であり、連邦政府直轄の特別区であり、他のいかなる州にも属していない。一九七四年まで市長をもたず、大統領の任命する行政委員会が行政を行い、行政委員会委員長が事実上の市長の役割を担った。

（49）Medoff [1991], *op. cit.*, p. 149.

（50）*Ibid.*, pp. 149-150.

（51）ラカー、前掲、六九五―六九六頁。

（52）同上、六九六―六九七頁。

（53）メドフは、こうした再定住案の一つの系譜は、先に述べたイスラエル・ザングヴィルのようなヨーロッパ・シオニストの植民地列強と原住民との関係についての考え方にルーツをもつものであり、別の系譜は科学的な効率性と方法による問題解決を強調するアメリカの革新主義に由来するものだったと述べている（Medoff [1991], *op. cit.*, p. 152）。ショー報告、パスフィールド白書が、暴動の原因をパレスチナ・アラブ人の政治的願望が実現されないことと同時に、彼らの経済的な不満や危機感を強調していたことから、紛争の「合理的解決」としてのパレスチナ・アラブ人の再植民ということが浮上することになったのである。

（54）*Ibid*., pp. 155-159.
（55）*Ibid*., pp. 159-160.

# 第二章　アラブの大蜂起・パレスチナ分割案・パレスチナ・アラブ人の「移住」

## 第一節　アラブの「大蜂起」

### 労働の征服とパレスチナ・アラブ人の経済状況

一九三〇年代初頭には、パレスチナ情勢は比較的平穏だったと先に述べたが、それは表面に浮上する暴力的な事件が比較的少なかったということに過ぎない。パレスチナの実際の社会レベルにおいては、ユダヤ人の自律経済圏の確立が、パレスチナ・アラブ人を社会・経済的に追いつめていたのである。(1)

一九三一年から三五年にかけて、ドイツを中心とするヨーロッパからパレスチナへのユダヤ移民は、約一六万五〇〇〇人にも上った。(2) さらにこれらの移民は、従来の東欧・ロシアからの熱心なシオニスト青年層を中心とする移民と比較すると、相対的に富裕な中産階級に属し、パレスチナに多くの資本の流入をもたらした。そのため、各国が世界恐慌後の不況にあえいでいる一九三三年から三五年の間に、パレスチナの実質的な輸出入額は五〇パーセント以上も上昇するなど、(3) 例外的な活況を呈した。このように、一九三〇年代に入ると、イシューブ（パレスチナのユダヤ共同体）は人口的にも経済的にも発展していった。

他方、こうしたイシューブの発展と逆比例するように、パレスチナ・アラブ人の生活基盤は圧迫されていった。まずシオニスト、ユダヤ系組織による土地の購入によって従来のパレスチナ農業の基盤が崩されていった。土地購入は一九二〇年代後半までは、主に不在地主からのものが中心で農民からの土地の購入は少なかったが、一九二〇年代の後半以降農民からの購入が増加していき、彼らは自らの土地を離れていかざるをえなくなったのである。(4)

こうして追放されたアラブ農民は、労働者として都市へ流入せざるをえないが、その都市においてもアラブ系企業は彼らを吸収するには脆弱であり、(5)さらに重要な問題がユダヤ系企業による彼らの雇用の拒否だった。一九三〇年代に入るとユダヤ人労働者はヒスタドルートのもとで組織化されていったが、これらの労働者は「労働の征服」(6)をスローガンに、アラブ人労働者を排除していったのである。当時のイシューブにおいてヒスタドルートを介した諸事業が最大の労働力の吸収源であることを考えるならば、このアラブ系労働者の排除は明らかに実効性を有すものであった。こうして、土地を追放された農民の雇用機会は、建築業や港湾施設などの委任統治政府による公共事業、季節労働者および日雇いなどの臨時労働者やアラブ系の果樹園などに限定されてしまうことになった。(7)

このようにパレスチナにおいて、イシューブ経済は独自の発展を遂げることになった一方で、パレスチナ・アラブ経済は相対的に劣悪な状況へ置かれ、パレスチナ・アラブ人は苦境に追い込まれていたのである。シオニスト運動指導者は、「経済的なメリットによってパレスチナ・アラブ人はユダヤ人のプレゼンスを認めるだろう」と主張していたわけだが、パレスチナの現実は全く逆の状況となっていた。

一九三五年、再度パレスチナ議会設置案が浮上した。[8] ZOAはこの問題について議論を行ったが、最終的にその大会において、「議会案は受け入れられない。なぜならパレスチナにおいてユダヤ人はマイノリティであり、アラブ人が支配する議会はユダヤ・ナショナル・ホームの通常の発展を圧迫することになるからである」とする決議を採択し、正式に議会案を拒絶する姿勢を打ち出したのである。[9] ここにおいて、「民主主義」と「ユダヤ人国家」との齟齬という問題に対し、ZOA指導部は「ユダヤ人国家」を優先させる方針を確定させたといえる。

結局、イギリス政府内での反対などもありこの議会案も頓挫することになった。一九二九年の「嘆きの壁」事件もそのような側面があったが、パレスチナの政治的解決に向けて議会案が浮上するものの、交渉は頓挫し、膠着状態のまま政治的解決の見通しが全く閉ざされるなかで、パレスチナ・アラブ人の不満が暴力的に噴出することになるのである。[10]

一九三六年四月十五日、パレスチナ・アラブ人によるバス襲撃を契機に、パレスチナ全土にストライキが広がり、いわゆる「アラブの大蜂起」が起こった。彼らは、「パレスチナへのユダヤ移民の中止」を要求してゼネストを行い、さらにユダヤ人を襲撃するなど、激しい運動を展開したのである。この「大蜂起」は、パレスチナ・アラブ人の明確な政治的主張を伴う計画的なものだった。[11] 和解の試みもなされたものの決裂し、[12] 多くの死傷者を伴いながら、パレスチナ全土が騒乱状態に陥っていくことになった。

このようなパレスチナの動向をアメリカ・シオニスト運動指導部はどのように認識し、対応したのだろうか。

興味深いことに、反乱以前の一九三六年二月二十一日に『ニュー・パレスチナ』は、一面で「アラブ人はパレスチナにおけるユダヤ人のマジョリティ（の確立）を恐れている」というタイトルで、「高等弁務官に対し、エルサレムの大ムフティ[13]が、アラブ人の闘争は単にユダヤ人の移民と土地買収に向けられたものではなく、アラブ人（the Arabs）の完全な独立を実現することを意図したものである、と述べた」とする記事を掲載していた。[14]さらに反乱開始から一か月後の五月十五日の『ニューヨーク・タイムズ』は、「パレスチナの危機における緊張は増大す」として、「今週金曜日は非常に重要である。なぜならムスリムの安息日ということに加えて、アラブ高等委員会が、政府がユダヤ移民を停止しユダヤ人に対する土地の売却を禁止しない限り、市民的不服従を開始すると宣言した日だからである」と述べた記事を掲載していた。[15]これらの記事は、パレスチナ・アラブ人の政治的主張もこの反乱のナショナルな政治的性格も実はかなりの程度アメリカにおいて認識されていたことを示唆していた。

しかし、大蜂起勃発以降『ニュー・パレスチナ』は、「これは部族対立の副産物に過ぎない」と主張し、さらに「エジプトとシリアでの蜂起の成功」などと外部の出来事に刺激された一時的現象として、可能な限り反乱のナショナルで政治的な性格を否定する方向に向かった。[16]

しかし、「パレスチナ・アラブ・ナショナリズム」という問題について何らかの対応をする必要はあったといえる。五月二十二日の『ニュー・パレスチナ』は一面で、「アラブのネガティヴなナショナリズム――暴動はナショナルな示威行動へと転換し、群集の衝動がかきたてられている」というタイトルの論説を掲載した。この論説は、この暴動がパレスチナ・アラブ人のナショナリズムの発露であることやその政治性について一定の認識を示したものの、しかしそれを発展に抵抗する「ネガティヴなナショナリズム」と位置づけていた。そして、シオニズムを創造性や発展性をもたらすポジティヴなナショナリズムと位置づけることで、その正当性を主張するものだったのである。[17]

反乱自体は、一九三六年十月に約二万人のイギリス軍がパレスチナに到着し、アラブ高等委員会がゼネストをとりあえず終結させたことで一時的に治まることになった。イギリス政府は、この反乱を調査するためにピール王立委員会をパレスチナへ派遣する一方、パレスチナへのユダヤ移民を減らそうとする姿勢をみせた。[18]

以上のようなパレスチナをめぐる情勢の変化のなか、十一月五日の『ニュー・パレスチナ』は、「アラブ－ユダヤ関係のための提案——ユダヤ人とアラブ人に平等な共同体の権利を保障する国事をつかさどる議会」というタイトルのローゼンブラットの記事を掲載した。それはパレスチナの将来的な政治体制について以下のように述べている。

パレスチナは大アラブ砂漠（Grea Arabian Desert）の拡張部分にも、つまりシリア・イラクの一州にも、イギリス帝国の一部ともなり、やがてイギリス・コモンウェルスにおける自治領となるに違いない。将来のこの大アラビアにあっては、パレスチナにおけるマジョリティかマイノリティかという問題は次第に瑣末なこととなるだろう。

一度、〔敵意ある多数者に支配されないという〕原則が完全に理解され受容されるならば、我々は、ユダヤ人と非ユダヤ人の個人の平等な権利ということだけでなく、ユダヤ人と同様にアラブ人も共同体としての権利を享受するという、必然かつ当然の帰結に達するだろう。端的にいえば我々は現実にはパレスチナに二つの州をもつことになる、それは〔アメリカのような〕地理的に区分された州ではなく、「二つの心の州（states of mind）」であり、それぞれが自己表現と政治的代表の完全な権利を与えられる。[19]

このローゼンブラットという人物は、後述する一九四二年五月のビルトモア会議においてもアラブ人とユダヤ人の共存を前提とした「連邦制」を主張しつづけるが、彼の提唱した「連邦制」は、政治制度の枠組みを重層的にして、境界を相対化し、法の制定・機能レベルを多層的に設定するものだった。

パレスチナの現実においては、従来の国民国家を前提とした多数決原理・制度としての「民主主義」では、異なる正統性に基づいているため解決や妥協の見込みは低く、「自らの国家」建設のためには最終的に相互に相手の政治的権利、さらに実在まで否定する可能性が高かったといえる。彼の連邦制案は、政治的枠組みを重層化し調整の余地を残すことによって、パレスチナで先鋭化せざるをえない「マジョリティ－マイノリティ問題」を緩和しようとするものだったといえる。さらに興味深い点は、彼が州を地理的な境界に基づくものではなく人々の心、つまりアイデンティティや意志に基づくものと想定していたことである。[20] 彼の案は、「境界」を、物理的領土に基づいて設定するのではなく、アイデンティティや「心」を基盤とすることで、「領土」の主権的所有をめぐる苛烈な衝突を回避し、さらにアイデンティティや心の可変性を前提にして、将来に向けた柔軟性をもたせることを可能にするものだったといえる。しかし、ここで問題となるのが、パレスチナへのユダヤ移民に関するルールや法を誰が設定・運用するかということである。結局、ベン・グリオンらシオニスト運動指導部が後述する分割案を契機にユダヤ人国家の建設に向けて一気に舵をとっていったのは、主権を確立しないかぎりユダヤ移民が制限されるという現状と認識を重要な背景としていたのである。

このローゼンブラットのような見解は、アメリカ・シオニスト運動の主流とは決してならなかった。十二月に『ネーション（*Nation*）』誌上でシオニストをパレスチナにおけるアラブ・ナショナリズムの存在を認めることを拒んでいることなどとして批判する記事が掲載されたときも、ＺＯＡはユダヤ難民救済にはパレスチナが必要という前提で、「アラブ指導者がシオニズムに反対しているのは、それが彼らの封建的な立場を損なう恐れがあるからである」[21]としてナショナルな存在としてのパレスチナ・アラブ人の存在や、その政治的主張を認めない姿勢を頑なに貫いていたのである。

## 第二節　パレスチナ分割案

### ピール委員会

ピール委員会は、パレスチナ現地滞在中に六六回もの会合を行いパレスチナ・アラブ人側、シオニスト側それぞれの見解や主張を聴取した。アラブ人の代表として発言したフサイニー (Haj Amin al-Husseini, 1895-1974) は、[22]「ユダヤ民族郷土の実験は廃棄され、移民と土地売買は停止されるべきである」との立場を主張した。一方、シオニスト側代表のワイズマンは、シオニスト運動は同等 (parity) の原則、つまり立法議会が設立された場合にアラブ人口とユダヤ人口の将来の比率がどのようであろうとも同数の議席以上のものは要求しないと一定の譲歩を示したものの、両者の主張は全く並行線のままだった。そうした状況にあった三七年一月初頭、ワイズマンは再び委員会に出頭したが、そこにおいては委員会の大勢は分州化という構想に傾いていた。ただ、メンバーの一人は合意に基づき委任統治を終わらせる以外に和平をもたらす道はないと述べ、事実上パレスチナを二つに分割することと、その結果独立ユダヤ人国家と独立アラブ人国家を建設することを示唆した。[23]

そして実際に、このパレスチナ分割構想は、一九三七年七月七日に公表されたピール委員会の報告書において正式に打ち出されたのである。[24] この報告書は、パレスチナを分割してユダヤ人国家、アラブ人国家を実現するためには「住民の交換」が必要なこと、それは最終的にはイギリス委任統治政府によって強制的に行われるだろうとも述べていた。[25]

ベン・グリオンはその可能性がすでにシオニスト指導部に伝わっていた一九三七年五月、私信においてユダヤ移民の確保という観点から、分割構想によるユダヤ人国家の建設に戦略的な意義を見出していることを伝えていた。[26] 彼は、それ以前の二月七日のヒスタドルートの会議において、移民の権利はシオニスト運動にとって、さらにイシューブ自体にとって不可欠なものであること、ユダヤ人がパレスチナにおいて主権を獲得すること、すなわちユダヤ人国家を建設することは、その移民の権利を絶対確実な方法で保障するものであると主張していた。[27]

八月に開催された第二〇回世界シオニスト会議において、ワイズマンは「ユダヤ人がピール案を拒絶すれば、イギリスは厳格かつ恒久的に移民制限を行うだろう」として、英政府との交渉によるユダヤ人国家の領域拡大の可能性を訴えた。[28] これに対し、ワイズらアメリカ・シオニスト指導者は委任統治の継続を主張し、その一人は「〔そうした〕ユダヤ人国家では大規模な移民を吸収できず、それはパレスチナにおけるユダヤ人開拓者のモラルを破壊する。なぜならその強さと勇気はユダヤ人問題の解決を支援しているという希望を土台としているからだ」として、分割案に反対した。一方、マグネスら二民族国家主義者らはアラブ人との共存は可能だとして分割案に反対した。このように、分割案は、「ユダヤ人のパレスチナへの歴史的権利を否定する」「ユダヤ移民の救済を実現できない」というシオニズムの原理や理念に基づいた立場と、パレスチナ・アラブ人との共存の必要という立場の双方から反対を受けたが、最終的には「ピール提案は受け入れられないが、シオニスト執行部にユダヤ人国家のためのよりよい国境を獲得することを目的としてイギリス政府と交渉する権限を与える」決議を採択した。[29]

こうしてWZOの方は、分割案をめぐってイギリスと交渉を行うことになったが、ZOA指導部の分割案への反対には根強いものがあった。[30]

第四〇回のZOAの大会で分割案に関する議論がなされたが、ワイズは「アラブ人の混乱を調査するために委員会が任命されるべきであり、分割や分断、自治や切断の問題を検討するべきではない」と明確に分割案への反対を表明した。別の指導者も「一九二二年にすでに分割は行われており、[31] 恒久的に土地を分断し経済的に実行性が希薄で道徳的に自殺的だ」と反対した。こうして多くのアメリカ・シオニストは分割に反対だったわけであるが、そのなかでも急先鋒だったシルヴァー（Abba Hillel Silver, 1893-1963）は、「シオニストはパレスチナを血で征服したのではなく労働で征服した」「アラブ人はユダヤ人の定住の結果文盲でなくなったし、擬似封建制によって抑圧されることもなくなった」「分割された聖地はユダヤ難民を吸収できない、シオニズムの目的は離散の地を移すことではなくそれを終わらせることだ」と分割案を批判した。最終的にこの大会は、分割案に断固として反対し、シオニストの目的のためにアメリカ政府がイギリス政府を説得することを要求する決議を採択した。(32)

十月にアメリカ・シオニスト指導部はこの問題について再度議論を行った。ブランダイスは、イギリスとの関係を重視してアラブ人との宥和的交渉、移民の自主規制などを唱えたが、ワイズは「移民の自主規制はパレスチナに対する主張を弱めユダヤ人を恒常的な少数派に追いやるもの」と主張して譲らず、(33)十一月にはブランダイスらの同意を得てワイズがワイズマンに対し「アラブ人に対して新たな譲歩をしないこと、イギリスにトランス・ヨルダン地域をパレスチナに返還することを要求すべきである」と説得することとなった。(34)

このように、ワイズマン、ベン・グリオンら世界シオニスト運動の中心人物が分割案に一定の意義を認め交渉をする方向へ向かったのに対し、アメリカ・シオニスト指導者たちは原則的に分割案に反対した。ベン・グリオンは、パレスチナ現地の指導者として、パレスチナ・アラブ人のユダヤ移民への極めて強い反対を知っており、またイギリス政府の移民制限の方針が恐らく揺るがないことを認識して、移民確保という観点から早期のユダヤ人国家建設を提唱したといえる。また、ワイズマンは、イギリスとの良好な関係継続、それによる運動の目標の暫時的達成という観点から分割案に乗った方が得策であると判断したといえる。他方、アメリカ・シオニスト指導者は、原理原則的に分割案に反対した。彼らにとってはパレスチナにユダヤ人が国家建設の権利を有することが認められるという「形式」が重要だったといえる。ユダヤ民族という集団への承認を獲得するために、それは相対化されてはならなかったのである。この時点で二二年に切り離されたトランス・ヨルダンの問題を持ち出したのも、イギリスとの外交交渉を想定したうえで「最大限要求」を行うという戦略的な側面もあるだろうが、彼らにとってはイギリスやその他の国際社会が「パレスチナにユダヤ人国家を建設する権利」を認めたはずであることを再確認し強調するためだったと考えられる。それに対し、ワイズマン、ベン・グリオンは、ユダヤ移民を確保し、パレスチナ・ユダヤ人国家を「現実化」するための一段階として分割案に利点を見出していたといえる。実際、ナチによる反ユダヤ政策の結果、ユダヤ移民の問題はシオニスト運動にとっていよいよ危急のものとなっていたのである。

## ナチスの反ユダヤ政策とユダヤ難民問題

一九三三年一月三十日、ヒンデンブルク（Paul Ludwig von Beneckendorf und von Hindenburg, 1847-1934）大統領によりヒトラー（Adolf Hitler, 1889-1945）が首班に指名され、合法的な形で首相に就任し政権の座についた。さらに、その二か月後「国民と国家の危難を取り除くため」に政府に立法権を委ねる「全権委任法」が圧倒的多数の賛成を得て可決、成立した。これにより、ヒトラーは憲法の拘束から解放され、国会を無視し、大統領に制約されることなくドイツを支配することになったのである。

ヒトラーは即座に反ユダヤ政策を実行し、三五年のいわゆる「ニュルンベルク法」ではユダヤ人は明確に「人種」と法的に規定されて市民権を取り上げられることになった。[35] 結局一九三八年十一月までに一〇〇〇件以上もの反ユダヤ立法や規定が発せられることになるのである。[36]

こうしたナチ政権成立以降のドイツにおいて、ドイツのユダヤ人（およそ五〇万人強）は、多かれ少なかれ海外への移住、逃亡という問題を考えるようになり、実際多くのユダヤ人がドイツから脱出した。しかし、ユダヤ人への規制、迫害下で移住手続きが徐々に難しくなるにつれ、移住は次第に逃亡、亡命へと変化していった。ナチ政権当初の要求「ユダヤ人が一日も早くドイツを去ること、ユダヤ人のドイツからの除去」を前提とする出国奨励策の結果、一九三三年から三四年までに六万人がドイツを去った。移住者の波は三五年九月のニュルンベルク法施行によりさらに増加し、特に三八年十一月の大迫害、「水晶の夜《クリスタル・ナハト》」以降は逃亡としての出国者が急増することになった。また、三八年三月に第三帝国に併合されたオーストリアのウィーンでもユダヤ人を減らすための措置がとられ、翌一年間でオーストリアから一〇万人が追放された。[37]

こうしてヨーロッパから逃れたユダヤ人だが、しかし彼らに対する各国の門戸は非常に狭かった。イギリス、フランス、スイス、スカンディナヴィア諸国などヨーロッパの国々はユダヤ人の移住制限を行っており、ドイツからのユダヤ人の流入に反対する激しいデモさえあった。アメリカも一九二四年にユダヤ移民の入国を厳しく制限する移民法を制定しており、[38] ユダヤ人の入国は極めて難しいものとなっていた。他方、パレスチナもイギリス委任統治政府がユダヤ人移民に制限を課しており、先述したようにとりわけ三六年の「アラブの大蜂起」以降、パレスチナへの入国は厳しくなっていた。[39] 受け入れ国を見つけられない人々は「法の外」に置かれる「難民」となり、この問題は「ユダヤ難民問題」として国際的なイシューとなった。

この問題への対応を議論するために、一九三八年七月アメリカ大統領ルーズヴェルトの主導でフランスのエヴィアンで国際難民会議が開催された。[40] イギリスはパレスチナに関しては討議されるべきでないと主張し、ワイズマンは会議に出頭する許可を求めたが、会議の議長を務めていたアメリカ代表により却下された。結局、アメリカやイギリスをはじめとする参加各国は、ドミニカを除いてユダヤ移民を自ら引き受けようとしなかった。ロンドンの『タイムズ』紙が一九三八年の「年度回顧」のなかで「きわめて余剰なユダヤ人口は、深刻な問題として残った」と簡潔に指摘しているように、[41]「ユダヤ難民問題」は何ら具体的な対応策も解決策も提示されず国際的に「放置」されたまま、第二次世界大戦を迎えることになるのである。

エヴィアン会議以前の一九三八年七月十八日にブランダイスは書簡において、エヴィアン会議への期待を表明していた。[42] 一月にはルーズヴェルトがシオニスト運動に対する温かな賛辞を送っており、[43] 彼はアメリカ政府の影響力を背景にユダヤ難民問題に何らかのポジティブな展開があるだろうと期待を寄せていたといえる。しかし、アメリカ主導で会議を開催したにもかかわらず、何らの成果もなく、アメリカ政府ですらユダヤ難民の受け入れを拒否したことは、ブランダイスをはじめ多くのアメリカ・シオニストに深い絶望を与えたことは想像に難くない。さらに、ユダヤ難民救済を議論するための会議でパレスチナが議論されなかったことは、シオニストの危機感を強めたといえよう。さらにこうした状況のなか、イギリス政府はパレスチナへのユダヤ移民をさらに厳しく制限しようとしていたのである。

### 一九三八年秋の緊迫した状況とパレスチナ・アラブ人の「再植民」

一九三八年十月、ワイズマンはアメリカ・シオニスト指導者に、イギリスがユダヤ移民を完全に停止する可能性があることを示唆したうえで、ワシントンのイギリス大使に嘆願を行うために同志を動員することを要請した。それに応じる形でZOA指導者の一人は、他のシオニスト組織やユダヤ系団体の指導者と接触し、パレスチナに関する全国緊急委員会を結成し参加するよう呼びかけた。各団体の指導者もこれに同意し、「パレスチナ緊急委員会」が結成され、イギリス政府がバルフォア宣言を廃棄する試みを阻止すること、ユダヤ移民を制限することに対し闘うことを目標として、正式に「パレスチナに関する全国緊急委員会（The National Emergency Committee on Palestine）」を発足させた。パレスチナ緊急委員会は、一週間のうちに四五〇の支部を作り、政府や議員に対して電報を送り、大統領にパレスチナへの介入を要請するなど大々的なロビー活動とキャンペーンを展開した[44]。この時期、アメリカ・ユダヤ人はパレスチナへのユダヤ移民の確保のために大々的な大衆運動を展開していくようになり、そこではユダヤ難民問題とパレスチナとがリンケージされていく萌芽が明確にみられた。

さらに十一月に入ると、ユダヤ人を取り巻く状況はいよいよ悪化していった。

まずドイツは、一九三六年にはベルリン・オリンピックが開催された関係でユダヤ人に対する弾圧を一時的に緩和したものの、三七年に入ると数々の職業禁止規定をユダヤ系混血とされた人々にまで広げた。さらにユダヤ人、またはユダヤ系の所有、経営による工場や会社がろくな法規定もないままに次から次へと半ば強制的に捨値で買収され、アーリア化されていった。一九三八年四月には財産没収の下準備ともいうべき財産登録義務（五〇〇〇マルク以上の財産所有者）がユダヤ人に課せられた。そして、ついに一九三八年十一月九日には「水晶の夜《クリスタル・ナハト》」[45]と呼ばれる、ユダヤ人へのさらなる暴力的な迫害が起こったのである。これはナチ政権による全国的・組織的な迫害であり、ドイツで数百のシナゴーグが焼き討ちされ、九六名のユダヤ人が殺されユダヤ人の商店、デパートなどの略奪、破壊が行われ、二万六〇〇〇人のユダヤ人が逮捕された。逮捕されたユダヤ人のうち二万五〇〇〇人はダッハウ（ミュンヘンの北）やブーヘンワルト（ワイマール市郊外）などの強制収容所に拘引され、虐待や拷問で命を奪われた人々も出た。

こうした情報はアメリカにも伝えられており、例えば一九三八年十一月の『ニューヨーク・タイムズ』は、「新たな難民がチェコを襲う」「ポーランドとレイテのユダヤ人に関する協議が停止」「ユダヤ人がミュンヘンを

立ち去るよう命令される」などと、ヨーロッパにおけるユダヤ人の危機的状況を報じていた。(46)

一方、パレスチナでは、前年三七年にアラブ諸政党がピール調査団の活動に対して一切の協力を拒絶したまま、分割勧告を機に武装蜂起に突入し、(47)また九月にはシリアのブリュダンで開かれた汎アラブ会議で、パレスチナをアラブの地方として保持することはすべてのアラブ人の神聖な義務であると決議されて以降、暴動が次第に激しくなっていた。(48)それは翌一九三八年に至るまで継続し、十一月にはパレスチナ・アラブ人はゼネストを敢行し、こうした運動はベイルートなどのパレスチナ以外の地へも広がっていたのである。(49)

こうした状況のなか、一九三八年二月よりアラブ人国家とユダヤ人国家の国境を勧告するためパレスチナで調査を行ったウッドヘッド委員会が十一月に報告を公表した。しかし明確な提案を行うことはできず、こののちイギリス政府は分割案を正式に取り下げるとともに、ロンドンで会議を開催しそこで何らかの合意が達成されなかった場合にはイギリス政府が一方的な措置をとること、つまりユダヤ移民を停止することを示唆した。(50)さらにこの時期イギリス政府が、旧ドイツ植民地のタンザニアやギアナなど、パレスチナ以外の地へのユダヤ人の植民を検討していることが伝えられるようになっていた。(51)イギリス政府は、パレスチナへのユダヤ移民を停止する方針を前提としたうえで、ユダヤ難民問題とパレスチナがリンケージされることを回避するため、ユダヤ人のパレスチナ以外の地への植民を検討したといえる。

以上のような一九三八年秋の切迫した状況、すなわちパレスチナ情勢の悪化、エヴィアン会議の失敗とヨーロッパにおけるユダヤ人迫害の激化、イギリスによる分割案の撤回とパレスチナに関する会議開催の提案など、対応しなければならない課題が山積していたなかで、アメリカ・シオニスト指導部は、ついにパレスチナ・アラブ人のパレスチナ以外の地への「再植民」「移送」に向けて直接的な活動を行うようになっていた。

十一月には、パレスチナ・アラブ人のイラクへの再定住について秘密裏に交渉を行っていたアメリカ・ユダヤ人が国務長官らと接触した。この会合の記録はないが、文脈上「住民の交換」案について議論したと考えられる。[52]この件について相談を受けたブランダイスは、彼がイギリスへ行きイラク計画への妨害を回避すべきだと述べるなど、この案に極めて積極的な姿勢をみせていた。ブランダイスは十月十四日に大統領と会談し、大統領がこの問題に興味を示したことへの喜びを記していた。[53]こうした意向を受ける形で大統領は、駐米イギリス大使と協議したが、駐米イギリス大使はアラブ人を惹きつけるには十分な財政支援が行えないとして、事実上拒否した。[54]同日、ルーズヴェルトとブランダイスは直接会談していたが、大統領はイギリスの対応に不満であることや自らは「住民の交換」案に乗り気なことを伝え、[55]ブランダイスは側近宛の書簡のなかで大統領がイギリスのギアナ案の不合理さとユダヤ人にとってのパレスチナの重要性に対する完全な理解を示した、と述べていた。[56]一九三九年一月五日にベン・グリオンがブランダイスを訪問した際も、ブランダイスは大統領が「住民の交換」に積極的なことを伝えていた。このように大統領は「住民の交換」案にも積極的な姿勢を示し、かなり具体的に検討していたが、この問題に関する政策作成をシオニスト運動に敵対的な国務省に任せたため、具体的な政策へと反映されることはなかった。[57]

以上のように、ブランダイスらアメリカ・シオニスト指導部は、パレスチナ・アラブ人を政治主体として認めることはなく、パレスチナにおける「民主主義」と「ユダヤ人国家」との齟齬についてはパレスチナ・アラブ人をパレスチナ以外の地に「移住」させるという、国民国家を前提とした多数決原理としての「民主主義」を前提とすれば、「合理的」な政治的選択をした。

一九三九年二月七日から開催されたロンドン円卓会議では、イギリス政府がバルフォア宣言を実行する意思をもはやもたないことが明らかとなり、ユダヤ－アラブの合意は達成されるはずもなく、五月十七日、イギリス政府は宣言していた通りパレスチナへのユダヤ移民を大幅に制限し、最終的には事実上停止させる「マクドナルド白書（通称一九三九年白書）」を公表した。[58] パレスチナにおけるアラブ－ユダヤ紛争は何ら解決の見通しもないまま、一九三九年九月一日、第二次世界大戦の勃発を迎えることになるのである。

## 小括

ブランダイスをはじめアメリカ・シオニスト運動指導部は、パレスチナにおける「民主主義」と「ユダヤ人国家」建設との矛盾・齟齬という問題に対し、アラブ人への人種主義的偏見を前提に、彼らの「民主主義」への適格性を否定し「民主主義を先送り」してパレスチナでユダヤ人が多数を占めることを目指した。パレスチナ・アラブ人が政治主体として立ち現れるようになると、問題を経済的問題に還元する、つまり彼らを集団とみなさずあくまで個人として遇すという戦略を採用した。パレスチナ・アラブ人が政治主体として明白に政治的要求を掲げるようになっても、彼らを政治主体として認めることを一貫して拒否し、最終的に彼らをパレスチナ以外へ「移住」「移送」することで、「ユダヤ人国家」と「民主主義」との齟齬ないしは矛盾を解消する方針を採用した。

確かにアラブ人をパレスチナ以外の地へ追いやりユダヤ人がそこで多数を占めることができれば、多数決原理としての「民主主義」と「ユダヤ人国家」との矛盾は解消し、ユダヤ人国家の正統性は担保され「民主主義」を国是とするアメリカ人としてのアイデンティティや信条との齟齬も解消される。アメリカ・シオニスト指導部が、「ユダヤ人国家」建設（権利の承認）を目標とする限り、恐らく免れることの難しい帰結だったのかもしれない。しかし、強制的な移住がもたらす暴力という問題もさることながら、メドフが指摘しているように経済的利益に基づくパレスチナ・アラブ人の「自発的」移住や再定住も彼らの生活や政治的願望を全く無視するものであった。[59]

と同時にパレスチナ・アラブ人の社会経済状態がシオニストの政策により困難に陥っていた点を鑑みれば、「自発的」ということをもってパレスチナ・アラブ人のパレスチナ以外への地への再定住を正当化することは、構造的な暴力に対する認識を遮断するものであるといえる。

特定の区画された領域で異なる正統性、つまりシオニスト運動側の「ユダヤ人のパレスチナへの歴史的権利」「バルフォア宣言」「委任統治条項」、パレスチナ・アラブ人側の「民主主義」の多数決原理に基づく「民族自決の権利」が衝突した場合、双方ともが「主権」に固執する限り相手の政治的権利を否定するしかない。結果として、追放、最終的には相手の全存在の抹殺まで想定する殺し合いとなってしまい、パレスチナにおいては一定程度現実化してしまう。だからこそ、ユダヤ人とアラブ人の共存を提唱していた人々は、民主主義の多数決原理に基づく民族自決の原則による主権の確立がパレスチナに不可避的にもたらす暴力的な事態を阻止するために、「二民族国家」であれ「属人主義的連邦制」であれ、「主権」の相対化と「境界」や政治的法的枠組みの多層性・柔軟性を前提とした政治制度を構想・提唱していたのである。ローゼンブラッドの「属人主義的連邦制」は、多層性に加えて境界を「心の州」とすることで人々のライフ（生命／生活／人生）をそのままに共存することを可能にしようとしたものだといえる。そうして国民国家とそこにおける民主主義が時としてもたらす排除性・暴力性を「止揚」しようとしたのである。結局これらの構想は、シオニスト運動において採用されることはなかったが、しかし運動が「主権」国家建設を明確に打ち出したのは、ナチスによる反ユダヤ政策の結果としてのユダヤ難民問題とイギリス政府による移民制限を契機としていた点を考えるならば、現在において再検討する価値はあるように思われる。[60]

またアメリカ・シオニスト運動は、パレスチナ・アラブ人の「民主主義」への適格性を否定したわけだが、その背景・根拠には「人種主義」という問題が存在していた。これは、欧米において（同化していた多くの人々も含めて）「劣等人種」として規定された「ユダヤ人」が、アラブ人をさらに「劣等人種」として規定するという、暴力転嫁の構造を端的に示しているといえる。ある人間集団を自らとは「異質」で「劣等」な「人種」と規定する「人種主義」は、「彼ら」の政治的市民的権利を否定することを可能・容易にし、「彼ら」を「非人間」とすることで追放・遺棄することの「責任」や「罪悪感」から免れ、暴力行使を正当化、さらには促進すらしてしまう。フーコーは、人種主義とは、「人々を分断し」「処刑することを容認するもの」と述べたが、それは実際にナチスによるユダヤ人虐殺で極限的に現れ、パレスチナ問題へと引き継がれていった面があるように思われる。[61]

以上のように、パレスチナ問題の形成において、「民主主義」という概念、国民国家という政治体制、人種主義といった西欧近代の産物が、その解釈や具体的適用、実際の機能においてネガティブな側面が集約して現れたとみなすことができるように思われる。その意味で、パレスチナ問題の解決は、「国民国家」「民主主義」「人種主義」などの再検討の過程を伴った、平和かつ公正な政治社会秩序の構築という観点から測られるべきものといえるかもしれない。

## 註

（1）「労働の征服」も含め、パレスチナにおけるアラブ人労働者とユダヤ人労働者の関係やその変容などについては、以下の文献に詳しい。Zachary Lockman, *Comrades and Enemies: Arabs and Jewish Workers in Palestine 1906-1948, Berkley Los Angels London*, University of California Press, 1996.

（2）立山良司「パレスチナ問題」『現代用語の基礎知識』特別編集『国際情勢ベーシックシリーズ（三）中東』自由国民社、一九九四年、二三九頁。

（3）ラカー『ユダヤ人問題とシオニズムの歴史』、七二〇頁。
（4）臼杵陽「パレスチナ・アラブ民族運動」伊能武次編『アラブ世界の政治力学』アジア経済研究所、一九八五年、一一一―一一二頁。
（5）同上、一一一頁。
（6）こうした経済の分離を支えた理念としての「労働の征服」というスローガンは、労働シオニズムの労働観の根幹である「自己労働」という概念が発展したものであった。そもそも「自己労働」という概念は、ユダヤ人の再生のための肉体労働、ことに農業労働への回帰を説くものであった。それが、実際に第二次アリヤーの移民がパレスチナへ移住してきた際に、労働市場においてアラブ人労働者と競合し、さらにはより熟練し労働賃金も安価なアラブ人労働者によって自らの雇用が圧迫されるという現実に遭遇した結果として、二重の意味を付与されることになった。すなわち、それ以降の「自己労働」という概念における「自己」は、一個人である「自己」を指すと同時に、自らの帰属する「ユダヤ人」をも指すことになったのである。その結果、「自己労働」というスローガンは、「ユダヤ人の手に労働を回復する」という意味内容を有するようになり、それが発展して「労働の征服」、すなわちパレスチナの全労働部門におけるユダヤ人の独占＝アラブ労働者の排除というスローガンへと転化していった（大岩川『現代イスラエルの社会経済構造』、二三六頁）。
（7）臼杵、前掲、一一三頁。
（8）一九三五年十一月パレスチナ高等弁務官は、アラブ、ユダヤ双方に対し、表3の構成による立法評議会の創設提案を行った。しかし、この提案はシオニストにより拒否された。アラブ人はその内容につき批判したが、ともかくそれを討議する用意を示した。結局、アラブ人の大多数に権力を与えることは、ユダヤ人の民族郷土に向けての委任統治責務に矛盾するとの議論が一九三六年三月

表3　パレスチナ高等弁務官による立法評議会の構成案

| | 選出議員 | 指名議員 | 職権議員 |
|---|---|---|---|
| イスラム教徒 | 8 | 3 | ― |
| ユダヤ教徒 | 3 | 4 | ― |
| キリスト教徒 | 1 | 2 | ― |
| 共同体代表 | ― | 2 | ― |
| 官　吏 | ― | ― | 5 |
| 合　計 | 12 | 11 | 5 |

二十四日に英両院でだされ、この提案は英当局により引き下げられた（浦野『パレスチナをめぐる国際政治』、六八頁）。

（9） Medoff [1991], *op. cit.*, p. 171.

（10） このことは、アメリカ・ユダヤ人指導者にも認識されていた。AJCのウォーバーグは、「立法議会創設の失敗が理解可能な暴力を誘発した」「アラブ人は、議会の実現失敗に対応する必要があった。そして彼らが対応しうる唯一の方法はナショナルなストライキを開始することだった」と述べている（Medoff, *Baksheesh Diplomacy*, 2001, pp. 72-74）。

（11） 臼杵によれば、一九三六年のアラブ反乱はそれまで（二〇年、二一年、二九年、および三三年）の暴動ないしは反乱と異なり計画的なものであった、とされる。四月二十日にハイファとナブルスで同時に民族委員会が結成されるが、ナブルス民族委員会の結成が新聞等に掲載されていなかったにもかかわらず、ハイファやヤーファ、カルキーリア、ナザレなどの地区からそれぞれの地域で民族委員会が設立されたことを伝える電報が、ナブルスの民族委員会の活動家に届いたのである。これは民族委員会形成が事前に協議されていたものであることを示している、とされる。さらに、ナブルス周辺の村で結成された民族委員会のメンバーが証明した決議書においては、ストライキをめぐる諸手段について議論されていたのである（臼杵、前掲、二六頁）。

（12） 「アラブの大蜂起」後、ベン・グリオンとマグネスはパレスチナ・アラブ人と秘密会合をもったが、移民をめぐる溝が架橋するにはあまりに深すぎることが判明しただけであった。パレスチナ・アラブ人側はパレスチナのユダヤ人口は全体の四〇パーセントまでであり、年間三万人までであるという線を崩さなかったのである（Medoff [2001], *op. cit.*, p. 76）。最終的に、八月には、ベン・グリオンはアラブとの合意達成の可能性はないとの結論を下した（Medoff, *American Zionist Leaders and the Palestinian Arabs, 1898-1948*, 1991, p. 181）。

（13） イスラム法の解釈と適用に関して意見を述べる資格をもつ法学者のこと。大ムフティとはその最高位。

（14） *The New Palestine*, 2/21/1936.

（15） *The New York Times*, 5/15/1936.

（16） Medoff [1991], *op. cit.*, pp. 176-177.

（17） *The New Palestine*, 5/22/1936.

（18） 十一月五日の『ニュー・パレスチナ』は「［イギリス政府は］アラブの支持を得るためにユダヤ移民を減らそうとしている」と報じており、実際シオニスト側の六か月間の新規の移民（労働者分野）の要求に対して、一七パーセントしか認めなかったのである（Aaron Berman, *Natizm the Jews and American Zionism, 1933-48*, Detroit, Wayne State University Press, 1990, p. 52）。ブランダイスはこの措置に対し「一八〇〇人を認めることが吸収能力にみあったものだと信じることは困難だ。……委員会の調査まで〔移民の数の変更が〕なされることはないという明らかな証拠だろう。……イギリスは知的な政治的手腕と同様に道徳的判断においても多分衰えているのではないか」と強い不快感をあらわにしている（Urofsky and Levy (ed.), *Half Brother Half Son*, 1991, p. 613）。

(19) *The New Palestine*, 6/11/1936. 一九三二年にイラクは独立し、シリアは三六年九月に三年後に独立することが認められ、またエジプトも広範な自治を獲得した。一九三七年以来、英国政府には、ハーバート・サミュエルの手でサウジアラビア、イラク、トランス・ヨルダン、シリア、及びパレスチナを包含したアラブ諸国を「大アラブ連邦」に包含しようという構想をもっていたとされる（浦野、前掲、七八―七九頁）。

(20) この案は、オーストリア・マルクス主義、とりわけオットー・バウワーの「属人主義的連邦制」のアイディアに影響を受け、パレスチナの現状に合わせてより具体化したものと考えられる。オットー・バウワーをはじめとするオーストリア・マルクス主義における「民族」問題については、丸山敬一編『民族問題――現代のアポリア』ナカニシヤ出版、一九九七年、丸山敬一編『民族自決権の意義と限界』有信堂高文社、二〇〇三年などを参照。

(21) Berman, *op. cit.*, pp. 50-51.

(22) アミーン・フサイニーはパレスチナ・アラブ人の政治指導者であり、エルサレムの名門の生れだった。エルサレムのユダヤ教学校、カイロのアズハル学院、イスタンブルの法律学校に学び、第一次世界大戦下アラブ反乱に参加した。一九二〇年のエルサレムの大衆デモで逮捕されたが、イギリス当局の介入で許され、二一年エルサレムのムフティとなり、二二年にはパレスチナのワクフ管理の権限をもつムスリム最高会議議長に就任した。二九年の歎きの壁事件で激化したユダヤ人移民との紛争で、宗教的対立を扇動し、ユダヤ人入植者の武装活動をも刺激した。三〇年イスラム世界会議の議長となり、汎イスラム主義活動にも熱中した。三六年反乱では、アラブ高等委員会議長としてパレスチナ・アラブの全国的闘争を指導したが、三七年イギリスの圧力でムスリム最高会議から追われ、シリアを経てイラクに亡命。同地でラシード・アリーの率いる反英反乱に協力したが、反乱失敗後、ドイツに亡命、ナチスの宣伝活動に協力した。第二次世界大戦後はパリを経てカイロに戦犯追及の手を逃れ、ムスリム同胞団にも接近したが、戦後のパレスチナ問題の展開の中では、政治的指導力を完全に失い、ベイルート郊外に隠棲して没した（日本イスラム協会編『イスラム事典』平凡社、一九八二年）。

（23）ラカー、前掲、七二八―七三一頁。

（24）それは、パレスチナにおけるアラブ人とユダヤ人の対立は調停不可能であるという認識のもと、（一）海岸沿いの平原とガリラヤ（アクレ、サファド、ティベリアス、及びナザレの地区）をユダヤ国とし、（二）中部高原をアラブ国とし、さらにトランス・ヨルダンと結ぶ。そして（三）前二者を除いた残りの部分、エルサレム、ベツレヘム、ナザレの三つの神聖部分、エルサレムからヤーファの海に通じる狭小な回廊地帯、及び不毛のネゲヴを含む委任統治地区を設け、以上三つに分割することを提案した（浦野、前掲、七〇頁。詳細は七〇―七七頁）。

（25）委員会が引いた境界線で予定されているユダヤ人国家には、二二万五〇〇〇人のアラブ人住民が残され（ユダヤ人地区の総人口のおおよそ四〇パーセントを占める）、その存在は分割の実行をスムーズに成功させるために重大な障害になると委員会は認識していた。ピールは、解決策はギリシャ―トルコの住民の交換をモデルに従うべきであり、それは住民の多数に重大な困難を課したが結局弊害は取り除かれ、ギリシャとトルコとの関係はそれまでよりもより友好的なものとなったと彼らは認識していると述べた。それゆえ予定されているユダヤ人国家の二二万五〇〇〇人のアラブ人と予定されているアラブ人国家の一二万五〇〇〇人のユダヤ人との間で住民の交換が行われるべきである、ユダヤ人国家に含まれる北ガリラヤのアラブ人は、自発的意思に基づいて移民すべきである、残りのアラブ人、二二万五〇〇〇人の大部分については、その交換は最後の手段としては、その実行に責任を有すイギリス委任統治が強制的に行うことになるだろう、とピール報告は結論していたのである（Medoff, *Zionism and The Arabs*, 1997, p. 80）。

（26）「……この報告は我々の立場や戦いのためのすばらしい戦略的土台を提供している。……委任統治規約以来の我々の道徳的、政治的立場を強化する文書である。……それは我々にパレスチナの沿岸や大規模な移民やユダヤ軍に対する支配権を与えるものである。これによって、国家の統制のもとに組織的な植民が可能となる。また大規模な国家借款も可能となる」（Cohen, *Palestine, Retreat from the Mandate*, 1978, p. 37）。

（27）David Ben-Gurion, *Israel: A Personal History*, New York, Sabra Books, 1972, p. 50.

（28）Berman, *op. cit.*, p. 57.

（29）*Ibid.* 執行部は世界シオニスト会議の承認なしに特定のイギリスの提案に同意することはできないとの条件が付されていた。

（30）ピール分割案発表の二日後、ワイズが「シオニスト指導者は『契約を裏切った罪』をイギリスに見出している」として分割案に対する反対を表明し強い調子でイギリスを批判したことが報じられていた（*The New York Times*, 7/9/1937）。
（31）ヨルダン川東岸におけるヨルダン王国設立のこと。
（32）Berman, *op. cit.* pp. 54-55. 先の第二〇回シオニスト会議でもワイズ、シルヴァーら主要メンバーは一貫して分割案に反対し、ワイズマンに近いリプスキーが数少ない賛成の立場を採っていた（*Ibid.*, p. 57）。
（33）*Ibid.*, pp. 60-61.
（34）Medoff, *Militant Zionism in America*, 2002, p. 32.
（35）この法の一部である「国家市民法」第二条は「ドイツ国民とは、ドイツまたはそれに類する血統の国民だけ」と規定しており、この法によってドイツで生まれドイツ人であることを疑わなかったユダヤ系市民も国家市民権を剥奪されることになった（大澤武男『ユダヤ人とドイツ』講談社新書、一九九一年、一九四—一九八頁）。
（36）同上、一七〇—一七二頁。
（37）同上、一八四—一八七頁。
（38）一九二四年の移民法とは、二七年までヨーロッパからの移民受入数を毎年一六万四〇〇〇人に限定し、各国別の割り当て数は一八九〇年のアメリカの人口構成の二パーセントと規定していた（二七年以降は受入枠が一五万人となり、一九二〇年の白人人口における比率によって各国割当てが決定された）。これは南欧・東欧からの移民を事実上排除することを目的とした極めて厳しい措置だった（紀平編『世界各国史　アメリカ史』、二八七頁）。
（39）一九三三年に出された布告により、移民者の異なった範疇が確立されたが、その最も重要な二つは範疇Aの「資本家」と「労働者予定」だった。資本家は当時の基準によれば、個人名義で五〇〇ポンドの資産を有するものだったが、この数字はのちに一〇〇〇ポンドにまで引き上げられた。労働者予定は、委任統治政府とユダヤ機関の間の主要な論争点となった。一九三四年ユダヤ機関は労働者移民のために二万人の入国許可証を要求し、五六〇〇を受け取った。一九三五年には三万人を要求したが手に入れたのは、一万二〇〇〇であった。そして一九三六年には政府は移民をさらに厳しく制限するようになり、ユダヤ機関から要請された二万の許可証のうち、わずか一〇パーセント強の二五〇〇が認められただけだった（ラカー、前掲、七二一頁）。
（40）ナチ・ドイツは公式に代表を送っていなかったが、参加各国の代表に「ナチスは移住を準備しているドイツやオーストリアのユダヤ人から財産を残らずまきあげるのみならず、ユダヤ人の移住先国より『輸出関税〔出国許可税として〕』一人に二五〇ドル要求する」旨を伝えた。この法外な要求はすべての参加者により「人身売買」であるとして拒否された（大澤、前掲、一八七頁）。

（41）ラカー、前掲、七一九―七二〇頁。

（42）Urofsky and Levy (ed.) [1991], *op. cit.*, p. 647.

（43）*Ibid.*, p. 638.

（44）David Shapiro, *From Philanthropy to Activism*, pp. 2-3; Halperin, *The Political World of American Zionism*, p. 267.

（45）「水晶の夜」という名称は、破壊されたユダヤ人商店のガラスが路上一杯に飛び散り、夜の光でキラキラ光って水晶のようだったから、といわれている。

（46）*The New York Times*, 11/3/1938; 11/6/1938

（47）臼杵、前掲、二九頁。

（48）ラカー、前掲、七三八頁。

（49）*The New York Times*, 11/3/1938.

（50）それは三つの異なった計画について論議していた。A案はピール委員会で提案された国境内にほぼ入るユダヤ人国家を考察したが、そこでは住民の四九パーセントがアラブ人になり、彼らが土地の約七五パーセントを所有するだろうと指摘していた。B案の下では、主にアラブ人が居住しているガリラヤ地方が、他のいくつかの地域と同様に、このユダヤ人国家から切り離されることになっていた。C案は南はレホヴォトから北はズィクロン・ヤアコフまでの海岸平野からなる、面積四〇〇平方マイル（一〇三六平方キロ）、全住民二八万人のさらに小さなユダヤ人国家を検討したものだった。さらにその国家は、ヤーファー―エルサレム回廊によりさらに二つの地域に分かれていた。ウッドヘッド委員会の四人の構成員は、彼らの間で合意に達せられなかった。一名はB案を好み、二名がC案について強く留保したが、全員がA案を退けていた。委員会は、少数のアラブ人しか含まないが新しい移民を見越しておくほど十分に大きいユダヤ人国家は案出できない、との結論に達したのだった。さらにこの報告が公表された数週間後にイギリスは別の白書で、分割が引き起こす政治的、行政的、経済的困難を考えるなら、分割は非現実的であるとして退け、パレスチナにおける平和と繁栄は、アラブ人とユダヤ人の間に了解があって初めて回復されるであろうと主張した。またまもなくロンドンで会議が開かれ、それにはパレスチナおよび近隣諸国のアラブ人とともにユダヤ機関の代表も招かれるであろうと宣言された。そしてもし適当な期間内に合意に到達しなければ、政府は解決案を課すことを余儀なくされるだろうと付け加えていた（ラカー、前掲、七三九—七四〇頁）。

（51）*The New York Times*, 11/18/1938.

（52）Medoff [1991], *op. cit.*, p. 204.

（53）Medoff [1997], *op. cit.*, p. 140. メドフは、こうしたブランダイスの姿勢は、多くのパレスチナ・アラブ人は最近移民してきたもので聖地に本当のルーツをもっていないという報告に影響を受けたのではないかと指摘している。

（54）*Ibid.*, p. 140.

（55）Medoff [1991], *op. cit.*, p. 215.

（56）Urofsky and Levy (ed.) [1991], *op. cit.*, p. 656.

（57）Medoff [1997], *op. cit.*, pp. 141-142.

（58）白書は、今後一〇年以内に独立国家が出現することが陛下の政府の目標であるとし、次の五年間にわたり、約七万五〇〇〇人の移民が認められる、その後一九四四年三月一日からは、移民はアラブ人の同意がある場合に限り許されるとするものだった（ラカー、前掲、七四七頁）。イギリス政府は明確にバルフォア宣言から撤退したわけであり、従来のイギリスの保護のもとユダヤ・ナショナル・ホームを建設する、というシオニスト運動の前提は崩壊することになった。

（59）Medoff [2001], *op. cit.*, pp. 171-172.

（60）ただし、一度手中にした「主権」を一部であれ国家が手放すことは、ＥＵなどの事例が存在するにしても、実際には極めて困難であることは間違いないだろう。

（61）この点を、ブランダイスを取り上げさらに論じてみたい。彼は幾度も「アラブ人」と「インディアン」とを等置し、アラブ人への暴力行使を正当化、賞揚すらしていた。これは指摘したように『強さ』という価値」においてシオニズムとアメリカニズムの親和性・親近性を彼が感じ、また示そうとするものであり、公の場で反ユダヤ主義的な批判を受けた屈辱感を晴らそうとする彼の意識的・無意識的な試みとして理解できるように思われる。しかし別の側面も存在しているのではないだろうか。彼がパレスチナに実際に行き、アラブ人指導者と直接会ってシオニスト運動への反対意見を聞き、のちにパレスチナ・ユダヤ・ナショナル・ホームの位置づけや方針を大幅に変更させたことは本論で述べた通りである。彼は果たして西欧的理念原則に適った主張を行う彼らを単純に「劣等人種」であるがゆえに民主主義に「不適格」だと思ったのだろうか。むしろパレスチナにおける「民主主義」と「ユダヤ人国家」建設との齟齬を痛切に感じた彼は、パレスチナ・アラブ人を「劣等人種」と規定し、彼らの政治主体性を否認することを試みようとしたのではないか。そうであるならば、ここで人種主義は、政治的に（心理的にも）極めて不都合な事態を、敵・他者を対等な人間・人間集団としてではなく「劣等人種」と規定することで、本来的に存在する根本的な政治的問題を歪曲・隠蔽するための機能を果たしているとも考えられる。

# 第三部　アメリカにおける「パレスチナにおけるユダヤ・コモンウェルス建設」

## ――というアジェンダ形成・確定をめぐる権力過程

# 第三部　序

一九四二年のアメリカ・ニューヨークにおけるビルトモア会議において、シオニスト運動全体として初めて公に自らの目標として「パレスチナにユダヤ・コモンウェルス（事実上国家をおおよそ意味する）を建設する」ことを掲げた。さらに翌一九四三年のアメリカ・ユダヤ人会議において、アメリカ・ユダヤ人社会の「統一的」な要求として「パレスチナにユダヤ・コモンウェルスを建設する」ことを支持する決議が採択された。[1]

シオニスト運動がその五〇年にわたる活動において「ユダヤ人国家」という自らの目標を公にしなかったのは、序章で述べたようにナショナリズムの基盤の脆弱性ゆえに常に「大国」の支援を必要とし、そうした「大国」との関係上曖昧な表現にとどめておく必要があったからであった。[2]また「ユダヤ人国家」や「ユダヤ・ネーション」を忌避する非シオニストの支持獲得や彼らとの協力関係構築という観点から、「ユダヤ人国家」という目標を公にすることを回避した側面もあった。さらにいえばシオニスト運動内でも「パレスチナにユダヤ・コモンウェルスを建設する」ということそれ自体に認識や見解の相違が存在していたこともあった。

これまでにも指摘してきたように、アメリカ・ユダヤ社会において「ユダヤ人国家」「ユダヤ・ネーション」などについての反発は根強かった。では、なぜ、どのようにして、そのアメリカで「パレスチナにユダヤ・コモンウェルスを建設する」というアジェンダが形成、確定する状況が創出されたのか。この問題を解明することがこの部での課題であり、具体的には序章で述べたように、先のアジェンダが形成・確定される権力過程を、アメリカ・シオニスト運動の政治活動の中心であったＺＯＡと戦時中に設立されたアメリカ・シオニスト運動の統括機関としての緊急委員会を軸に、アメリカ・シオニストの諸組織間関係、世界シオニスト指導部との関係、修正主義派勢力との関係、二民族国家主義者との関係、ＡＪＣをはじめとする非シオニスト組織との関係のあり方とその変容過程に着目して検証する。その際、世界やアメリカの政治社会的条件を前提としながら、先のアジェンダが形成・確定されるなかで、いかにしてパレスチナ・アラブ人の問題が排除されていったのかといった点も明らかにしたい。

## 註

（1）コモンウェルスとは事実上国家（state）を指すものとされていたが、国家ではなくコモンウェルス（Commonwealth）という用語を使用した理由について、ベン・グリオンは、イギリスでワイズマンがそれを好んだことを挙げると同時に「前者〔コモンウェルス〕の用語がパレスチナに関連するアメリカの語彙において承認されている限り、それは有用であり尊重すべきである。ウィルソンも……〔バルフォア宣言を支持する〕彼の宣言のなかでコモンウェルスという用語を使用している」と述べており、アメリカでユダヤ人国家建設に対する世論の広範な支持を獲得するという戦略的判断から採用していたことを明らかにしている（Gal, *David Ben-Gurion and the American Alignment for a Jewish State*, 1991, p. 169）。多くのシオニストはこのような政治的戦略的判断とアメリカにおいてそれが「自明」となったことから、「国家」ではなく「コモンウェルス」という用語を使用していた。ただし、「コモンウェルス」という用語を別様に解釈して主流派の言説に対抗しようとする試みも存在していた。これについては後述する。

（2）ゆえに『バーゼル綱領』においても、「パレスチナに法的に保護されたユダヤ・ナショナル・ホームを建設する」とし、「ユダヤ人国家建設」と表記することを回避していたといえる。

# 第一章　アメリカ・シオニスト運動における「ユダヤ人国家建設」「ユダヤ軍創設」というアジェンダをめぐる権力過程

## 第一節　「ユダヤ軍」「ユダヤ人国家」をめぐるベン・グリオンのアメリカでの活動

### シオニスト運動における「アメリカ」の重要性

第二部で述べたように、最終的に一九三九年五月のパレスチナへのユダヤ移民を制限する「マクドナルド白書」の公表に至るイギリスの対パレスチナ政策の変容により、シオニスト運動指導部にとって、イギリスの保護とそれとの交渉による運動目標の達成というバルフォア宣言以来の従来の戦略が破綻をきたしていることが明らかとなっていた。パレスチナ・アラブ人との暴力的対立、ヨーロッパにおける反ユダヤ政策の激化とユダヤ難民問題と、シオニスト運動にとっては危機的状況、そしていまから述べるように世界大戦という契機とが交錯するなかで、ベン・グリオンをはじめとするシオニスト運動指導部は、「イギリス」に代わり、「アメリカ」に新たな活路を見出そうとしていた(1)。

こうした意向は、すでに一九三九年八月十六日からジュネーヴで開催された第二一回世界シオニスト会議において、アメリカに緊急委員会（the Emergency Committee for Zionist Affairs）を設立するという形でシオニスト運動内に反映されていた。この緊急委員会は、イギリスとドイツとの戦争が不可避的な状況において、「戦争によりロンドンとパレスチナのシオニスト指導部が機能しえなくなった場合に、世界シオニスト機構の指令を実行する機関を中立国において維持」し「シオニズムに対する共感を喚起する」ことを目的に設立されたものだった。(2) シオニスト指導部は、緊急委員会を通じて、アメリカのユダヤ人世論を喚起し、アメリカ政府のシオニスト運動に対する支持を獲得することを目指した。(3) 緊急委員会は、シオニスト指導部が自らの意向をアメリカ・シオニスト運動に反映させるための手段として位置づけられていたのである。(4)

これを受け、九月十九日にアメリカの主要シオニスト団体の代表が会合を開いた。それらの団体とは、ZOA、ハダサー、ユダヤ教正統派シオニスト団体であるミズラヒ（Mizarchi）、労働シオニズム系のポアレ・シオン（Poalei Zion）であった。彼らは、新たな団体を創設することに全会一致で合意し、ここにアメリカの諸シオニスト団体の代表が統一的活動に向けて合議するための、緊急委員会が正式に発足したのである。(5)

以上の経緯から、緊急委員会は、二重の機能を担うべく位置づけられていた。一つは、シオニスト指導部とアメリカ・シオニスト指導部との連携や調整であり、もう一つはアメリカのシオニスト諸団体間の調整である。

そして、この緊急委員会を通じて「パレスチナにコモンウェルスを建設する」というアジェンダは、外部（世界シオニスト指導部）によってアメリカ・シオニスト運動というアリーナに持ち込まれ、以降このアジェンダをめぐる権力過程が始まることになるのである。

## ベン・グリオンのアメリカにおける活動とアメリカ・シオニストの対応

一九四〇年十月、ベン・グリオンは自らアメリカへ渡った。その目的は、第一にはユダヤ軍創設に対するアメリカ・シオニストの支持を獲得すること、さらにそのユダヤ軍にアメリカ・ユダヤ人を募兵することであった。[6] ユダヤ軍の創設は、戦時中のシオニスト運動の重要課題であった。すでに戦争勃発前の一九三九年八月の段階で、シオニスト指導部はイギリス政府に対し、パレスチナの防衛のために四万人のユダヤ人を動員する、全ユダヤ人社会から志願兵を募ってユダヤ部隊を創設する、という提案を行っていた。[7] このユダヤ軍は、シオニスト運動にとって、パレスチナのユダヤ人が自らイシューブを防衛し、それによりイシューブがユダヤ人国家の基盤となりうるほどの自律性を有していることをアピールすることができるという意義を有していた。さらに、シオニスト指導部が単にパレスチナの防衛にとどまらず、全ユダヤ人社会から募兵するユダヤ軍創設を目指した背景には、ユダヤ軍の有する象徴としての意義が存在していた。すなわち、ユダヤ軍には、ユダヤ人が「ネーション」であることを対外的に示すという意義づけがなされていたのである。[8] シオニスト指導部は、ユダヤ人が一つの「ネーション」として戦争に参加することによって、戦後の講和会議において「ユダヤ人国家」を要求することを目指していた。[9]

このユダヤ軍の創設の重要性と意義については、アメリカ・シオニストも認識していた。一九三九年九月十一日に、アメリカ・シオニスト指導者は国務長官のコーデル・ハル（Cordell Hull, 1871-1955）と会談をもち、アメリカ・ユダヤ人のイギリス軍への志願の可能性、イギリスが戦争状態にあるなかでのパレスチナの地位、ユダヤ軍創設に対するアメリカ政府の公的な態度について明らかにするよう求めた。これに対し、ハルはユダヤ軍にアメリカ・ユダヤ人の志願兵を募ることは違法であるとの否定的態度を示した。[10] アメリカ・ユダヤ人のユダヤ軍への募兵は、アメリカ・シオニストが自らのアメリカ国民としての立場とシオニストとしての立場との間でどちらを優先させるかを迫るものだったのである。アメリカ・シオニストは、前者を優先させ、以降ベン・グリオンの渡米まで、アメリカ・シオニストが、アメリカ・ユダヤ人の募兵に関して議論したり、それに向けた積極的な活動を行ったりすることはなく、いわば「タブー」となっていた。さらにいえば、アメリカ・シオニストの消極的な姿勢の背景には、アメリカにおける反ユダヤ主義という問題も厳然として存在していた。

## 一九三〇年代以降におけるアメリカにおける反ユダヤ主義

ロシア・東欧と比較すればそれほど強固なものではないとはいえ、アメリカにおいても、反ユダヤ主義が存在していたこともまた事実であった。例えば、一九一三年から一五年にジョージア州において起こったレオ・フランク事件は、アメリカにおける反ユダヤ主義が暴力的に噴出した事件だった。[11] 一九二〇年代には、フォード自動車の社長ヘンリー・フォードが、『シオンの議定書』を土台にしたユダヤ人による世界征服論、ユダヤ陰謀論を展開した。[12] 一九三〇年代に入ると、不況による失業者の増大などの国内不安やヨーロッパにおけるイタリア、ドイツのファシスト、ナチズム勢力の伸張など、アメリカを取り巻く状況が不安定になった。そうしたなかで、小規模な右翼・ファシスト団体が成立し、ユダヤ人や黒人に対して攻撃を始めたのである。なかでもカトリック牧師チャールズ・カフリン（Charles Coughlin, 1891-1979）は、ネオ・ファシスト運動を組織し、ヒトラーを崇拝し、反ユダヤ主義者を自認していた。彼は世界恐慌の原因をユダヤ人に転嫁するという、いわゆるワイマール・ドイツにおけるナチズムの「あいくち伝説」を模倣した主張を展開し、ラジオなど広範なメディアを通じてニューディール政策に不満を抱く保守層や、カトリック、経済悪化に苦しむ貧困層の支持を獲得した。

こうした従来からの反ユダヤ主義の存在と一九三〇年代におけるその新たな高まりは、世論調査にも表れている。

一九四〇年に行われた非ユダヤ人に対する世論調査では、「この六か月間に、ユダヤ人に関する批判や会話を聞いたことがありますか」という質問に対し四六パーセントが「はい」と答えている。[13] この質問については、その結果もさることながら、質問を行うという行為自体が回答者に、ユダヤ人への嫌悪の存在を想起させる可能性を有していたという点に注意すべきであろう。加えて、これが非ユダヤ人に対する質問であったということを考えるならば、この四六パーセントという数字は、ユダヤ人が反ユダヤ主義の存在を意識するには十分な数字であったといえる。

アメリカはユダヤ人にとって他の国々と比較すれば住みやすい国でありユダヤ人が他の国に移住する必要性も願望もないが、しかし反ユダヤ主義は依然として存在している、という彼らの置かれた不安定な状況は、できるだけユダヤ人として「目立たない」ようにするという態度を彼らの意識のなかに生みだした。アメリカにおいて、多くのユダヤ人がその出自を隠すために改名を行っていることもその一つの例証であろう。こうしたアメリカにあって、シオニスト運動がユダヤ人の支持を容易に獲得できなかったことは当然であった。

そして、ベン・グリオンの渡米した一九四〇年という時期は、戦争勃発によって反ユダヤ主義が高まっており、ユダヤ人が「目立たないこと」をとりわけ心がけている時期だった。また、アメリカはいまだ参戦しておらず、その孤立主義は依然として外交に関する国内世論の合意であった。そうした時期に、声高に「ユダヤ部隊」の創設や「ユダヤ人国家」の建設を主張することは、シオニスト運動への反発をもたらすだけだったといえる。

さらにアメリカ世論研究所（the American Institute of Public Opinion: AIPO）が一九三八年十一月に行った調査では、

ユダヤ難民が恒常的な住民としてこれ以上アメリカに流入することを認めないと答えた人が七一パーセントにも上っていた[14]。この結果は必ずしも反ユダヤ主義のみに起因しているわけではなく、他のエスニシティの移民と比較してユダヤ人の流入に対する拒絶が突出していたわけではないが、アメリカ人の大半がユダヤ難民を自国に受け容れる意志をもっていなかったことは確実にいえる。

こうした状況は、アメリカ・ユダヤ人には葛藤をもたらすものであった。すなわち、同胞救済の願望はありながら、しかし彼らをアメリカに受け容れることはアメリカにおける反ユダヤ主義を高揚させることになるため、積極的に政府に要求することもできなかったのである。そして、このことが、アメリカにおいてシオニスト運動が支持を獲得していくうえでの重要な背景、要因の一つだったのである。

## ベン・グリオンとアメリカ・シオニストの共鳴と齟齬

以上のような状況を認識していたベン・グリオンは、大統領選を控えていることもあって当初は大々的に世論に訴えることは控え[15]、シオニスト諸団体に「ユダヤ人部隊」や「アメリカ・ユダヤ人の募兵」について直接働きかけを行う方針を採用した[16]。しかしそれに対するアメリカ・シオニストの反応はといえば、アメリカ・ユダヤ人の募兵に賛意を示す人々も一部には存在していたものの、それもアメリカ政府による許可があってのことであり[17]、概してユダヤ軍やアメリカ・ユダヤ人のユダヤ軍への募兵については消極的、否定的だった[18]。

しかしそうしたなか、一九四〇年十一月パシフィック号事件が発生した。この事件は、イギリス政府がパレスチナに逃れてきたユダヤ難民を追放する政策を採用したことを示すものであり、イギリス政府のユダヤ移民政策がいよいよ厳格さと過酷さとを増したことを象徴する事件だった。[19]

ベン・グリオンは、この事件を機会として利用し、ユダヤ軍創設に加えて、ユダヤ人国家建設に向けて世論動員すべきとの説得をアメリカ・シオニストに対して行うようになった。しかし、それでもアメリカ・シオニスト側の反応は概して消極的なものにとどまった。[20] 一九四一年一月のZOA指導部との会合において、ベン・グリオンは、より具体的な方針として、戦後パレスチナにユダヤ・コモンウェルスを建設するためにアメリカのユダヤ人とアメリカの世論を動員すべきことを再度強調した。これに対しZOAの機関誌である『ニュー・パレスチナ』はベン・グリオンの綱領をシオニズムの新しい政策として評価した一方、ワイズは『オピニオン(*Opinion*)』紙に[21]「イギリスへの献身」を内容とする論説を掲載し、ベン・グリオンの主張を牽制する姿勢を示したのである。

しかし着目すべきは、イシューブのための資金調達組織であるUPA(the United Palestine Appeal)の一九四一年一月二十五日から二十六日の会議である。この会議においてシルヴァーは以下のように明確に主張した。

我々は何に向けて努力しているのか、我々の目的は何なのか。我々には何も新しい目的があるわけではない。我々は代替の目的を受け容れることはない。我々の目的は、イスラエルの歴史的民族郷土にイスラエルの民族的生(national life)を再建するという歴史的、そして何千年もの間放棄せず妥協しなかった目的である。我々の目的はユダヤ・コモンウェルスなのである。そのようなユダヤ・コモンウェルスは、バルフォア宣言の文面と精神の双方において明確に意図されたものである……。[22]

さらに、彼はイギリスとの関係に関して、ユダヤ人は戦争においてイギリスを支援しなければならないが、イギリスはユダヤ人に対してバルフォア宣言に定められた約束を果たすべきであると主張し、もしイギリスが約束を果たさないのであれば、アメリカ・ユダヤ人はその政治的な強さを活用すべきであると訴えた。[23] このような主張はまさにベン・グリオンの主張を代弁するものであり、アメリカ・シオニストの主要人物の一人がこのような主張を公の場で行うようになったことは、ベン・グリオンのアメリカにおけるその活動が一定の成果をあげつつあったことを示していたといえる。しかしこれに対し、ワイズらはイギリスを敵に回すことなくその支援を主張する一方で、「ユダヤ・コモンウェルス」ではなく従来通り「ユダヤ民族郷土」という用語を使用し、シルヴァーとの相違を際だたせた。最終的にこの会議においては、パレスチナをユダヤ軍によって防衛することを強調した「パレスチナのユダヤ人による防衛（Jewish Defense of Palestine）」決議、イギリスの白書政策を批判する決議、イギリスの戦争努力を支援するというアメリカ政府の新たな政策を承認する決議などが採択された。そしてその決議においては、戦後すべての国においてユダヤ人に個別的、集団的な平等権が保障されることを要求するとともに、パレスチナがユダヤ・コモンウェルスとして建設されることへの願望が述べられていた。[24] パレスチナにユダヤ・コモンウェルスを建設するというアジェンダが、公の場で掲げられるようになったのである。[25]

しかし、ＵＰＡで採択された決議のような方針がアメリカ・シオニストに、とりわけ指導部において共有されていたわけではなかった。

一九四一年四月二十日にＺＯＡ全国統括会議が開催されたが、そこにおいてもユダヤ軍、ユダヤ人国家に関する具体的な議論はほとんどなされず、むしろいかにしてイギリスを支援するかに重点が置かれていた。[26] その背景には、ワイズの立場にみられるように、ユダヤ軍創設やユダヤ人国家建設を世論にアピールすることによって、ナチス・ドイツと戦うイギリスにとって余計な負担となることは回避すべきであるという認識が存在していた。また、先述したように、とりわけユダヤ軍に関しては、参戦前の孤立主義的雰囲気の強かったアメリカ社会において、シオニスト運動が「戦争挑発人（warmonger）」として糾弾されることに対する危機感も存在していた。[27] ZOAをはじめアメリカ・シオニスト指導部は、ユダヤ人国家、ユダヤ軍創設が「アメリカ国民」としての立場との矛盾や齟齬を孕むものであるため、極めて慎重な態度をとっていたといえる。彼らが、これらのアジェンダに本格的に取り組むためには、さらなる契機、圧力を必要としていた。

## 第二節　アメリカ・シオニスト指導部と「ユダヤ・コモンウェルス」

### イーデン声明と「ユダヤ人国家」をめぐる議論の本格化

一九四一年五月二十九日、イギリスのイーデン外相（Anthony Eden, 1897-1977）は、イギリスがシリアの独立への願望に多大な共感を寄せていること、アラブの大統一（アラブ大連邦）という案を全面的に支援することを内容とする声明を発表した。[28] この声明においてパレスチナについて何ら言及されなかったことから、シオニストは、パレスチナがアラブの連邦に含まれてしまうのではないかと危惧した。[29] パレスチナがアラブ連邦に含まれれば、そこにユダヤ人国家を建設できる可能性は極めて低いものとなる。と同時に、この声明はイギリス政府にバルフォア宣言を実行する意志はもはや全くないことを示すものであり、シオニストにいまだ残っていた、戦争が終結した際にはイギリス政府がユダヤ人国家建設を再度支援するであろうという期待をうち砕くものでもあったのである。この声明は、アメリカ・シオニスト指導部にも、ユダヤ人国家に向けた積極的な活動を早急に行う必要性を認識させた。
四一年六月十九日、緊急委員会は全体会合を開き、そこで戦後のシオニストの計画、いわゆる「平和計画」が提案された。その内容は、シオニストは委任統治の継続を望まないという前提で、「自治的なユダヤ・コモンウェルスとして歴史的な境界内においてパレスチナを早期に再興する」というものであった。領土に関しては、現段階においては最大限アプローチをとるべきであり、境界は明確にすべきでないとしていた。[30] また「ベン・グリオンがパレスチナの完全な独立を要求していたのに比してこの提案においては主権の問題が曖昧である」、さらに「世界シオニスト執行部と事前に議論していない平和計画を提示することはできない」などの主張もなされた。[31] こうして様々な立場や意見が錯綜しつつ、アメリカ・シオニスト運動は、ユダヤ人国家建設を要求するために具体的な議論を開始することになったのである。
こうした動向に対し、ワイズマンの意向に従って非シオニスト団体との協力のための交渉を行っていたヴァイスガル（Meyer Weisgal, 1894-1977）は、先の計画に賛意を示しながらも「パレスチナとパレスチナ以外の地に居住するユダヤ人との関係について言及されてない、これは非シオニストと反シオニストにとっては最も重要な問題であり、現在検討中の平和計画においても考慮に入れられるべきである」との主張を行った。これに対しＺＯＡ指導者の一人は「ディアスポラのユダヤ人とパレスチナに居住するシオニストによって構成されるであろうユダヤ・コモンウェルスとの関係に、いかなるジレンマも見出せない、パレスチナ以外に居住するユダヤ人はそれぞれの国家の国民として享受している立場を維持するだろう」と述べ、ユダヤ人国家建設を掲げるうえでのアメリカ・シオニストとしての前提を確認した。[32]
こうしたユダヤ人国家に関する議論を経て、一九四一年九月六日から九日にかけてシンシナチで第四四回ＺＯＡ年次大会が開催された。この大会において、指導者の一人がまず、イギリスへの支援を前提としたうえで、「イギリスからイスラエルに関して明確な声明を得ていない」ので「明確かつ正確に我々にエレツ・イスラエルを保証する声明を、保証された郷土を、主権を有する郷土を、独立した郷土を、ユダヤ人の自治的な郷土を求める」と主張した。またワイズも、「難民（homeless）となったユダヤ人の早急な再定住と回復は、その歴史的な境界におけるパレスチナにユダヤ・コモンウェルスを再建設することによってのみ可能である」と主張するなど、難民救済のためにユダヤ人国家建設が必要であるという認識を明確に打ち出した。[33][34] ただし、ユダヤ人国家建設に対する広範な支持を獲得するための方法に関する具体的な議論は行われず、この目標に向けて本格的な活動を開始するまでには至っていなかった。

## ZOAと緊急委員会

他方、ユダヤ人国家建設を掲げるというアジェンダの浮上によって、ZOAにとって別のイシューが持ち上がることになった。それは、緊急委員会の位置づけという問題である。

先の大会において、緊急委員会を代表してニューマン（Emanuel Neuman）は「緊急委員会が世界シオニスト団体から権限を委譲されて構執行部からその権限を委譲されているわけでもなく、アメリカの既存のシオニスト団体から権限を委譲されてもいない。むしろ、世界シオニスト執行部とアメリカ・シオニスト団体のための情報交換所として機能し、一定の差し迫った政治活動を行うよう委託されていると言った方がよい」と述べた。そのうえで、シオニスト指導部とアメリカ・シオニスト運動との調整の場としての緊急委員会の機能を重視し、「戦後の計画、具体的にはユダヤ・コモンウェルス建設に向けて緊急委員会がアメリカ・シオニスト運動を統括していくべき」と主張した。[35] こうした立場に対し、ＺＯＡは緊急委員会によって権限を浸食されており、ＺＯＡの外部に統制が効かない組織が存在することは危険であるとの反対意見がだされた。[36] 最終的にこの大会において、緊急委員会主導で行う広報関係の計画を大規模かつ効果的に実行できるよう支援することをアメリカ・シオニストの義務とする決議が採択された。[37] しかし他方で緊急委員会に参加しているＺＯＡのメンバーをＺＯＡの代表として行動するよう拘束する決議も採択したのである。[38]

ＺＯＡにおける緊急委員会の地位向上への警戒は、[39] アメリカ・シオニスト運動における自らの主導的立場への脅威だったためであると同時に、緊急委員会を通じてシオニスト指導部がアメリカのシオニスト運動に直接的に介入し、アメリカ的シオニズムに反する方針、政策を強要するのではないかという懸念に基づくものでもあったといえる。[40] ゆえに、ＺＯＡは運動全体の目的達成を目指す世論動員のために緊急委員会の活動を活発化させる一方で、その権限の拡大は抑制し、あくまでＺＯＡがアメリカ・シオニスト運動の主導権を掌握しておく方針を採用したといえる。[41]

さらに先の大会後の一九四一年九月十五日にＺＯＡ執行部会議が開かれ、国際的なシオニスト会議をアメリカで開催することを検討するための委員会を設置することが決定された。[42] アメリカの諸シオニスト団体の代表とともに、海外のシオニストも参加する国際的なシオニスト会議の開催は、一九三八年以降ワイズマンもベン・グリオンも提唱してきたことだったが、それをＺＯＡの主導で開催することを目指すようになったのである。無論、この会議開催は、戦時・戦後に達成すべきシオニスト運動の諸目的をシオニスト運動が団結して掲げ、アメリカ・ユダヤ人の支持を獲得し、アメリカ政府、ひいてはイギリス政府に対して圧力をかけることを目的とするものであった。しかし、ＺＯＡにとっては、このような会議を自ら主催することで、アメリカ・シオニスト運動における主導権を握るとともに、「アメリカ」・シオニスト運動独自の立場を維持するためにシオニスト指導部を牽制するという、戦略上の問題でもあったといえる。

このようなアメリカ・シオニスト運動というアリーナにおける「ユダヤ軍創設」「ユダヤ・コモンウェルス」というアジェンダをめぐる権力過程は、次に述べるユダヤ軍委員会（The Committee for Jewish Army）という新たなアクター／ファクターの参入によって、さらに錯綜したものとなっていくのである。

## 第三節　ユダヤ軍創設問題

### ユダヤ軍委員会の設立

ユダヤ軍創設自体は一九四〇年秋に実現目前までに至るが、一九四一年秋にはほぼ完全に実現不可能な状態となっていた。[43]「一九三九年白書」、「イーデン声明」によってユダヤ人国家建設に向けた様々な基盤が危うくなるなかで、その突破口となる可能性を有していたユダヤ軍創設までもが実現できないような状況となったのである。こうしたユダヤ軍創設にまつわる危機的状況にもかかわらず、緊急委員会、ＺＯＡがそれへの対応を遅らせるなかで、十一月九日にワイズマンはイギリス政府が最終的にユダヤ軍創設案を拒絶したことを発表した。[44] その直後、ニューヨークでシオニスト右派の修正主義派の流れを汲む人々によってユダヤ軍委員会が結成され、ユダヤ軍創設に対する支持獲得のための大々的なプロパガンダ活動を開始したのである。[45]

ユダヤ軍委員会の推進力となっていたのは、一九四〇年から四一年にかけてパレスチナから来米した青年ユダヤ人たちであり、彼らはシオニスト運動の修正主義派指導者ジャボティインスキー（Vladimir Jabotinsky, 1880-1940）の影響を受け、パレスチナのユダヤ人地下武装組織イルグン・ツヴァイ・レウミ（The Irgun Zvai Leumi）に属していたとされている。[46]ジャボティインスキーは、ユダヤ人国家を明確に要求しないとしてワイズマンを批判し、一九二五年に世界シオニスト機構を脱退して新シオニスト機構（The New Zionist Organization）を組織していた。また彼はベン・グリオンらが率いるパレスチナのヒスタドルートやマパイについても「ユダヤ・ナショナリズムと階級闘争とは一致せず、労働シオニズムはシオニズムを歪めるものだ」として批判しており、シオニスト運動指導部、とりわけベン・グリオンにとっては、その「正統性」そのものに関わる問題を投げかける「宿敵」であった。

ユダヤ軍委員会の中心は、ヒレル・クック（Hilell Kook）であり、彼はアメリカにおいてはバーグソン（Peter H. Bergson, 1915-2001）と名乗っていた。以降、彼率いる「バーグソン・グループ」は、ＺＯＡや緊急委員会の統制の及ばないところで、アメリカにおいて様々な活動を行うようになるのである。

このユダヤ軍委員会について、緊急委員会は十一月から十二月にかけて具体的な対応策を検討した。[47]十二月四日の会合では、ＺＯＡの代表が、緊急委員会主導という前提のもとで彼らと提携する可能性を模索すべきであり、それが失敗した場合に新たな対策を講ずるべきことを主張した。[48]最終的にこの会合は、ユダヤ軍委員会と議論を行うための委員会を任命することに合意した。[49]

参戦前のアメリカの社会状況や非シオニストとの交渉などを考慮して、緊急委員会はユダヤ軍創設支持を公に世論に訴えることを躊躇していた。他方、修正主義シオニズムを奉ずるバーグソン・グループは、そのユダヤ軍創設を訴えるためにラリーやプロパガンダなどの積極的な活動を行った。それは、一部のアメリカ・シオニストの間で、ユダヤ軍への対応を遅らせた緊急委員会やＺＯＡに対する不満を高める危険性があった一方で、彼らのシオニズムに原理主義的な主張、すなわち世界中のユダヤ人を想定したユダヤ軍という構想は、ユダヤ軍創設に対する非シオニストのユダヤ人や一般のアメリカ人の警戒を惹起する危険性も孕んでいたのと同時に、アメリカ・シオニスト自体の立場とも反するものであった。(50) こうしたことから、緊急委員会やZOAはユダヤ軍委員会を自らの主導下に置いたうえで提携することで、彼らの活動を抑制しつつ、自らの正統性、主導権を維持することを選択したといえる。しかし、こうした緊急委員会の対応は確固たる方針に基づいたものではなく、ユダヤ軍委員会によってユダヤ軍創設というテーマが取り上げられた以上、緊急委員会は、自らユダヤ軍創設というアジェンダそのものに対して具体的な方針を打ち出す必要に迫られたといえる。

## ユダヤ軍創設とアメリカ・ユダヤ人の募兵

こうした状況のなか、一九四一年十一月二十四日ベン・グリオンが再度渡米した。それ以前の十月十五日付の「シオニストの政策の概要」と題するパンフレットのなかで、彼はこれまでの経緯を概観して「我々はこの戦争のすべての前線でユダヤ人として戦うことを要求するべきであったし、ユダヤ人として連合軍側にたって共通の敵と戦うことの正当性を証明するべきであった。我々はパレスチナ以外の地域でもユダヤ軍を要求する権利を有しているが、我々の目的を達成できるのは第一にはパレスチナにおいて、そしてパレスチナを通じてであることを、さらにパレスチナにおける我々の主張が道義的な点からだけではなく、実際の観点からしても他のどこよりも説得力をもつものであることを、我々は認識すべきだった」と述べていた。(51) 彼はユダヤ・ネーションの象徴としてのユダヤ軍という側面も重視していたが、ユダヤ軍創設そのものの見通しが遠のくなかで、まずはパレスチナのユダヤ人を対象とすることで、再度その創設の実現を目指そうとしていたのである。同時に、彼はこれまでの交渉の失敗の重要な原因として「可能なところで、とりわけ最も効果があると思われるアメリカでユダヤ世論の圧力を十分に動員しなかったこと」をあげていた。(52) ベン・グリオンの今回の渡米が、ユダヤ軍創設に向けたアメリカのユダヤ世論の喚起を、そしてその前提としてアメリカ・シオニスト運動指導部に対して世論喚起を積極的に行うよう圧力をかけることを目的としていたことは明らかであった。

アメリカ参戦後の十二月十六日、緊急委員会執行委員会の会合においてベン・グリオンは、「アメリカの参戦はアメリカのシオニストに新たな問題をもたらすものではなく、いくつかの重要な点でアメリカ・ユダヤ人とアメリカのシオニストの立場をより自由にした」と述べたうえで、「アメリカも参加するようになった世界戦争を遂行するための一環として、ユダヤ軍創設のための闘争を始めることがいまこそ可能となった」と口火を切った。これに呼応するように修正主義穏健派ユダヤ人国家党のグロスマン(Meir Grossman)は、ユダヤ軍の問題が検討される必要があると述べたうえで、アメリカとカナダで志願兵の登録を早急に開始するべきであると主張した。(53) しかしこれらの主張に対し、ヴァイスガルは、ユダヤ軍に関するアメリカ・ユダヤ人の団結は、アメリカで志願兵を募るよりも、パレスチナ・ユダヤ人のみを募兵の対象とするユダヤ軍に限定した方が達成容易であると主張し、緊急委員会がシオニストの計画と新たな状況に対する行動指針をすべての団体に指し示す声明を発表することを要求した。(54) このように、アメリカにおけるユダヤ軍問題に関する議論においては、「アメリカ・ユダヤ人の募兵」という問題が重要な争点だったのである。

シオニスト運動がユダヤ軍のユダヤ・ネーションの象徴という側面を重視しようとすれば、アメリカにおいてもユダヤ人を募兵することを必要とした。そうでなければ、ユダヤ人のネーションとしての一体性という前提が崩れるからである。しかし、アメリカ・ユダヤ人一般、とりわけその前提となる非シオニスト団体のユダヤ軍創設そのものに対する支持を獲得しようとすれば、アメリカ・ユダヤ人の募兵は回避しなければならなかった。またこの募兵は、アメリカ・シオニスト自身にとってもアメリカ国民としての心情や立場と衝突するものであり、ユダヤ軍創設自体は推進するにしても、回避すべきものだったのである。

以降、ユダヤ軍創設とアメリカ・ユダヤ人の募兵に関する議論は、「アメリカ・ユダヤ人の募兵」の回避を主張するアメリカ・シオニスト、あくまで募兵を主張するグロスマン、パレスチナに限定しようとする緊急委員会の方向性に一定の歯止めをかけつつ基本的にはアメリカを「例外化」[55]することでユダヤ軍創設に対するアメリカ・ユダヤ人の支持獲得を目指したベン・グリオンという軸の間で展開され[56]、最終的に一月十四日に、以下の形でまとまった。

> パレスチナで動員され組織されるユダヤ軍を設立する権利獲得のための努力を支持する。それは、まずはすでに徴兵されている、もしくは徴兵されるであろうパレスチナ・ユダヤ人を中核とし、第二にそのような軍に志願することが法的に許可されている世界中のユダヤ人によって構成される。それは連合軍司令部の下で、ユダヤ人の存続と民主主義の維持のために戦う[57]。

こうして緊急委員会とベン・グリオンは、パレスチナのユダヤ人を主体とするユダヤ軍という前提を確認すると同時に、「法的に許可されている世界中のユダヤ人」という文言を入れることとで、ユダヤ軍の「ユダヤ・ネーション」の象徴としての意義を維持しようとした。しかしこの「法的に許可」ということは実際には「法的に許可」されていないアメリカ・ユダヤ人を除外するものであり、ディアスポラのユダヤ人を対象とするシオニスト運動の複雑な立場を表すものであった。

これを前提に緊急委員会内部においてユダヤ軍委員会への対応をめぐる議論が行われた。ポアレ・シオンやミズラヒの代表は、修正主義派の系列にあたるユダヤ軍委員会とは交渉をすべきでないと主張したが、ZOAの代表はユダヤ軍委員会が街頭のユダヤ人の共感を得ている事実を受け止めなければならないとし、もし緊急委員会が交渉を中止するのであれば、ZOAが単独で行う方針であると述べたのである。[58]

ZOAは、ユダヤ軍委員会によって、他のシオニスト団体以上に深刻な問題をつきつけられていた。一つは、ユダヤ軍創設というシオニスト運動にとっての重要課題への対応に遅れをとったことで、従来アメリカ・シオニスト運動においてZOAが果たしてきた指導的な立場が脅かされるということであった。そしてもう一つは、組織的忠誠の問題であった。緊急委員会の他のシオニスト団体が特定の層を対象としていた――すなわちハダサーはユダヤ人女性、ポアレ・シオンは社会主義系シオニスト、ミズラヒは正統派ユダヤ教徒を対象としていた――のに対し、ZOAは「一般シオニスト（General Zionist）」と自称していたように、シオニスト一般を対象としており、その会員のZOAに対する組織的忠誠はシオニスト組織としてのその活動の実効性にのみ依存していた。そのため、ZOAがユダヤ軍創設というシオニスト運動にとっての重要課題に関して会員の要求に応えられなかった場合、会員のなかにはZOAを脱退してユダヤ軍委員会に参加する人々も現れるのである。ZOAは、ユダヤ軍委員会によって自らの組織基盤を脅かされており、それへの対応により慎重にならざるをえなかった。以上のことから、ZOAは、他方でZOAと緊急委員会がユダヤ軍創設に向けて努力してきたことを強調する一方、ZOA会員に対してはユダヤ軍委員会に関与しないよう説得しつつ、ユダヤ軍委員会との交渉の余地は残し緊急委員会の統制下に置く可能性を求めたのである。[59]

しかしこうした姿勢は、緊急委員会内部において、ユダヤ軍委員会と提携すべきさしたる理由をもたないZOA以外の団体の代表に激しく反対された。[60] ZOAは、ユダヤ軍委員会との提携への意向とそれを行うことによる緊急委員会内部での孤立というジレンマに直面したのである。

結局、交渉自体が失敗に終わり、四二年一月二十二日の緊急委員会の執行委員会は、ユダヤ軍委員会との交渉の中止を決定した。[61] 翌二十三日の執行委員会では、ユダヤ軍創設に向けた積極的なキャンペーンが不可欠であるという共通認識に基づき、二月四日にニューヨークのカーネギーホールでユダヤ軍創設に向けたシオニストによる大衆集会を開催することが決定された。[62] 一月十四日の緊急委員会での合意を前提に、ZOA、緊急委員会は、ユダヤ軍委員会との提携ではなく、ユダヤ軍委員会と対抗しながら、アメリカ独自の立場でのユダヤ軍に対する支持獲得をはかろうとするようになったのである。

さらにZOAは、緊急委員会以上に切迫した形でユダヤ軍創設に関して取り組むことを必要としており、一月二十三日の『ニュー・パレスチナ』はユダヤ軍についてZOA総裁であるレヴィンサル(Louis Levinthal)とシルヴァーの論説を大々的に掲載した。[63] それらは、ユダヤ軍創設の必要性を強調していたが、それがアメリカの利益と一致するからこそであるという論理で正当化していた。さらにユダヤ軍、またレヴィンサルにおいてはユダヤ・コモンウェルスも、それらの主体、つまりユダヤ軍であればユダヤ軍の兵士、ユダヤ・コモンウェルスであればその国民は、あくまでパレスチナのユダヤ人、もしくはパレスチナに行くことを望むユダヤ人であることが強調されていた。これは、ユダヤ軍委員会に対抗して「アメリカ」のシオニスト運動の「正統」としての、ZOAの立場をアピールしようとするものだったといえる。

## 非シオニストへの対応とユダヤ軍委員会との対抗

ZOA指導部、緊急委員会が非シオニスト団体のユダヤ人国家建設、ユダヤ軍創設に対する支持を獲得することを試みていたことは先に述べた通りであり、二月六日の緊急委員会執行委員会において、AJCが本格的にシオニストとの合意形成に向けて取り組もうとする姿勢を明らかにしたことが報告された。しかし、その一方でAJCの代表は、ユダヤ軍に関する提案はアジェンダから外すこと、その理由としてAJC内部にそうした提案に対する強い反対が存在することをあげていた。(64)

二月十九日の緊急委員会執行委員会は、非シオニスト団体に緊急委員会がユダヤ軍委員会と無関係であることが伝わっていないことが報告され、最終的にはシオニスト諸団体はユダヤ軍委員会とは全く関係がないことを明確に示す声明を準備することに合意した。(65) 緊急委員会は、非シオニスト団体の支持を得るためにもユダヤ軍委員会と明確に対抗していく方針を採用したのである。

緊急委員会がこうした方針を採用した以上、ZOAもユダヤ軍委員会に対して新たな対応を迫られたといえる。三月八日にZOAの全国統括会議が開催され、ユダヤ軍委員会への対応をめぐって議論が行われた。(66) 最終的にこの会議は「ZOAは、『ニュー・パレスチナ』や他の手段を通じて、シオニストに対し以下の点を伝えることとする。第一点目は、ユダヤ軍委員会は現段階において修正主義派の管轄下にあり、シオニストの管轄にはない、第二点目は、ZOAとユダヤ軍計画との関係に関する明確な声明を発表する、これはいままでに行われてきたことである、第三点目は国中のシオニストがユダヤ軍に関してより積極的な活動を行うよう促すためのキャンペーンもしくは試みを行う、正確な方法はのちに決める」という動議を全会一致で採択した。(67) 三月二十七日の『ニュー・パレスチナ』は「ユダヤ軍に関するZOAの政策が明確に述べられた」というタイトルの記事を掲載し、ユダヤ軍創設というシオニストにとって極めて重要な問題は「責任ある」組織である緊急委員会が行うべきであり、修正主義派で「責任のない」ユダヤ軍委員会のキャンペーン活動は反対されるべきであると主張していた。[68] ＺＯＡは、シオニズムに原理主義的な立場をとりかねない修正主義派ユダヤ軍委員会の広がりを封殺するために、また自らの組織基盤を維持するために、それを排除する方針を採用したといえる。

ここで着目すべき点は、この論説がＺＯＡの政策についてのものだったにもかかわらず、ユダヤ軍創設に向けた活動の主体が緊急委員会となっていることである。これは、ＺＯＡが、一方で緊急委員会の位置づけを高めつつ、かつ緊急委員会を通じてＺＯＡの政策を推進しようとする方針を示していたといえる。

前年度の大会においてＺＯＡ指導部は、緊急委員会の位置づけが高まることによって自らのアメリカ・シオニスト運動における指導的立場が低下することの懸念を示していた。それでも、ＺＯＡが主体的に緊急委員会を強化しようとしたのは、ユダヤ軍委員会との対抗上、緊急委員会の権威を借りる必要もあったからであった。またユダヤ軍創設、ユダヤ・コモンウェルス建設を掲げ、非シオニスト・ユダヤ人の支持を獲得するために、アメリカ・シオニスト運動の統一性の確立が必要という大局的な政治的判断があったことも当然であった。この時期、ヨーロッパ・ユダヤ人の追放、虐殺のニュースがアメリカにも入ってきていたのである。また、このことを可能にした背景には、ユダヤ・コモンウェルスやユダヤ軍という課題を緊急委員会で議論する際に、シオニスト指導部側が自らの意向をアメリカ・シオニスト側に強要することはせず、基本的にアメリカ・シオニストの立場や意向に配慮する態度をとっていたこともあげられる。

こうした状況のなか、ビルトモア会議が開催されることになるのである。

（1）ベン・グリオンは一九三九年四月二十四日のシオニスト一般会議において以下のように述べていた。「イギリス帝国は抑圧や軍事力のみにその基盤を置いているわけではない。イギリスはアメリカに依存し、それに値するかは別にしてもイギリス自身の名声に負っている。そして、その名声を維持するために精力を割いている。……我々はアメリカで支持を得ている。……もしイシューブが戦うならば、そしてユダヤ人がそれを支持するならば、我々はアメリカで共感を得るだろう」（Gal, *David Ben-Gurion and the American Alignment for a Jewish State*, 1991, pp. 59–60）。

（2）Kolsky, *Jews Against Zionism*, p. 38.

（3）Gal [1991], *op. cit.*, p. 69.

（4）一九三九年の九月十二日にベン・グリオンは、イシューブの中心勢力であったマパイ（Mapai: 労働党）の中央委員会において以下のように述べている。「アメリカ・ユダヤ人をユダヤ人として勇敢に愛国的に行動させるためには、パレスチナからアメリカへハイ・レベルの代表が早急に派遣される必要がある。シオニストの闘争とイシューブの状況は複雑であり、アメリカにはこれらの問題に精通した指導者が一人もいない。パレスチナ・ユダヤ人の指揮なくしては、また自らの意見と願望とをアメリカ・ユダヤ人とアメリカ・シオニストに強要できる大胆で著名な人物の指針なくしては、アメリカのシオニズムはその内部的な脆弱さを克服することも、精神的、政治的、財政的支援を我々に提供することもできないだろう」。このようにベン・グリオンは、アメリカのシオニスト諸団体が統一的で有効な政治活動を行うことが可能なだけの組織的基盤を欠いているため、シオニスト指導部が率先してアメリカのシオニスト運動を牽引していくべきという立場を打ち出していた（Gal [1991], *op. cit.*, p. 70）。

（5）しかし、緊急委員会は、すぐに有効な機能を果たしたわけではなかった。その原因の第一は、緊急委員会のメンバーは、第一次世界大戦のアナロジーで状況を認識し、それを土台にした活動を行おうとしていたこと、第二には、団体間または個人間の確執が、統一的な主張、活動を困難にしていたことである（David Shapiro, *From Philanthropy to Activism*, p. 28）。

（6）彼は、「恐らく、我々は外部の多大な支援なくしては新たな立場を獲得することはできない。いまのところ、それはアメリカ以外にない。……ユダヤ軍の設立、土地の買収、定住化、そして我々の立場を維持するために必要な膨大な支援は、北アメリカからのみ得ることができる。ユダヤ軍の創設にあたってもアメリカが重要な役割を果たさなければならないだろう」と述べている。彼は、アメリカが中立国であるにも関わらず、アメリカにおいてユダヤ軍を創設することが可能であると信じていた（Gal [1991], *op. cit.*, p. 69）。

（7）Yehuda Bauer, *From Diplomacy to Resistance: A History of Jewish Palestine 1939-1945*, New York, The Jewish Publication Society of America, 1970, pp. 80-81.

（8）イギリス政府が基本的にはユダヤ軍創設を行わないことが明らかとなっていた一九四一年十月二十三日に、モイネ（Lord Moyne）英植民地相とワイズマン、ベン・グリオンが会合をもったが、その際モイネがユダヤ人を個人として専門家や技術者として採用するという提案を行った。ワイズマンはユダヤ軍の代案としてのその案を拒絶した。ワイズマンにとっての受け入れ可能な唯一の代案は、パレスチナにすでに存在しているユダヤ人歩兵中隊にユダヤ人としての固有の徽章をもたせ、ユダヤ人の旗のもとに組織することだったとされる。またベン・グリオンは、「ユダヤ人はこの提案を自らの人種的誇りに対する侮辱であるとみなすだろう。ユダヤ人はアラブ人とは別個に歩兵中隊に組織されているが、より大きなユダヤ部隊を形成することも国民軍（a national force）としての地位を与えられることなく、結果的にユダヤ人の戦争遂行への協力は全く曖昧にされている」と述べた（Cohen, *Retreat from the Mandate*, 1978, p. 116）。両者とも、ユダヤ軍のユダヤ・ネーションの象徴としての意義を担保することに固執していたのは明らかであった。

（9）*Ibid.*, p. 105.

（10）彼は、アメリカの地において他国の軍への志願兵を募ることは、アメリカの中立法を侵害することになるので重罪に値するとし、アメリカの地で若者に他国軍へ志願するための手段を提供するための情報サービスも限りなく違法に近いと述べた。またパレスチナに物資を提供することに対しても、パレスチナはイギリスの委任統治下にあるため戦争状態下にあると考えられると述べた（David Shapiro, *op. cit.*, p. 27）。

（11）この事件は、ドイツ系ユダヤ移民であるレオ・フランクが、工場で一四歳の少女が殺害された事件の犯人として逮捕されたことを契機に、潜在的に存在していた反ユダヤ感情が燃え上がったものだった。フランク側弁護士はフランクがユダヤ人に対する偏見の犠牲であるという主張を一貫して展開していたが、最終的に裁判所はフランクに死刑の判決を言い渡した。一九一五年六月の死刑執行直前、ジョージア州知事は彼の無罪を確信して死刑の執行を押しとどめ、終身刑に減刑した。ところが、この減刑処置に対しジョージア州全土で抗議の声があがり、さらに暴徒はフランクの抑留されている監房を襲撃して、彼をリンチしたうえで木につるして殺害したのである。この事件は、アメリカにおいても潜在的に反ユダヤ主義が存在し、何らかの契機によって爆発する可能性があることを示したのであった。

（12）この時はブナイ・ブリスを中心として対抗運動が起こり、名誉毀損同盟が中心となって反ユダヤ主義が事実の歪曲であり、反アメリカ的、反キリスト教的であるという宣言をだした。この宣言に対しては、ウィルソン大統領やタフト前大統領などの著名人やキリスト教関係者も署名し、最終的にフォードは一九二七年に公式に自らの非を認め謝罪した。

（13）Nathaniel Weyl, *The Jew in American Politics*, New York, Arlington House, 1968, p. 234.

（14）*Ibid.*, p. 236.

（15）一九四〇年十一月、アメリカは大統領選を控えていた。この年の大統領選において、共和党のウィルキー（Wendell L. Willkie）大統領候補は、戦争に関してより中立的、さらにいえば孤立主義的主張を行っていた。一方、現職候補である民主党のルーズヴェルトも、戦争介入に消極的な国内の雰囲気に配慮して、戦争介入に関して触れることを避けていた。しかし、一九四〇年五月に彼はイギリス、フランスに第一次大戦の際の装備を送る命令を発し、さらに九月にはイギリスとの間に、海外八か所のイギリス軍基地の租借を条件として、五〇隻の駆逐艦を派遣する協定を締結していた。このように、当選すれば彼が積極的なイギリス支援に乗り出すことは明らかであった。

この大統領選のキャンペーン期間中は、ヨーロッパにおけるドイツの侵攻が激しくなっていた時期であった。「ヒトラーがヨーロッパを征服しつくし、世界の盟主に向かってつきすすみ、その過程で世界中のユダヤ人を絶滅する可能性も存在しているのではないか」といった感情的な懸念も一部のユダヤ人には広まっていた（Gal［1991］, *op. cit.*, pp. 159-160）。そのため、多くのユダヤ人はアメリカが対ドイツ戦に何らかの形で協力することで、ドイツの拡大が阻止されることを望み、ルーズヴェルトを支持したのであった。こうした彼らの意識は次のような数字にも表れている。すなわち、ユダヤ人の多いシカゴの主要ユダヤ人地区における投票行動の調査によれば、七〇・九パーセントから九五・九パーセントのユダヤ人がルーズヴェルトを支持していたのである（*Ibid.*, p. 158）。

ベン・グリオンもこうした文脈のなかで当然のようにルーズヴェルトの勝利を望んでいた。さらに彼はシオニスト指導者として、ルーズヴェルトが大統領に三たび就任し、戦争において積極的にイギリスを支援する政策をとることで、イギリスに対するアメリカの立場が強まることを期待していたのである。彼は、そうしたアメリカのイギリスに対する相対的に優位な立場のもとで、アメリカの世論を動員し、シオニストの要求、例えば白書の廃棄やユダヤ部隊の創設に対するアメリカ政府の支持を獲得し、そのことによってイギリスに圧力をかけることを期待していたのであった。そのため、孤立主義的傾向が強い状況のなかで、彼はユダヤ部隊創設に関してアメリカの介入を引き出すという自らの計画をあからさまに主張することは、ルーズヴェルトの勝利の機会を減じる危険があるとして、ユダヤ部隊について公言することを極力控えた。

(16) ベン・グリオンは渡米したその日にポアレ・シオンの指導者たちと会談をもった。彼はその会談の内容について、「彼らは全員、アメリカのユダヤ人青年をユダヤ軍に募兵できる見込みはないと考えていた。彼らは個人的な問題にのみ関心を奪われ、非ユダヤ人の言動を恐れている。私はまだこの破壊的な判断を受け入れる意志はない」と記している (Gal [1991], *op. cit.*, p. 119)。また彼は、ZOAの指導者であるソロモン・ゴールドマン (Solomon Goldman, 1893-1953: 三八—四〇年ZOA総裁) と政治的な諸問題について議論したが、ユダヤ軍問題に関しては合意には達しなかった (*Ibid.*, p. 121)。

(17) *Ibid.*, p. 124.

(18) 一九四一年一月十七日に、緊急委員会は、ユダヤ軍問題について議論するために国務次官のサマー・ウェレス (Summer Welles, 1892-1961) と会談をもつことを決めたが、その際の緊急委員会の立場は、アメリカ政府がイギリス政府に対しイギリス軍の枠内にユダヤ部隊を創設するよう促すよう求める、ユダヤ系アメリカ市民がユダヤ軍に参加することを認めるよう直接的に請願することはせずにウェレスがそれを持ち出すにまかせる、というものだった (*Ibid.*, pp. 155-156)。緊急委員会というアメリカ・シオニストの合議の場でこのような判断がなされたことは、アメリカ・ユダヤ人の募兵は行わず、アメリカ政府にアメリカ・ユダヤ人のユダヤ軍への志願の許可を積極的に求めることはしないということが、アメリカ・シオニスト指導者の総意であったことを示すものだった。

(19) 一九三〇年代末以降修正主義派を中心として行われていたパレスチナへのユダヤ人の非合法移民の流入について、三九年七月にイギリス政府はこれ以上の流入については白書で決められている人数から差し引くとする立場を採用していた (Bauer, *op. cit.*, p. 63)。これは、一見白書の厳格な適用のようではあるが、逆に一旦パレスチナへ上陸させてしまえば、非合法移民のパレスチナへの移住は認められることを意味していた。この政策に対し、シオニスト指導部は、難民を最大限移民させる、ユダヤ人が自らのナショナル・ホームに帰還する完全な権利を主張することによって、白書の基盤を覆し政府の移民割り当てを打破するということで対応しようとした。イギリス政府が先のような立場をとる限り、非合法移民はシオニスト運動に政治的武器を提供するものだったのである。

ところが、一九四〇年末に入るとイギリス政府は非合法移民に対してより厳しい措置を講じるようになっていった。

一九四〇年十一月初頭、パレスチナのハイファ港に、あわせて二〇〇〇人のユダヤ難民を乗せたパシフィック号とミロス号が到着した。この到着後すぐにイギリス委任統治政府の警官は移民をパトリア号という乗客船に乗せかえ、彼らを戦争終結までモーリシャス諸島に追放しようとした。そして、十一月二十日にイギリス政府は難民の追放政策を実施することを公に宣言したのである。これに対し、パトリア号の追放阻止のために、ユダヤ機関の承認のもとに、パレスチナ・ユダヤ人の軍事組織であるハガナ（Haganah）が船に爆薬をしかけた。ところが、船が予想以上に老朽化していたため沈没し多数の死傷者をだしてしまったのである。イギリス政府はこの生存者に対してはパレスチナにとどまることを認めたが、十一月二十四日に到着した別の難民船であるアトランティック号については、宣言通りモーリシャス諸島へ追放した（Gal [1991], *op. cit.*, p. 137）。これら一連の出来事は、イギリス政府がユダヤ移民に対して厳格な立場を採用したことを意味しており、移民確保のために「ユダヤ人国家」を建設する必要性に対するシオニスト指導部の認識をいよいよ強めたといえる。

（20）彼が最初にそうした主張を行ったのは、一九四〇年十一月二十六日のハダサー全国評議会の会合でのことだった。彼は、そこにおいて、「第一次世界大戦時には国家を要求することは論理的ではなかった、なぜならパレスチナには十分なユダヤ人が存在しなかったからである」と説明したのち、「単に宣言するだけでは国家を手に入れることはできない」と述べた。そして委任統治は失敗し、回復することはないだろうとしたうえで、ユダヤ人国家の建設にあたってイギリスをあてにすることはできないとの前提に立ち、西パレスチナ〔ヨルダンを除くパレスチナ〕は五〇〇万人のヨーロッパのユダヤ難民を吸収することができると述べ、ヨーロッパのユダヤ難民のために、ユダヤ人国家を自力で建設することを提唱したのである。さらに彼はユダヤ軍創設やアメリカ・ユダヤ人の募兵についても言及したが、ハダサー側はベン・グリオンの示唆に富む演説に感謝の意を示しながらも、彼の主張に対しては留保するという立場をとった（*Ibid.*, pp. 156–157）。また同様に、十二月五日にワイズらZOA指導者たちと会合をもち、ユダヤ軍創設とユダヤ人国家建設に向けた彼の計画を支持するよう主張し、さらにそれに対してアメリカ・ユダヤ大衆を動員するよう説得した。これに対してもシルヴァーらごく一部の参加者のみが賛意を示すにとどまっていた（David Shapiro, *op. cit.*, pp. 75–76）。

　ワイズは「根源的な目的はヒトラーの打倒であり、いかなる形であれこの国においてイギリスの不利になるような感情を喚起し、イギリスの負担を重くするようなことは避けなければならない」と述べるなど、ユダヤ人国家建設要求にも世論動員にも否定的な態度を示した（Gal [1991], *op. cit.*, p. 150）。

（21）*Ibid.*, p. 171.

（22）*Ibid.*, p. 182.

（23）*Ibid.*, p. 183.

（24）*Ibid.*, pp. 183-184.

（25）この決議採択の背景には、一九四〇年十二月二十九日にルーズヴェルト大統領が、「我々は民主主義の偉大な兵器工場とならねばならない。我々にとって、このことは戦争それ自体と同様に緊急のものである。我々は、我々が現に戦っているときと同じ決意、同じ危機意識、同じ愛国の精神、そして犠牲をもって我々に課された任務にあたらなければならない」と宣言したことがあった（*Ibid.*, p. 167）。こうしたイギリスへの支援を明言する宣言を契機として、それまでのアメリカの孤立主義的傾向は減少したと同時に、反ユダヤ主義も弱まっていった。すなわち、彼が、反ユダヤ政策も含む反民主的なドイツ、イタリアの枢軸国とイギリスを中心とする連合軍の戦争において、民主主義を防衛するために連合国を全面的に支援することを明確にしたことによって、アメリカ国内の反ユダヤ主義者も反民主的勢力として批判、攻撃されることになったのである。

一九四一年一月三日の機関誌『ニュー・パレスチナ』は、国内における反ユダヤ主義の脅威は過去のものとなったと述べる記事を掲載した（*Ibid.*, p. 167）。こうして孤立主義も反ユダヤ主義もベン・グリオン渡米直後よりは弱まっており、シオニストは以前よりもその主張を公にすることが可能な状況となっていたのである。

（26）ZOA National Administrative Council 4/20/1941, Central Zionist Archive（以下、ＣＺＡ）, F38/127.

（27）Berman, *Natizm the Jews and American Zionism, 1933-48*, p. 77.

（28）奈良本 “Preparation for the Biltmore Conference” 六四頁。

（29）ZOA National Administrative Council 6/22/1941, CZA, F38/130.

（30）Abba H. Silver Papers, Menson Files II-5 Minutes of Meetings of the Emergency Committee for Zionist Arffairs, 6/19/1941. 以下ＭＥＣと略記する。この緊急委員会会合の三日後の六月二十二日にＺＯＡ全国統括会議が開かれた際にも、ＺＯＡの指導者の一人であるゾールド（Robert Szold, 1880-1977）は、パレスチナの将来については、世界シオニスト会議で決められるべきことであり、シオニスト指導部との協議を経なくては暫定的な草案も作成することはできないとしたうえで、現時点において妥協の必要はない、シオニストの基本的な目的はユダヤ・パレスチナであり、すべてのパレスチナであるとし、最大限のことを要求すべきであると主張していた（ZOA National Administrative Council 6/22/1941, CZA, F38/130）。

つまり彼は、ZOAがユダヤ人国家の具体的像について検討すべきではなく、現段階においてはスローガンとして最大限の要求を行うべきであるとしたのである。

（31）MEC, 6/19/1941.

（32）ワイズマン、ベン・グリオンをはじめとするシオニスト指導部もアメリカ・シオニスト指導部も、ユダヤ人国家建設という目標を掲げるにあたって、アメリカの非シオニスト団体の支持を必要とし、具体的な交渉を行っていた（Kaufman, *An Ambiguous Partnership*, p. 58; p. 75）。ワイズマンもベン・グリオンも、根本的には「ディアスポラを否定」していた、すなわち究極的には離散するユダヤ人がユダヤ人国家に集結してネーションとなるべきであると考えていたが（*Ibid.*, p. 75）、非シオニストのユダヤ人国家建設に対する支持獲得という政治目的を優先し、彼らのアメリカ国民としての立場に配慮せざるをえなかった。そのため、先にゴールドマンが述べたようなアメリカ・ユダヤ人はアメリカ国民であり続けるという前提を許容せざるをえなかったといえる。一方、ZOAをはじめとするアメリカ・シオニストにとって、この前提はブランダイス以来のアメリカ・シオニスト運動の基本的な原則であり、それは単に非シオニストの支持獲得という政治目的のためだけでなく、自らのアメリカ国民としての立場を維持するためのものでもあった。しかし、アメリカ・シオニストにとって、この前提を明確にすることは、シオニストとして可能な限り回避すべきものでもあったのである。というのも、ディアスポラのユダヤ人はあくまで居住国家の国民であるということをシオニスト運動が明確に規定してしまえば、パレスチナのユダヤ人国家は単なるパレスチナ・ユダヤ人とユダヤ難民のための国家に矮小化され、シオニズムのユダヤ・ナショナリズムとしての理念的側面が希薄化することになるからである。シオニスト指導部は、先の前提をあくまで「暗黙の前提」とし、可能な限り曖昧なままにとどめておく方針を採用していた。

（33）このhomelessという用語を、シオニストは二重の意味で使用しているが、これについては後述する。

（34）44th ZOA Annual National Convention 9/6–9/1941. CZA, F38/334.

（35）彼は「我々は戦後の計画について、アメリカのすべてのシオニスト団体が共通の土台にたち、共通の政策を進めることができるような場を提供するよう尽力してきた。そのような全土で統一された政策を扱う中央組織がなければ、様々なシオニスト団体は脱線し独自の路線をつきすすみ、シオニスト一般会員の間に制御不能な混乱をもたらすだろう」と述べた（*Ibid.*）。

（36）*Ibid.*

(37) Resolution adopted by Political and Public Relation Round Table on Monday Morning, ZOA 44th Convention Printed Material, CZA, F38/319.

(38) 具体的には、(一)緊急委員会も含めた他の組織に参加しているZOAのメンバーは、ZOAの執行委員会によって承認、もしくは任命されなければならない、(二)緊急委員会も含め他の組織に参加しているZOAのすべてのメンバーは、すべての問題に関してZOA執行委員会の指令を受け入れ、責任をもたねばならない、(三)民主的に採択されたこの決議はZOAのすべてのメンバーを拘束する、とする決議だった(*Ibid.*)。

(39) すでに六月二十二日のZOA全国統括会議において、「アメリカ・シオニストが独自にシオニスト運動の諸問題を処理する、しかもそれはZOAに明確な責任を負う緊急委員会が行うべきである」という主張がなされていた。このような立場にたつ論者は、ZOAが緊急委員会の既存のメンバーを任命することも解任することもできず、ZOAに責任を負っていないとして、「もし緊急委員会が我々の反対していることを行うならば、ZOAがそれについてなし得ることは何もない」と述べたのである(ZOA National Administrative Council 6/22/1941, CZA, F38/130)。

(40) この大会において、総裁であったカウフマン(Edmund Kaufmann)は以下のように述べている。「アメリカ市民として次の事実に直面しなければならない。我々はこのアメリカの状況のなかで、シオニスト運動を想定しなければならず、新たな方法、アメリカ的な方法によって成長、拡大しなければならないということである。我々は、我々の方法をアメリカ式に適応させなければ、第二、第三世代にあたるユダヤ人の若者を、運動に参加させることはできないだろう。……アメリカのユダヤ人は、アメリカのシオニズムを生み出す意志と能力を備えていると信じている」(44th ZOA Annual National Convention 9/6-9/1941, CZA, F38/334)

(41) 九月二十八日のZOA全国統括会議において、新たに総裁となったレヴィンサル(Louis Levinthal)は、「我々は、ZOAが可能な限りすべてのコミュニティにおいて、代表する存在となることを欲している」と述べている(ZOA National Administrative Council 9/28/1941, CZA, F38/126)。

(42) ZOA Executive Committee Minutes 9/15/1941, H. Silver Paper II-57.

(43) Cohen [1978], *op. cit.*, pp. 116-117.

(44) Yaacov Shavit, *Jabotinsky and the Revisionist Movement 1925-48*, London, Frank Cass, 1988, pp. 325-349. こうした修正主義派は、一九三五年には世界シオニスト機構とは別個の新シオニスト機構(New Zionist Organization)を設立し、世界シオニスト機

構の権威に対し公然と対抗するようになっていた。イルグンは、ベギン（Menachem Begin）が率いる組織で、ジャボティンスキー思想の正統の体現者であると自任していたが、イギリスに対する武力闘争を主張し、実行するなどジャボティンスキーの見解とは対立する独自の軍事的活動を行った（*Ibid.*, pp. 236-238）。

（45）*Ibid.*, p. 117.

（46）しかし、これらの青年たちは戦時中イルグンから切り離されており、彼らのアメリカでの活動はイルグン指導部の指令に基づいたものではなく、独断で行っていたものだとされる。

（47）十一月十九日の会合においてこの問題について議論がなされた。そこでは、ユダヤ軍委員会が多くの著名人を抱えていることが伝えられるとともに、緊急委員会の取るべき態度として、公に対抗する、一定の条件のもとで提携する、当面無視するという三つの選択肢が提示され、早急に決定を行うべきであるとの主張がなされた（MEC 11/19/1941）。

（48）ユダヤ軍委員会がイルグンと密接に関係していることを報告するとともに、世論がユダヤ軍問題に関して混乱しているため、緊急委員会とユダヤ軍委員会との間に何らかの共通の基盤を見出すべきであると主張した。彼は、その際の前提条件は、（一）ユダヤ軍委員会はすべての政治的活動に関して、ユダヤ機関とアメリカの緊急委員会の権威を尊重すべきこと、（二）ユダヤ軍委員会の議長とそのメンバーに緊急委員会のメンバーが加わること、（三）ユダヤ軍委員会の事務局に緊急委員会のメンバーが参加することであり、すでにその旨をバーグソンに伝えたことを述べた。さらにゴールドマンは、ユダヤ軍委員会の人々と諸問題に関する議論がなされない限り行動を起こすべきでないと主張し、もしユダヤ軍委員会がユダヤ機関の権威を認めることを拒絶するのであれば、ユダヤ軍委員会を後援する人々に緊急委員会の立場を説明し、彼らとの関係を切るよう要請することができると付け加えた（MEC 12/4/1941）。

（49）*Ibid.*

（50）メドフはアメリカ・シオニスト指導者のユダヤ軍委員会に対する立場について以下のように述べている。「彼らの辛辣な非難は、真理の核心を含んでいるように見える。世界シオニスト機構総裁ワイズマンは、起こりうるナチスの侵攻に対しパレスチナを防衛するためにユダヤ人武装部隊の動員を要求していたが、修正主義派は中東だけでなくヨーロッパでも戦う完全に自律的なユダヤ軍を要求し、派手なラリーや宣伝によって自らの立場を劇的に演出することによって、この問題の主導権を掌握した。」「ワイズと彼の同僚のさらなる関心は、国際的なユダヤ軍の創設がユダヤ人に対してユダヤ軍に忠誠を誓うのか合衆国軍に忠誠を誓うのかという問題を惹起するということであった。一九三〇年代のアメリカ・ユダヤ人コミュニティに対する『戦争挑発人』という反ユダヤ主義的な非難の増大は、ユダヤ人指導者を危機に陥れた。ワイズが総裁を務めていたアメリカ・ユダヤ人議会の機関誌である『コングレス・ウィークリー』は、ユダヤ軍がアメリカのユダヤ市民によっても構成されることを意図していると非ユダヤ人がみなし、ユダヤ人が自らの国家に不忠誠であるという問題を浮上させることに、懸念を示した。『ニュー・パレスチナ』も同様にアメリカ・ユダヤ人がユダヤ軍に参加することを示唆するものは何であれ、アメリカ・ユダヤ人の立場に災いをもたらすとして恐れた」(Medoff, *Militant Zionism in America*, 2002, p. 61)。

(51) Michael J. Cohen (ed.), *The Rise of Israel 31: The Zionist Program 1940-1947*, New York & London, Garland Publishing, 1987, pp. 13-39.

(52) *Ibid.*, pp. 13-39.

(53) 彼が属すユダヤ人国家党(The Jewish State Party)は、修正主義派政党のゾハル(Ha-Zohar)執行部のうちジャボティンスキーの独裁体制に反発する人々が、一九三三年に独立した政党として設立したものである。この政党は「穏健右翼(The Moderate Right)」として世界シオニスト機構にとどまっていたため、グロスマンはオブザーバーの立場で緊急委員会に参加することができた。一九三三年から四六年まで存在したこの政党の影響力は限定的なものであり、一九四六年にゾハルが世界シオニスト機構への復帰を七〇パーセントの賛成で決定したのち、最終的にはこの両者は連合ゾハル同盟(United Ha-Zohal Alliance)として再統合された。そしてグロスマンはこの再統合を推進した人物の一人であった(Shavit, *op. cit.*, p. 69; p. 72; Doreen Bierbrier, "The American Zionist Emergency Council: An Analysis of Pressure Group", *American Jewish Quatery*, vol. 60-1, Sept. 1970, Waltham, p. 83)。ユダヤ軍をパレスチナに限定することへの反対や「アメリカ・ユダヤ人への募兵」の要求は、「穏健右翼」としての彼の立場を表すものであったといえよう。

(54) MEC 12/16/1941.

(55) それは、彼の十六日の会合での発言に示されている。「パレスチナにユダヤ人の戦争遂行を限定することは、世界シオニスト機構もしくはユダヤ機関の計画ではないが、確かにパレスチナが優先されるべきである。さらに、海外で募兵を行うよりもパレスチナでユダヤ軍を創設する方がより可能性は高いだろう。(世界シオニスト運動の)執行部は、それを構成している諸連盟から政策に関する指示を受け入れる義務はない。しかしアメリカに関する限り、ユダヤ機関はアメリカ・ユダヤ人の全面的な支持を得ていない問題に関して、政府と交渉することは賢明でないと判断するだろう」(*Ibid.*)。

(56) MEC 12/23/1941; MEC 1/8/1942; MEC 1/14/1942; MEC 1/15/1942.

（57）MEC 1/14/1942.
（58）MEC 1/15/1942.
（59）ＺＯＡ指導者の一人は以下のように述べている。「ユダヤ軍委員会は、ピエール・ヴァン・パッセン〔Pierre van Paassen, 1895 -1968: 非ユダヤ人の親シオニストのジャーナリスト〕という我々の目的に対する勇敢な闘志をもつ議長のもと、イルグンの公的な委員会ではなく、イルグンに参加している諸個人によって構成されている集団のイニシアティブに基づいて組織されている。あなた方もご存じのように、イルグンは修正主義派の過激派であり、数年前に世界シオニスト機構から脱退している。ユダヤ軍委員会のスポンサーの多くは非シオニスト、非ユダヤ人であり、彼らはユダヤ軍創設への要求に共感を抱き、その共感の印として自らの名前を貸す意志をもつ一方で、ユダヤ機関が戦争勃発以降この問題〔ユダヤ軍創設問題〕に関わってきたことに恐らく気づいていない。この数週間、緊急委員会とユダヤ軍委員会はそれぞれの代表を通じて、ユダヤ軍のための共同の、もしくは調整された努力の可能性を探ってきた。これらの交渉が完全に破綻したわけではないが、深刻な問題が持ち上がっており、政策、組織、方法に関する困難が乗り越えられるかどうかは決して明らかではない。シオニストは、シオニスト運動の死活的利益と大義そのものが保護されない限り、ユダヤ軍やその他のシオニストの重要な目的のためのいかなる努力にも加担することはできない。言及したような困難が解決されたとしても、我々がこの努力のためのプロパガンダの遂行に公的な資金を調達することを承認するかどうかわからない。ＺＯＡと他のシオニスト団体の態度に関する最終的な決定はもう間もなく下されるだろう。そのような決定が下されるまで、慎重な態度が必要とされる。この問題が明らかとなるまで、ＺＯＡの会員がユダヤ軍委員会に対して資金を提供したり、忠実に支持したりすることは望ましいことのようには思われない」(ZOA Executive Committee Minutes 1/15/1942, Silver Paper II-109)。
（60）先の一月十五日の執行委員会において、ポアレ・シオンの代表は、緊急委員会からのポアレ・シオンの脱退を意味したとしても、ユダヤ軍委員会との提携に反対すると述べた。またハダサーの代表は、ユダヤ軍委員会との合意には強く反対するが、ＺＯＡの単独交渉にもポアレ・シオンの脅迫めいた態度にも反対であると主張した。結局、この会合では、ユダヤ軍委員会それ自体に対する対応に関する最終的な結論はでず、修正主義派を世界シオニスト機構に復帰させることを各シオニスト団体が検討するということに合意したのみであった（MEC 1/15/1942)。
（61）MEC 1/22/1942. これは、ユダヤ軍委員会が緊急委員会に権限と指揮権を寄託するという条件を受け入れない限り議論を中止するという内容の書簡を緊急委員会がユダヤ軍委員会に送ったところ、ユダヤ軍委員会はその条件を受け入れるのでも拒絶するのでもなく、ユダヤ軍委員会の執行機関の半数を緊急委員会が保持し、議長は双方の合意に基づいて選出するという提案を逆に行ったためであった（ZOA Executive Committee Minutes, 2/17/1942, Silver Papers II–109）。

（62）MEC 1/23/1942.

（63）レヴィンサルはパレスチナにおけるユダヤ軍創設はイギリスと連合国の大義を強めるとしたうえで、「ナショナル・ホームとしてパレスチナを建設することを要求し、ナショナル・ホームを基礎としてユダヤ軍を主張するにあたって、我々シオニストは、戦後の新たな世界においてユダヤ人が他の宗教的民族的マイノリティとともに、すべての国において他の市民と同様の完全な権利を享受し、平和かつ幸福に生活できるようになることを要求することを示すべきである」と述べていた。さらに、「パレスチナはすべてのユダヤ人の郷土となるべきではなく、パレスチナを自らの居住地と定めるユダヤ人のための郷土であり、すべての地においてユダヤ人の平等な権利が保障されなければならないことは当然であり、ユダヤ・コモンウェルスとしてパレスチナを再建することが他の地におけるユダヤ人の平等な権利を阻害すると仮定することは馬鹿げている」と付け加えていた。また、シルヴァーは、パレスチナに自らの資源が費やされることへの嫌悪がアメリカ・ユダヤ人の間に存在していることに対し、「それこそがアメリカの政策に反するものである、なぜならパレスチナへの支援は共通の敵に対する共通の闘争に対する支援である。さらに、アメリカとパレスチナは同じ前線にあり、パレスチナへのすべての資金は民主主義の防衛のためである」と強調していた。そして、彼は「アメリカ・ユダヤ人は星条旗のもとで戦う。それが彼の旗だからである。ゆえにパレスチナのユダヤ人はダビデの星のもとで戦うべきなのである」と述べていたのである（*The New Palestine*, 1/23/1942）。

（64）MEC 2/6/1942. こうした非シオニストとの交渉についてはベン・グリオンも賛同していた。二月十二日の緊急委員会執行委員会では、ベン・グリオンが「ＡＪＣと戦後の目的に関して協調することが最重要である」と述べ、シオニスト指導部が非シオニストとの交渉を全面的に支持していることを示した（MEC 2/12/1942）。

（65）MEC 2/19/1942.

（66）そこにおいて、「なぜユダヤ軍委員会と協力しないのか」という質問に対し、ＺＯＡ執行部を代表してニューマンが、「ユダヤ軍委員会は疑いなく修正主義派の前衛組織である。……あなた方もご存じのように我々とユダヤ軍委員会との衝突を回避するための試みがなされたが、それは失敗に終わった。いまではユダヤ軍委員会は前と同じように、すなわち完全に好き勝手に振る舞っている」と答えた。一月十五日にＺＯＡ執行部が各地方支部に送ったユダヤ軍委員会に関する曖昧な文面に比べ、ユダヤ軍委員会を明確に修正主義派と位置づけ、それに対して対抗する姿勢を明確にしたのである。さらに、「ユダヤ軍に関するすべての事業はユダヤ軍委員会によって行われている、我々は泥沼にはまり込んでいてそれを行うことができない、彼らは果敢で勇敢な人々であるが我々は軟弱である、その軟弱さは我々の政策に特有のものである、といった印象がある。まず緊急委員会によって行われていることを明確に示す世論状況を創出する必要があり、ユダヤ軍委員会にユダヤ軍創設に関する混乱の責任があることを明確に示すことを望む」という主張や「ユダヤ軍委員会が修正主義派の直接的な管轄下にあると認識している人は少ない」という意見がだされた。これに対しレヴィンサルは、ユダヤ軍委員会の執行部の九〇パーセントは修正主義派であることを強調するとともに、ユダヤ軍委員会が世界シオニスト指導部の意向に反するプロパガンダを行っていることを付け加えた。さらに、ニューマンは、戦争勃発以降ユダヤ軍創設に向けて真の努力を行ってきたのはワイズマン、ベン・グリオンをはじめとするシオニスト指導部であることを強調し、修正主義派のプロパガンダはユダヤ軍をもたらすものではなく、あくまで公的なシオニスト団体によってのみユダヤ軍創設は可能であると主張した。そしてユダヤ軍委員会は、とりわけＺＯＡに害をなすこと、すなわちユダヤ軍委員会の活動によって、ユダヤ軍創設に関するＺＯＡ指導部の対応を不満とするＺＯＡ一般会員が、ＺＯＡを脱退してユダヤ軍委員会に参加する危険性が存在することを強調した（ZOA National Administrative Council, CZA, F38/129）。

（67）*Ibid.*

（68）*The New Palestine*, 3/27/1942.

# 第二章　ビルトモア会議

## 第一節　ビルトモア会議に至る過程

アメリカ・シオニストが会議開催についての議論を開始したのは、四一年六月にワイズマンがアメリカでシオニストの会議の開催を提案したことを契機としており、ＺＯＡもこの問題について四一年九月には検討し始めていた。しかし、この会議開催の計画が具体化するのは、ＺＯＡが自らの組織固有の問題を背景としてワイズマンをアメリカへ招待することを決定した四二年三月のことだった。ＺＯＡは、会議自体は緊急委員会が主催するとしていたが、その一方でワイズマンを主賓としてＺＯＡが単独で主催する晩餐会を開くことで、自らの組織のための資金を調達しようともしていた。ＺＯＡにとって財政問題は恒常的に懸案事項であり、確かにワイズマンの招待にそうした意図があったことは確かであろう。しかし、財政問題は恒常的な問題であり、この時期に唐突にワイズマンを招待しようとしたことの説明としては説得力に欠ける。むしろ、ＺＯＡは、ユダヤ軍委員会と本格的に対抗するにあたって、自ら主催の晩餐会にワイズマンを主賓とすることで、ＺＯＡのシオニスト運動における「正統性」をより明確な形でアピールしようとしたといえる。なおかつ、会議の最後にこの

ZOA単独主催による晩餐会を開催しようとしたことは、ZOAが緊急委員会において、自らの指導権をアピールするためでもあったといえる。(1)

しかし、三月二十三日に開かれた緊急委員会執行委員会のシオニスト会議に向けた下部委員会において、ポアレ・シオンとミズラヒのメンバーが、ZOAの単独での晩餐会の開催に強く反対したことが報告され、さらに会合自体においてもポアレ・シオンの代表者が、「団結の象徴としての会議のために全土から人々は集まってくるのである。会議の一部としてZOAが後援する晩餐会を開催することは団結の精神にそぐわない」として異議を唱えた。(2)

この問題は四月二十二日の緊急委員会執行委員会において再度取り上げられ、開催される予定の特別シオニスト会議の各団体の代表者数との関連で決着することになった。この代表者数は、三月二十二日の執行委員会に提出された原案では、ZOAとハダサーは七五席、ポアレ・シオン四五席、ミズラヒ三五席と組織規模に応じた比例代表的なものとなっていた。(3) これに対し四月二十二日の会合ではポアレ・シオンの代表者によってZOA、ハダサーが各七五席、ポアレ・シオン、ミズラヒが各六〇席という案が提示された。この案をめぐって議論が行われ、そのなかでワイズがZOAを代表して、この会議のための暫定的措置として各団体の代表者数を一律にするという提案を行った。最終的にこの会合は、(一) 会議は、全会一致の場合を除いて主要な政策に関して議決を行わないこと、(二) 会議は、全政党から平等な代表者数という原則で、その数を各政党七五席とすることを決定した。(4) この決定のうえで、会合は、ワイズマンを招待する晩餐会について、ワイズとレヴィンサルにZOAの利益と照らし合わせてこの問題を議論する権限を与えた。結果的にポアレ・シオン、ミズラヒは、議席に関するZOAの妥協に配慮して、反対を引き下げた。しかし、これ以降ZOA単独主催の晩餐会に関してZOA内部で議論された形跡も、実際に開催された形跡もない。この事情は明らかではないが、ZOA内部では晩餐会開催に対してもビルトモア会議の開催に対しても反対の声が存在していたことから、ZOA指導部は結果的にビルトモア会議の開催とシオニストの「団結」を優先し晩餐会の開催を断念したとも考えられる。

一方、当のワイズマンはすでに渡米しており、四月二十九日の緊急委員会執行委員会にも参加した。そこでは、ワイズマンとユダヤ軍委員会との交渉の再開という問題について議論したことが報告され、彼が「ユダヤ軍委員会の影響力は日毎に増大しており、彼らの活動は、我々の友人の心に混乱をもたらしている。原則を犠牲にせずに彼らと理解に達する方法があるのならば、追求すべきである」と述べたことが伝えられた。さらに彼が「緊急委員会の支持が得られるならば、自身がユダヤ軍委員会の指導者と予備的な会談を行う用意がある」と述べたことが報告されたのである。(5) しかし、ユダヤ軍委員会との交渉に対するワイズマンの強い意向が表明されたにも関わらず、この会合はユダヤ軍委員会との交渉は再開しないことを多数をもって可決した。

この会合には、ZOAからレヴィンサル、ワイズらが出席しており、この動議が可決されたことは、ZOAがユダヤ軍委員会との交渉は再開しない立場にあることを示していた。ZOAが、二月にユダヤ軍委員会との交渉を断念して以降、彼らを攻撃する姿勢を明確にしていたことは先に述べた通りであり、交渉再開に対するワイズマンの強い意向に直面しても、そうした姿勢を変更することはなかったのである。

## 第二節　ビルトモア会議（I）——ユダヤ軍・ユダヤ軍委員会

三〇年代後半以降、「ユダヤ難民の救済」ということがシオニスト運動にとって重要な意味を有していたことは先に述べたとおりであるが、[6] 四二年の段階に至ると「ユダヤ難民の救済」は一層切迫した問題となっていた。四一年七月にニューヨークのイーディッシュ語系の新聞は、ナチのソ連侵攻にともない、ミンスクなどの地域でユダヤ人が虐殺されていることを報道し、以降こうしたナチによるユダヤ人の虐殺に関する報道は続いた。ナチによるユダヤ人の迫害が大規模な虐殺へと転化したことが明らかとなっていたのである。四二年に入ってもロシア前線における虐殺に関する報道は続き、同時にスロバキア、ドイツなどからユダヤ人がポーランドへ強制移送されていることも報告されるようになっていた。こうした記事は、イーディッシュ語、英語系双方のユダヤ系新聞で大きく取り上げられていたと同時に、次第に主要なアメリカの新聞においても扱われるようになっていた。[7]

こうした状況のなか、会議開催を間近に控えた四月二十四日、『ニュー・パレスチナ』は会議の位置づけに関して、「制度的な拘束力をもたないこと」や「戦後の講和会議に向けたユダヤ人の『団結』に向けた会議であること」を伝えていた。[8] ビルトモア会議で採択される決議は、参加者から意見を募り議論して決めるものではなく、あらかじめ作成されたものであった。ZOAは、この会議を「諮問的」なものとして設定していたのである。ZOAはユダヤ人をめぐる切迫した状況のなか「パレスチナにおけるユダヤ・コモンウェルス建設」に向けて、アメリカ・シオニストを「団結」に導き、シオニスト運動全体の「団結」をアピールし、それをもってアメリカ・ユダヤ人に広く支持をとりつけるために、会議を決議をめぐって割れることで「団結」を損なう危険性のある決定機関ではなく、象徴的なものにしようとしたのである。

五月九日にニューヨークのビルトモア・ホテルに、全米の各シオニスト団体の代表とワイズマン、ベン・グリオンら世界シオニスト指導部の代表が集結した。こうして開催された特別シオニスト会議（the Extraordinary Zionist Conference: 通称ビルトモア会議）は、三日間に及ぶ日程で、緊急委員会の主催のもと様々な問題について議論を行った。

この会議において強調されたことは、何よりもシオニストの「団結」であった。その際、レヴィンサルは、緊急委員会が各シオニスト間の障壁を低くしたと述べ、リプスキーも、緊急委員会の役割の増大について触れるなど、ＺＯＡ指導者が緊急委員会をアメリカ・シオニストの「団結」の軸として位置づけようとする立場を明らかにした。(9)

こうした「団結」の強調に対し、「団結、団結というが、修正主義派を無視しているのではないか、修正主義派をシオニスト機構に復帰させる試みを行ってきたのか」という疑問がフロアーの方から投げかけられた。これに対し議長を務めていたＺＯＡの指導者は「それはここで答えられる問題ではない」としてとりあわなかった。(10)

しかしこの問題は、シオニスト運動にとって、とりわけアメリカ・シオニスト運動にとってはユダヤ軍委員会との関連と相まって、重要なものだったはずである。実際、四月二十二日にヴァイスガルが提案した会議に向けた提案においては、修正主義派をシオニスト機構に復帰させる可能性について検討することを掲げていた。(11) この問題がビルトモア会議のアジェンダから外された背景には、この問題についてシオニストの一致が得られないだろうという指導部の判断があったと考えられる。ワイズマンはこの問題に積極的であり、シルヴァーやその他ＺＯＡの一部の人間もいまだこの可能性について検討すべきであるとしていたが、ワイズ、レヴィンサルらＺＯＡ指導者やＺＯＡ以外の団体も否定的だったのである。というのも、アメリカにおいては、修正主義派の問題はユダヤ軍委員会への対応の問題と直結しており、修正主義派をシオニスト機構に復帰させる試みは、ユダヤ軍委員会との交渉の再開を意味することとなる。緊急委員会の大勢はユダヤ軍委員会との交渉の再開を望んでおらず、ワイズがこの会議においても「ユダヤ軍委員会のようなシオニスト運動の外にある集団とは関係をもたない」と明言しているように、ＺＯＡ指導部はユダヤ軍委員会を修正主義派という「非正統な」集団の管轄下にあるとして攻撃する方針を継続、強化しようとしていたのである。しかし、修正主義派の復帰に公然と反対することは、ワイズマンらとの相違を浮き彫りにし、シオニストの「団結」という会議の主旨にそぐわない。そこで、議長は、ユダヤ軍委員会というアメリカ固有の問題については、アメリカ・シオニストが自らの立場に基づき対処するが、修正主義派についてはシオニスト運動全体の問題であるため棚上げするという方針を採用した。[12]

こうして修正主義派、ユダヤ軍委員会への対応は曖昧にしつつ、緊急委員会を構成するアメリカ・シオニスト指導部は、アメリカ・シオニストがシオニスト運動において果たす役割の重要性を自覚し、[13] ユダヤ軍創設というシオニスト運動にとって重要な課題に対しても積極的に取り組むという姿勢を明らかにした。また、ZOA指導部にとっても、ユダヤ軍委員会との対抗上、この会議で自らが中心的な役割を果たしている緊急委員会が大々的にユダヤ軍創設をアピールする必要があった。

そのため、ワイズはこの会議において冒頭での演説でユダヤ軍創設を明確に訴えた。しかし、着目すべき点は、彼がユダヤ軍創設を訴えるにあたって、「パレスチナのユダヤ人に自らの手でパレスチナを防衛する権利が認められるべき」とした点であり、一月に緊急委員会において合意されたユダヤ軍案が、パレスチナ以外の地域のユダヤ人もユダヤ軍に含めることを想定していたのに対し、ユダヤ・ナショナリズムの観点からすると理念的には後退したものとなっていた。これは、ZOAをはじめとする緊急委員会を構成する諸団体が、この会議の決議に対しシオニストのみならず非シオニストのユダヤ人の支持も獲得することを目的としていたため、募兵をパレスチナに限定することで非シオニストにより抵抗の少ない形でのユダヤ軍構想を打ち出す必要があったからだといえる。ワイズマンもベン・グリオンも、ワイズらアメリカ・シオニスト指導部のユダヤ軍へのスタンスに、とりたてて異議を唱えることはなかった。

こうしたユダヤ軍に関する会議全体の方向性を、ユダヤ人国家党のグロスマンは真っ向から批判した。彼は「ユダヤ軍問題が単なる外交問題として片づけられてきた。アメリカにおいて、アメリカが中立的な立場だからという理由でユダヤ軍について語ることは禁じられていたが、ユダヤ民族は中立ではない」と述べ、「あなた方が、パレスチナへ行き、そこに立ち、パレスチナを防衛しない限り価値はない」「ユダヤ軍は、世界中のユダヤ人によって構成されなければならない」として、ユダヤ・ネーションの象徴としてのユダヤ軍の性格をあくまで維持すべきであると主張したのである。こうした主張に対し、ZOAの指導者の一人だったナフム・ゴールドマン（Nahum Goldmann, 1895–1982）は、シオニズムはディアスポラのユダヤ人に「政治的ネーションとしてのユダヤ人」の政治的権威への忠誠を求めるものではないとして反論した。(14)

最終的に、ユダヤ軍に関して、この会議は決議の全八項中の第七項において「パレスチナのユダヤ人が戦争遂行と自らの国の防衛に完全な役割を果たす権利が認められるべきであり、それは自らの旗と連合国の最高司令部のもとで戦うユダヤ戦闘部隊の創設を通じて実現されるべきである」と宣言した。(15) この決議は、ユダヤ軍のネーションの象徴としての意味をそぎ落としたものであったといえる。これは、ZOAをはじめとするアメリカ・シオニストの意向を直接反映したものであり、一方シオニスト指導部がアメリカ・ユダヤ人の支持獲得のためにいかに「妥協」したのかということを示すものでもあった。

## 第三節　ビルトモア会議（II）——ユダヤ・コモンウェルス

ZOAをはじめとする緊急委員会のメンバーが、このビルトモア会議の主要な目的をユダヤ・コモンウェルス建設を大々的に掲げることとしていたのは、それまで一年間の経緯からして明らかであった。しかし、このユダヤ・コモンウェルスを掲げるにあたって、会議参加者は二つの大きな課題に直面しなければならなかった。一つは、ユダヤ・コモンウェルスの位置づけの問題であり、もう一つはパレスチナ・アラブ人の問題であった。

この後者の問題について、ベン・グリオンは先手を打つ形でかなり詳細に述べている。まず、彼は「ユダヤ人は自らの手でパレスチナを発展させてきたのであり、ユダヤ移民はアラブ人に犠牲を強いるものではない。ユダヤ人問題と同様な意味でのアラブ人問題は存在しない。なぜなら難民の（homeless）アラブ人はいないし、アラブ移民の問題は存在しない。彼らは、……膨大な土地を所有している」と述べた。さらに彼は「経済分野においてアラブ人とユダヤ人の間に衝突は存在しない」ことを前提としたうえで、「いわゆるアラブ人問題とはパレスチナへのユダヤ移民に対するアラブ人の反対のことである」と述べた。そして彼は二民族国家案を批判して、「アラブ人はそのような平等を認めないだろう。均等に基づく中央政府というのは機能しえないであろう。また仮にそのような案に双方が合意したとしても、ユダヤ人の移民というシオニスト運動にとって死活的な問題を解決することはできない。なぜならユダヤ人の移民にアラブ人の同意が必要ならば、これ以上のユダヤ移民が認められることはないからである」と述べた。そして結論として「ユダヤ人のパレスチナに対する歴史的権利は国際的に承認されている」として、パレスチナにユダヤ人国家を建設する権利の正統性を主張したのである。このようなベン・グリオンの見解、すなわちアラブ人との合意を追求すべきではなく、シオニストはユダヤ人国家の必要性、正統性を主張することに専念すべきであるとする立場が、公然にも暗黙的にもこの会議の多数を占めていた。(16)

しかし、やはりアラブ人との関係の問題を無視して、ユダヤ・コモンウェルス建設を主張することに対する抵抗も存在していた。ハダサーの代表でありユダヤ機関のアラブ－ユダヤ関係を担当していた指導者は、「アメリカのシオニストはこの問題の真の性格を認識していない」として「この問題は避けて通れるものではなく」、「アラブ－ユダヤ関係に関する研究をさらに行い正しい認識を人々に伝えなければならない」が「まだ明確に提示できるだけの計画は完成しておらず、ZOAがこの問題に対してより積極的に取り組むべき」などの主張を行った。また、ポアレ・シオン左派の代表も、シオニストがアラブ人問題を無視していること、それでは民主的世界においてユダヤ人国家に対する支持を得ることはできないことや、パレスチナ・アラブ人の労働者と連帯すべきことを主張した。またローゼンブラットも「パレスチナにおいてアラブ人が多数を占めているという現実をふまえれば、ヨルダン川両岸にユダヤ人国家を建設することを要求することは民主主義のリベラルな哲学を土台にした従来のすべての先例に反するだろう」として連邦パレスチナ国家を提唱した。(17)

こうした主張に対しZOAの代表の一人は、「国際的に承認されたユダヤ人のパレスチナへの権利を維持することが最重要である。我々の目的は正義であり、完全に自由な移民であり、ユダヤ人のホームとしてパレスチナを発展させる完全な自由であり、究極的には自治的なコモンウェルスか主権国家として郷土を発展させることである」とし、「ヘルツルの最も重要な教えは、ユダヤ人問題はユダヤ人のマイノリティの立場の帰結であるということであり、パレスチナはマイノリティの立場からの解放という希望を提供することによって、ユダヤ人問題の解決策とならねばならない。この立場を妥協させてはならない」と反論した。さらにミズラヒの代表も「平和という名目であっても我々の目的を妥協させてはならない」と述べ、ポアレ・シオンの代表も、「私の認識においては、我々の時代にパレスチナ・アラブ人との合意に達する可能性はない。戦後は国際的な措置によってパレスチナで多数派を形成し自らの政治を確立しなければならない」と主張した。(18)

シオニスト運動がユダヤ人国家建設を掲げるにあたり、アラブ－ユダヤ関係の問題にいかに対応していくかは、重要な課題だったといえる。というのも、非シオニストはユダヤ人国家建設を支持するにあたり、アラブ人にいかに対応するのかという問いをシオニスト側に突きつけており、アメリカ国務省もパレスチナの将来構想という点から、二民族国家案を検討していたのである。

それに対して反論した論者は、――そしてこちらが会議の大勢を占めていたが――、事実上パレスチナ・アラブ人問題を棚上げしようとしていたといえる。というのも、シオニスト運動にとって、それを具体的に解決すべき問題として取り上げることは、ユダヤ人のパレスチナに対する「権利」を相対化することとなり、将来の講和会議やその他の場でユダヤ人国家建設の問題が議論された場合に、不利な状況に置かれることとなるからである。さらにつけ加えるならば、ZOAがパレスチナ・アラブ人問題を忌避しようとした背景には、ZOAの最大の目的であるアメリカ・シオニストの「団結」がこの問題によって崩されることを恐れたこともあげられる。この問題は、アメリカ・シオニスト運動内での亀裂や相違を表面化させ、「団結」の旗印としてのこの会議の意義を低下させてしまうことになるのである。そのため、ZOAをはじめシオニストの多くは、パレスチナ・アラブ人問題を捨象したうえでユダヤ・コモンウェルスの正統性、必要性を訴えることのできる論理を展開しようとした。それは、「ユダヤ難民の救済」のためのユダヤ人国家というものであった。

先にも述べたように四二年の段階において、ヨーロッパにおけるユダヤ人の虐殺、追放などのニュースはアメリカにも報道されていた。ワイズは、この会議の冒頭において「パレスチナは大西洋憲章のもとで、一〇年以内に中東欧からの五〇万から一〇〇万の追放された〔ユダヤ人の〕息子や娘たちのホームとなるだろう」と述べ、ユダヤ難民の救済のためのパレスチナ・ユダヤ人国家が必要であり、それが国際的な支持の獲得を可能にするだろうという認識を示していた。(19)

またユダヤ人国家建設を掲げるにあたって、その目的をユダヤ難民の救済とすることは、とりわけアメリカにおいて独自の意味を有していた。非シオニストのアメリカ・ユダヤ人は、一方で困難に直面する同胞ユダヤ人の救済を願いながら、しかしユダヤ人国家建設が掲げられることによって自らがアメリカ国民とは別個のネーションの一員であるとみなされ、アメリカ国民としての立場を損なうことを懸念していた。「ユダヤ難民救済のため」

と限定し「ユダヤ・ネーション」にアメリカ・ユダヤ人を含まないユダヤ人国家建設を主張することは、そうしたアメリカ・ユダヤ人のあり方に適合していたのである。

ところが、そうした「ユダヤ難民の救済」を強調することに対する抵抗もまた存在していた。最も根源的な批判を行ったのは、やはりユダヤ人国家党のグロスマンであった。彼は、「ユダヤ人問題の解決は、自らの民族郷土へユダヤ民族が大量に帰還（repatriation）することであるが、シオニスト機構はその役割を果たしていない」とし「我々は、非シオニストを宥めようとして妥協をし、衝突を避けるためにユダヤ人の活動領域の多くで後退した」と主張したのである。[20]

「ユダヤ難民の救済」の強調に対するより一般的な批判は、「シオニズムはユダヤ人がマイノリティの立場から解放されるための運動」であり「もし、シオニズムが偶然何人かのユダヤ人に降りかかった悲劇に対する解答であるならば、それは何の重要性ももたない。シオニズムは、民族（national folk）の信念と伝統に対して解答を与えなければならない」「シオニストの目標は、ユダヤ人の故国においてユダヤ・ネーションを再生させることである」というものであった。[21] すなわち、こうした主張を行った人々は、シオニスト運動は単なる救済活動ではなくユダヤ・ナショナリズム運動であるべきだと主張したのである。[22]

こうした見解は、シオニストであろうとすれば、当然抱くものであり、アメリカ・シオニストも例外ではなかった。アメリカ・シオニストが、他にも同胞ユダヤ人の救済を行うことを目的としている団体があるにも関わらず、あえてシオニスト団体に参加しているのは、シオニスト運動に同胞ユダヤ人の救済以外の積極的な意義を見いだしていたからこそだといえる。その意義とは、個々の難民ではなくユダヤ民族全体の救済であり、ユダヤ人が「ユダヤ民族」として認められることであり、またそれによってユダヤ人としての自尊心を取り戻すことであり、さらにブランダイスの論理からすればアメリカ・ユダヤ人がアメリカ社会で「ユダヤ人」という集団として認められることであった。そのためには、自らがユダヤ人国家の一員としてのユダヤ・ネーションには含まれない前提ではあるが、「ユダヤ民族」という集団性を前提、かつ保障しなければならなかったのである。

つまり、ZOA指導部を中心とするアメリカ・シオニスト指導部、そしてアメリカ・ユダヤ人を政治的に動員しようとしていたシオニスト指導部は、アメリカ・ユダヤ人を動員するためには「ユダヤ難民の救済」を強調しなければならないが、過度にそれを強調することはアメリカ・シオニストがシオニスト運動に見出していた意義を喪失させ、さらにはそのことによりアメリカ・シオニストの「団結」がはかれなくなるという矛盾に直面していたのである。難民の強調が、シオニスト運動のユダヤ・ナショナリズムとしての側面を大きく阻害する点こそは、運動が抱えた矛盾そのものだったのである。

このような矛盾を抱えたうえでのビルトモア会議は、以下のような決議によりその矛盾の克服をはかった。

その第一項は、アメリカ・ユダヤ人がアメリカの戦争遂行に全面的に協力すべきことが謳われ、アメリカ国民としての義務を確認している。(23) そのうえで、第四番目のイシューブの発展についての項では、「我々の世代、とりわけこの二〇年の間に、ユダヤ民族(people)は、自らの故国を覚醒させ、変化させてきた」、また次のアラブ人との関係に関する項では、「ユダヤ民族は、自らの民族としての救済(national redemption)の事業において、アラブの人々とアラブ諸国の経済的、農業的、民族的発展を歓迎する」として、シオニスト運動が単なる救済運動ではなく、ユダヤ・ナショナリズム運動であることを明確に示すような用語を使用している。(24) そして、ユダヤ人国家については、全八項中第八項で「ユダヤ人の難民/故国喪失状態(homeless)状態が解決されない限り、世界は平和と正義と平等に基づいて形成されえない」として、アメリカが提唱する大西洋憲章に基づく世界秩序とユダヤ人の難民/故国喪失状態とを関連させたうえで、「パレスチナは、新たな民主的世界構造に組み入れられたユダヤ・コモンウェルスとして建設される。その時、そしてその時にのみ、ユダヤ民族に対する長年の不正が正

されるであろう」と掲げていたのである。(25)

homelessとは、「家を失った」＝「難民」と解釈できるわけだが、三〇年代末以降のユダヤ難民問題とこの時期におけるヨーロッパ・ユダヤ人の窮状を前にして、この「難民救済のためのユダヤ・コモンウェルス」は、アメリカ・ユダヤ人の心情に広く深く訴えかけるものであった。同時に、この「難民」という解釈をとれば、居住国も居住する家も有しているアメリカ・ユダヤ人は、この「難民のユダヤ人」に該当しないこととなり、アメリカ・ユダヤ人は将来のユダヤ人国家のネーションになることはないという前提を確認することができる。この文言によりアメリカ・シオニストは、自らのアメリカ・ネーションとしてのアイデンティティや立場を守り、かつアメリカ・ユダヤ社会全体からビルトモア会議の宣言に対する広範な支持獲得を目指したのである。他方、homelessとは「故国喪失状態」とも解釈することができ、二〇〇〇年来故国をもたないユダヤ民族全体を含意することによって、ユダヤ・ナショナリズムとしての側面を辛うじて維持しうる用語でもあった。

この会議の意義を再度まとめるならば、第一点目として、緊急委員会がアメリカ・シオニスト運動において中心的な役割を果たすべきであるということが、アメリカ・シオニストの間で確認されたということがあげられる。第二点目として、この会議の決議がアメリカ・シオニスト、シオニスト指導部によって承認されたことにより、アメリカ・シオニスト運動のあり方が確認され、強化されたということである。つまり、アメリカ・ユダヤ人は、アメリカ国民としての立場を維持しつつもユダヤ・ユダヤ人国家を支持・支援することができるし、そうすべきであることが正式に確認されたのである。これらのことは、アメリカ・シオニスト運動が、独自にユダヤ人国家の建設に向けて、積極的かつ有効に展開していくベースとなったといえよう。しかし、グロスマンの批判にみられるように、これはユダヤ・ナショナリズム運動としてのシオニスト運動にとっては、理念的な「妥協」であった。そして、シオニスト指導部がこうした「妥協」を承認したことは、ここでこの時点における「ユダヤ・ネーション」の内実、すなわちアメリカ・ユダヤ人をユダヤ人国家構成員からは外す「ユダヤ・ネーション」という概念が確定したことを意味していたといえる。

会議後の五月十五日の『ニュー・パレスチナ』は、当然のように会議に関する記事で埋まっていた。とりわけ目を引くのが、シオニストの「団結」の強調であった。まさに「団結の必要」というタイトルの記事は、団結のためには緊急委員会に権威が必要なこと、緊急委員会に運動の政治的な目的を実現するための積極的なキャンペーンを実行する手段を供給する必要があることを提唱していた。これは、ビルトモア会議を経て、ZOAが緊急委員会を軸にアメリカ・シオニストの「団結」をはかるという方針を確認、強化する姿勢を示していた。もう一つ顕著なことは、非シオニスト、さらに反シオニストをシオニストへと転向させる可能性と、転向させる努力の必要が、これまで以上に主張されていたことであった。[26] これは、ZOA、緊急委員会が、ビルトモア会議の決議に対する広範なアメリカ・ユダヤ人の支持を獲得し、アメリカ・シオニスト運動がアメリカ・ユダヤ社会全体を「代表」していると主張しうるだけの勢力となることを本格的に目指すようになったことを示唆しているといえる。

この段階では、ZOAにとって、ビルトモア会議の決議は、シオニストの具体的な政策綱領というよりもアメリカ・シオニスト、さらにはアメリカ・ユダヤ人全体が団結する旗印となるスローガンとしての意味合いの方が強かったといえる。そのため、論争的な部分は排除するか、もしくは曖昧にしていたのである。その部分とは、具体的にいえば、アラブ人との関係の問題とユダヤ・コモンウェルスの領域の問題であった。領域に関しては、パレスチナはユダヤ・コモンウェルスとして建設されるべきであるとしており、これはパレスチナ全土を指すと一般的には解されていたが、必ずしも実現可能なもしくは実現すべき絶対的な目標として設定されていたわけではなかった。

また、アラブ人との関係については決議の第五項で言及しているが、アラブ人との友好関係を築く意志と願望を表明しているのみで、ユダヤ・コモンウェルスを建設する際に本来的には極めて深刻な意味を有していたパレスチナ・アラブ人への具体的対応という問題は棚上げされていた。つまり、「難民／故国喪失状態のユダヤ人のためにユダヤ・コモンウェルスを建設する」というアジェンダが形成されていくなかで、ユダヤ・コモンウェルスの正統性の維持という観点からも、アメリカ・シオニスト運動の「団結」というビルトモア会議の目的からしても、アメリカ・シオニスト運動のアリーナにおいて、パレスチナ・アラブ人に関連する議論が従来以上に排除されていくような権力の布置が形成されつつあったのである。

そして、実際にビルトモア会議がパレスチナ・アラブ人問題を棚上げしたことが、その後ZOA、緊急委員会に新たな問題を突きつけることになるのである。

## 第四節　イフードの結成とビルトモア決議の「綱領化」

一九四二年八月十一日、パレスチナにおいてイフード（Ichud: Uion の意）が結成された。このイフードは、パレスチナ・アラブ人との共存をはかる二民族国家を主張し、ヘブライ大学学長のマグネスやハダサーの設立者・指導者であったヘンリエッタ・ゾールドが、ハショメル・ハツァイル（Hshomer Haztzair: 青年警備員）[27]やブリット・シャローム[28]という労働シオニスト系団体左派の活動に参加したことによって成立したものであった。[29] 彼らは、ビルトモア会議と決議によって、シオニスト運動がパレスチナ・アラブ人問題を捨象したままユダヤ・コモンウェルス建設に突き進んでいくことを恐れ、二民族国家主義者の組織化をはかったのである。
それまでも二民族国家主義者の存在と主張は、ZOAにとって一つの懸案事項ではあった。前年のZOA大会においても、「二民族国家主義はシオニズムを破壊する」との主張がなされていた。マグネスが『ニューヨーク・タイムズ』のインタビューにおいて「パレスチナは二民族国家となるべき」と主張し、これをめぐって議論がなされたこともあった。マグネスがヘブライ大学の学長であったということ、彼のインタビューが『ニューヨーク・タイムズ』という社会的影響力の強い新聞に掲載されたということは、シオニスト運動に重大かつ深刻な影響を及ぼすものであり、ZOAの政治広報関係の活動に携わっていた人物は「ユダヤ・ナショナリズム運動とユダヤ民族集団によって責任ある地位に就いている人物が、無責任な声明や活動を行うことを阻止する、または少なくとも抑えるべきである」と主張した。これに対し議長は「懲戒的な規定は世界シオニスト機構の規約に従って定められるべきであり、アメリカのシオニストが特定の人物を公に非難することはできない」と述べた。さらに、「ハダサーはマグネスとの関係を断つべきである」との意見も表明されたが、これに対しても議長は「それはハダサーの問題であり、この大会の範疇を超える」として否定的態度を示していた。[30]
ユダヤ人国家建設を掲げようとする四一年のこの時期のシオニスト運動にとって、二民族国家主義者は、シオニストの目標を対外的にも内部的にも混乱させる阻害要因であったことは間違いない。二民族国家主義のシオニスト運動にとっての問題は、それがパレスチナに対するユダヤ人の歴史的権利を相対化してしまうこと、パレスチナ問題の解決という点でイギリスやアメリカの政策決定者の関心が高かったこと、[31]リベラルな人々の支持を得やすかったことにあった。しかし、この段階では、マグネスをはじめとする二民族国家主義者を公に非難し攻撃するほど切迫したものとはなっていなかったといえよう。むしろ、パレスチナの建設とユダヤ文化の復興の象徴であるヘブライ大学の学長を公に批判することへの抵抗の方が、この段階においては強かったといえる。

しかし、ビルトモア会議を経てのイフードの結成は、ＺＯＡにとって前年とは全く異なる意味を有していた。イフード結成から三日後の八月十四日の『ニュー・パレスチナ』は、「シオニズムに対する冷淡さが非ユダヤ人のリベラルだけでなくユダヤ人のリベラルの間でも強まっている」との認識を示したのち、「マグネス教授は二民族国家を提唱しているが、それがユダヤ人の難民／故国喪失状態の解決になるのかという問いには答えていない」としてマグネスを公に批判した。[32] そして、十月四日には、ＺＯＡは正式にマグネスの計画に反対する声明を発表するとともに、ビルトモア会議の決議を再確認する旨を表明したのである。[33]

ＺＯＡにとって、イフードは、ビルトモア決議に対するアンチ・テーゼとしての脅威であったと同時に、アメリカ・シオニストの「団結」を脅かしかねない存在だった。というのも、ハダサー指導部は二民族国家案に共感を示していたうえに、マグネス教授とも深い関わりを維持していたからである。実際、ハダサーのなかの二民族国家提唱者は、九月初頭、緊急委員会に対し、シオニストの政治目標の再検討を提案していた。しかし、彼女たちを除く緊急委員会のメンバーはこの提案を退け、逆に緊急委員会がイフードの政治的立場に反対していること、ビルトモア決議を堅持することを表明するという決定を下した。ハダサーの代表は、ハダサー執行部の指令に従ってその決定に対する支持を差し控えた。[34]

十月九日の『ニュー・パレスチナ』は、パレスチナの世界シオニスト機構の決議・執行機関であった行動委員会（The Action Committee）がイフードと交渉し、「イフードはユダヤ機関執行部の権威に従い、独自の交渉を行うことはない」とする合意に達したことを報道していた。しかしながら、『ニュー・パレスチナ』の記事は、「マグネスの計画はパレスチナにおけるユダヤ人の恒常的なマイノリティとしての立場を承認することを示唆している」と述べ、マグネスに対してさらなる批判を行ったのである。

マグネス、二民族国家主義に対する批判は、十月十四日から開催された、ハダサーとの共同セッションも含む

ZOA第四五回年次大会においても繰り返し行われた。[35] そして、ハダサーとの共同政治セッションは、パレスチナ・アラブ人との友好関係を促進することを謳いながら、「この共同セッションは、一九四二年五月に特別シオニスト会議で採択された政策声明に策定されている基本原則を堅持することを再確認する。これらの基本原則を否定する、イフードや他の団体によって提案されたいかなる計画も、ZOA、ハダサーは受け入れない」と宣言したのである。[36]

ZOAは、イフードの結成によってその「団結」が乱される可能性に対し、ビルトモア会議での宣言を、アメリカ・シオニストの行動を規定する、より拘束力の強いいわば「綱領」とすることで対応しようとした。これにより、ビルトモア会議の決議が、以降のアメリカ・シオニスト運動の規定方針として絶対化され、パレスチナ・アラブ人問題を排除したうえでの「難民/故国喪失状態のユダヤ人のためのユダヤ・コモンウェルス建設」というアジェンダがアメリカ・シオニスト運動のアリーナで確定したといえる。以降、アメリカ・シオニスト運動のアリーナでアラブ人問題について具体的な議論を行うことはいわば「タブー化」されることとなった。[37]

## 註

(1) 三月八日に開かれたZOA全国統括会議において、総裁のレヴィンサルは、ワイズマンをアメリカへ招待するのはそもそもZOAであること、ZOAがワイズマンの訪米に特殊な利益を有していること、しかしZOAが緊急委員会と共同で彼を招待したということ、ZOAが四月にワイズマンを主賓とするレセプションか晩餐会を開きたいという旨を彼に伝えたということ、この件を会議計画に盛り込み、緊急委員会で検討することを提案し、承認された(ZOA National

Administrative Council 3/8/1942, CZA, F38/129)。レヴィンサルは、ワイズマンをアメリカに招待し特別のシオニスト会議を開催するにあたって、この件にＺＯＡは緊急委員会とは別個の関わりと利益を有していることを明らかにしたのである。このＺＯＡに特殊な利益は、同じ日の夕刻に開催された執行委員会で明らかにされた。ＺＯＡの執行委員会は、レヴィンサルに、以下の内容の電報をワイズマンに送る権限を与えたのである。「ワイズマンを主賓とするＺＯＡ主催の晩餐会を開く、それはＺＯＡの負債と広報関係と政治的任務の遂行のための資金調達を目的としている」。また、レヴィンサルは「ワイズマンとベン・グリオンを招待し、すべての政党の代表が集まって、シオニストの指針として将来のシオニストの一般的な政策を公式化するためのアメリカ・シオニスト政治会議を召集するということを、緊急委員会に対し要請する」権限も与えられた（ZOA Executive Committee Minutes 3/8/1942, Silver Paper II-109）。

（2）MEC 3/23/1942.

（3）*Ibid.*

（4）MEC 4/22/1942.

（5）MEC 4/29/1942.

（6）すでに一九三三年のナチ政権成立時の段階で、アメリカ・シオニスト指導部はナチスによる反ユダヤ政策や迫害が、アメリカにおけるシオニスト運動の発展にとって重要な意味を有していると認識していたとされる（Berman, *Natizm the Jews and American Zionism, 1933-48*, pp. 28-29）。

（7）Wyman, *The Abandonment of the Jews*, 1984, p. 20.

（8）「会議は、制度的にいえば拘束力をもたないものであり、その決議は、構成組織や世界シオニスト執行部に受け入れられることが確実なものでしかありえないけれども、会議が採択する政策は強力な道義的強制力を有するだろう。会議は、その決議において、パレスチナの将来やイシューブとアラブ共同体との関係やパレスチナと周辺アラブ諸国との関係、戦中戦後におけるイギリスとの関係や、パレスチナやユダヤ人の将来に関する非シオニストとの協力の可能性、来る勝利ののちの講和会議において団結したユダヤ人の代表としての立場を獲得する方法や他の同様に重要な問題について明らかにしなければならない」（*The New Palestine*, 4/24/1942）。

（9）Extraordinary Zionist Conference: Stenographic Protcol, CZA, Z5/3488.

（10）*Ibid.*

（11）MEC 4/22/1942.

（12）Extraordinary Zionist Conference: Stenographic Protcol, CZA, Z5/3488.

（13）ワイズは、この会議の冒頭の演説で、「この会議は、アメリカがシオニストの活動の舞台の中心となったことの刻印を記すものである」と述べている（*Ibid.*）。

（14）*Ibid.*

（15）*Ibid.*

（16）*Ibid.*

（17）*Ibid.*

（18）*Ibid.*

（19）*Ibid.*

（20）*Ibid.*

（21）*Ibid.*

（22）*Ibid.*

（23）*Ibid.*

（24）*Ibid.*

（25）*Ibid.*

（26）*The New Palestine*, 5/15/1942.

（27）マルクス主義者のシオニスト青年運動として一九一四年に創設された。政治的立場としては、親ソ的であり、二民族国家としてパレスチナを建設することを通じてアラブ人と平和的に協調していくことを主張していた。

（28）ユダヤ－アラブ間の和睦を唱えたユダヤ人協会。

（29）David Shapiro, *From Philanthropy to Activism*, p. 104.

（30）44th ZOA Annual National Convention 9/6-9/1941, CZA, F38/334.

（31）事実、四二年の二月六日に、マグネスの二民族国家案は、「これはシオニストに反対されＡＪＣに支持されている」との註釈付きで、国務省の上層部に回覧されていた（Kaufman, *An Ambiguous Partnership*, p. 83）。

（32） *The New Palestine* 8/14/1942.

（33） ZOA Press Release 10/4/1942, CZA, F38/924.

（34） David Shapiro, *op. cit.*, pp. 104-105.

（35） ZOA 45th Annual Convention 10/14-10/18/1942, CZA, F38/335.

（36） ZOA Printed 45th Convention Printed Material 10/17/1942, CZA, F38/317.

（37） 一九四三年初頭、緊急委員会は、ハダサーと共同でアラブ－ユダヤ関係についての委員会を設立することを決めた。これはビルトモア決議の綱領化によりイフードとハダサーとの関係を切ったものの、潜在的に存在する二民族国家案への共感者に対し一見妥協しながら実際は彼らの行動を制約するためのものであった。というのも、この委員会は、ユダヤ・コモンウェルス内のユダヤ－アラブ関係を研究することを優先的な目的としており、パレスチナに対する双方の「権利」をいかに調整するかという問題を排除するためのものだったのである。その意味で、この委員会はアメリカ・シオニスト運動がパレスチナ・アラブ人のパレスチナに対する「権利」の問題を扱わないという前提を確認するものに過ぎなかった（Medoff, *American Zionist Leaders and the Palestinian Arabs, 1898-1948*, 1991, p. 240）。

# 第三章　一九四三年　アメリカ・ユダヤ人会議
## ――アメリカ・シオニストの「団結」からアメリカ・ユダヤ人の「団結」へ

### 第一節　一九四三年秋のアメリカ・シオニスト運動をめぐる状況

#### ナチスによるユダヤ人大量虐殺

ちょうどビルトモア会議が開催された五月、『ニューヨーク・タイムズ』がバルカン諸国で一〇万人以上のユダヤ人がドイツ歩兵隊によって殺されているという報告を掲載した。この時期、ナチのユダヤ人大量虐殺のニュースは、具体的な数字を伴ってアメリカに入ってくるようになっていたのである。(1)六月二十六日の『ボストン・グローブ』は、アメリカで最初にブンドの報告を掲載し、「ポーランドにおける組織的な虐殺によりこれまでに七〇万人以上が殺害されている」として、(2)ナチのユダヤ人の虐殺が従来的な「ポグロム」の域を超えた、組織的計画に基づくものであることを示唆した。(3)そして、六月二十九日には、世界ユダヤ人会議の代表がロンドンで(4)記者会見を行い、一〇〇万人以上のユダヤ人が殺害されていること、こうした殺害がナチの「〔ユダヤ人〕絶滅計画」に基づくものであることに言及した。[5] 七月に入って『ニューヨーク・タイムズ』は、「ナチはパリにおいてユダヤ人を一斉検挙――おそらく二万人の『異邦人』が東へ送られる」[6]と報じ、また大規模な絶滅を目的とするワルシャワ・ゲットーからの追放のニュースも報じられていた。[7]

こうした状況にあった八月二十八日、世界ユダヤ人会議のジュネーヴ代表であるリーグナー（Gerhard Riegner）の報告がワイズに渡った。それは、ヒトラーがヨーロッパのユダヤ人を組織的に絶滅（annihilate）することを決意し、その目標のためにガスが使用されることを内容としていた。[8] ワイズはルーズヴェルト政権の国務次官補に救済を要請したが、国務次官補はその情報を公表する前に国務省の確認を待つように主張し、ワイズもこの要請に応じた。十月に開催されたZOAの大会において、ワイズをはじめ指導者たちはナチのユダヤ人絶滅計画を示唆する発言を行ったが、聴衆には彼らの発言の明確な意味内容は理解できなかった。[9]

そして、十一月二十四日に国務次官補はワイズを国務省に呼びだし、リーグナーの報告の正しさを認めた。ワイズは記者会見を召集して、ついにリーグナーの報告を公表するに至ったのである。[10] こうしてアメリカにおいてナチによるユダヤ人絶滅計画の試みが公式に知られるようになったのである。

この報告発表ののちの十二月、「パレスチナに関するキリスト教徒会議（The Christian Council on Palestine）」が結成された。このキリスト教徒の組織は、ユダヤ人とパレスチナとの結びつきを強調し、マスコミにも積極的に記事を提供し、シオニスト運動を後押しした。[11] このようにして、アメリカ・シオニスト、ユダヤ人のみならず、アメリカ政治・社会においても、次第にユダヤ人・難民の救済とパレスチナ（・ユダヤ人国家）がリンケージされるような状況が広がりつつあったのである。

## 反対勢力の動向——「ユダヤ教のためのアメリカ会議」と「バーグソン・グループ」

ナチのユダヤ人虐殺報道の本格化を背景に、アメリカ社会全体において、アメリカ・シオニスト運動の掲げるアジェンダを支持する反応がみられるようになったことに危機感を抱く人々も存在した。そうした改革派を中心とする人々が、明確な反シオニスト団体としての「ユダヤ教のためのアメリカ会議（The American Council for Judaism: 以下ACJ）」を設立したのである。

もともとドイツ系を中心とするユダヤ教改革派の間では、シオニズムに対する警戒感が強く、改革派ラビの団体であるCCARがすでに一八九七年の年次大会で「ユダヤ人国家を建設しようとするいかなる試みにも反対」し「ユダヤ教は政治的なものではなくナショナルなものでもなく、精神的なもの」とする決議（『ピッツバーグ綱領』）を採択していたことは先にも述べた通りである。[12]

シオニスト運動への反対は第一次世界大戦のときに頂点を迎え、当時のCCARの総裁は「アメリカ・ユダヤ人はアメリカ・ネーション の一部」であるとして、「パレスチナがユダヤ人のホームランドとなるべきとする思想」に対して繰り返し反対を表明していた。[13]

しかしバルフォア宣言を経て、一九二〇年代になるとCCARは次第にパレスチナがユダヤ人の文化的宗教的中心になることは支援するという方向に向かった。さらに一九三〇年代には反ユダヤ主義の激化や改革派の指導権を次第にシルヴァーなど東欧系・シオニスト系が掌握していったことを背景に、CCARの反シオニズム的な立場は弱体化していった。[14] 一九三五年の年次大会では、「CCARはシオニズムの問題に対して何らの公的な立場を採らない」という決議が採択され、三七年には一八九七年にシオニスト運動に正式・明確に反対していた『ピッツバーグ綱領』に代えて、新たに『コロンバス綱領』を採択していた。それはイスラエルに関しては

「ユダヤ教はイスラエルをその肉体とする魂である」とし、パレスチナに関しては「我々は抑圧された難民の天国というだけでなく、ユダヤ人の文化的精神的生活の中心としてのユダヤ・ホームランドの建設を支援することが、すべてのユダヤ人の義務であることを確認する」としていた。しかし、この決議の採択はわずか一票差でなされたものであり、それは「改革派ラビの間における根強い反シオニスト感情の存在を示唆していた」とされる。[15]

こうした反シオニスト感情、勢力は、アメリカにおけるシオニスト運動が活発化し、とりわけユダヤ軍創設が提示されるようになるとさらに強まっていった。四二年一月に開催されたCCAR年次大会において、三三名のシオニスト・ラビによってユダヤ軍部隊創設を支持する決議が提出され、六四対三八で採択されたが、二三六名のラビはそれを見越して出席していなかったのである。[16]

一九四二年三月十八日、シオニストの影響力に対抗しリベラルなユダヤ人世論の形成を目指した改革派の雑誌『ジューイッシュ・アドバンス(ユダヤ人の前進)』の編集長であるウォルゼイ(Louis Wolsey, 1877-1953)は、ユダヤ軍決議の結果について検討するため、他の反シオニスト的な改革派ラビと会合を開いた。彼らは「改革派ユダヤ教の活性化の必要」や「ユダヤ・ナショナリズムへの反対」に合意し、さらにアトランティック市で改革派運動内における状況を議論するために会議を開催することにも合意した。四月十五日に会議への招待状が発送されたが、それは「ユダヤ教とユダヤ人が世界の危機的状況のなかで直面している問題を議論するため、非シオニスト改革派ラビのための会議を開催すること」、「ユダヤ教の人種的でナショナリスティックな側面の強調は、いかなる場所におけるユダヤ人に対しても政治的社会的精神的に逆の〔悪い〕影響を与えるものである」としていた。[17]こうした非・反シオニストの動向は、CCARにおけるユダヤ軍決議を経て、ビルトモア会議開催に至るアメリカ・シオニスト運動とそれを取り巻く状況に対する牽制だったといえる。

六月一日に会議が開催され、CCARの前総裁六名を含む三六名のラビが出席した。そこでは、シオニズムに反対するためには組織化が必要であるとして、それを検討するための委員会の創設が承認された。しかし過激派と穏健派との立場や方向性をめぐる齟齬から声明の発表は遅れ、ようやく八月の第二週に『非シオニスト・ラビによる原則に関する声明』として公表された。それは、「戦後のユダヤ人の権利」を強調し、「ユダヤ人の魂にとってのパレスチナの重要性とユダヤ人のネーション性を強調しない、パレスチナにおける経済的文化的精神的努力」への支持を表明したうえで、ユダヤ教の普遍性を強調して政治的シオニズムを拒絶するものだった。[18]十一月二日に、正式な組織創設に向けた計画を検討するためにフィラデルフィアでウォルゼイの主催する集会が開催され、十二月十一日にウォルゼイは「ユダヤ人国家、ユダヤ人の旗、ユダヤ軍に反対」し、「アメリカのユダヤ人大多数の見解を代表」し、「アメリカのユダヤ教における最も大規模な制度にする」ことを謳った、「ユダヤ教のためのアメリカ会議（ＡＣＪ）」の創設を発表した。[19]

こうして四二年末、アメリカ・シオニスト運動指導部はイフードというシオニスト運動内部における反対勢力への対処に加えて、ＡＣＪという運動の外部の明確な反対勢力にも対応しなければならなくなっていた。と同時に、アメリカ・シオニスト運動指導部は、次に述べるバーグソン・グループの活動に対しても、さらなる対応・対抗をしなければならなくなっていた。

バーグソンは、ヨーロッパにおけるユダヤ人大量虐殺という問題が全面的に表面化するようになったこの時期、そのアジェンダを「ユダヤ軍創設」から「ヨーロッパ・ユダヤ人の救済」へとシフトさせた。[20]四二年十一月十七日には、バーグソン・グループはマンハッタン・センターで大衆集会を主催し、三〇〇〇人が集結したうえに、議員からも支持を表明する声明が送られ、ギリシャ、ポーランド、オランダ、ユーゴスラビアなどの大使や代表からもメッセージが寄せられた。そして、この大衆集会は、メディアでも大々的に報道されたのである。[21]アメリカ・シオニスト指導部は、「ユダヤ軍創設」と同様、「ヨーロッパ・ユダヤ人の救済」という問題についても、バーグソン・グループに遅れをとったのである。

このように一九四二年秋、アメリカ・シオニスト運動指導部が自らの管轄外にあって自らの立場に脅威を与える諸勢力と対抗しなければならない状況で、ビルトモア宣言に対する広範な支持を獲得し、アメリカ・ユダヤ人社会を「代表」しうるようになるためには、AJCとの関係をいかなるものにしていくのかが重要なポイントだった。

## アメリカ・ユダヤ人委員会との交渉

AJCの支持の獲得は、アメリカ・シオニスト運動指導部にとってのみならず、ワイズマン、ベン・グリオンら世界シオニスト運動指導部にとっても極めて重要な意味を有していたことはこれまでも述べてきた。[22] ビルトモア会議直後の五月十二日、緊急委員会の会合が開かれ、「〔AJCの〕ヴェルトハイム〔Maurice Wertheim, 1886-1950〕に、『ビルトモア会議の決定はシオニストの綱領を構成する』と伝える書簡を送る」というベン・グリオンの提案を承認して、[23] AJCとの交渉を再度本格化させ、六月五日にはベン・グリオンとヴェルトハイムの間で合意が達成された。その合意内容とは、「委任統治下におけるユダヤ人の権利を守るための統一的に行動し「無制限のユダヤ移民とその定住を通じたバルフォア宣言の実現」を目指し、「パレスチナのユダヤ人が多数を形成した場合には、すべての住民が人種や宗教に関係なく平等な権利を享受する自治的なユダヤ・コモンウェルスを建設」し、「コモンウェルスの建設は他の国家の市民であるユダヤ人の立場を侵害しない」というものだった。[24] ベン・グリオンは、「多数を形成した場合」という留保条件や「自治的なコモンウェルス」といった表現によって、「ユダヤ人国家」を警戒するＡＪＣ側に対し譲歩することで、ＡＪＣとシオニスト運動との共闘を達成し、アメリカ・ユダヤ人の「団結」をはかろうとしたといえる。[25]

このベン・グリオン＝ヴェルトハイムの合意をめぐって、ＡＪＣのパレスチナに関する委員会であるカースティン委員会が議論を行い、その結果ＡＪＣの見解とは「パレスチナ以外でのユダヤ・ナショナリズムは、〔あくまで〕共通の宗教・文化的遺産に基づくもの」とする、政治的なシオニズムを一切否定する一文を挿入することとした。ベン・グリオンもヴェルトハイムもこの措置を拒絶し、この時点でシオニスト運動はＡＪＣとの合意を達成することができなかった。[26] そのような状況のまま、四二年夏にはＡＪＣ内部において反シオニスト勢力が強くなり、シオニストとの合意形成に積極的だったヴェルトハイムは劣勢に陥り、彼とベン・グリオンとの間での合意すら達成できなくなり、最終的に十二月五日にカースティン委員会は、シオニストとの合意に失敗したことを正式に発表した。[27]

しかし、ＡＪＣとの合意達成は失敗したものの、情勢はさらにシオニスト運動のアジェンダ、主張が支持を拡大していくことを促進するものとなっていった。ワイズによるナチスのユダヤ人絶滅政策の発表を契機に、アメリカ議会両議会の議員がシオニスト運動を支持する声明を発表したのである。[28] 十二月十八日の『ニュー・パレスチナ』は、「六二名の上院議員と多くの下院議員がユダヤ・コモンウェルスを支持した」とする記事を掲載していた。と同時に、編集記ではＡＣＪを「裏切り行為」として激しく攻撃する、反・反シオニスト・キャンペーンを開始したのである。これは、「ユダヤ・コモンウェルス建設がユダヤ人の唯一の救済策である」というアジェンダが支持を拡大しているなかで、シオニスト運動に反対する彼らを「臆病」「利己主義」として非難し、孤立させようとするものだったといえる。[29] さらにパレスチナ・アラブ人については、「パレスチナ・アラブ人の人口増大はユダヤ移民のおかげ」であり「パレスチナはアラブ人にとって中心ではなく他にも土地がある」と従来からのシオニスト運動の公式な見解を繰り返し、さらにＺＯＡ総裁レヴィンサルが「アメリカにおけるシオニズムに反対することは、アメリカの民主主義そのものを否定することになる」と述べ、「パレスチナ・アラブ人の存在や権利を無視するシオニズムは民主主義に反する」という反シオニストの主張を牽制していた。[30]

反シオニスト運動を明確に掲げるＡＣＪの存在そのものが、シオニストの目標・政策に向けたアメリカ・ユダヤ人の「団結」の試みを大きく阻害することはもちろんである。さらにシオニスト運動への従来からの批判の一つである「パレスチナ・ユダヤ人国家は民主主義に反する」という彼らの主張は、[31]とりわけアメリカ・シオニスト運動にとってはその「正統」性に関わる重要な問題であった。さらに、パレスチナ・ユダヤ人国家の建設が中東におけるアメリカの権益を損なうことを懸念する国務省にとって、こうした主張はシオニスト運動の影響力の拡大を阻止し、最終的にはアメリカの対パレスチナ関連の政策決定過程におけるシオニスト運動の影響力を減じさせる可能性を有していた。[32]こうしたことから、ナチスによるユダヤ人絶滅政策の公表や議員たちの支持という状況を背景に、アメリカの政治・社会においてシオニスト運動が掲げた「難民／故国喪失状態のユダヤ人のためのユダヤ・コモンウェルス」というアジェンダが説得力を増していた中で、アメリカ・シオニスト指導部はＡＣＪについては徹底的に排除する方針を採用していたといえる。さらに、このような攻撃は直接的にはＡＣＪに向けられていたが、ＡＪＣをはじめシオニスト運動に反対もしくは距離をとろうとしていた非シオニスト勢力に対する「脅し」としての側面も有していたと考えられる。

こうした情勢のなか、十二月二十一日に緊急委員会のメンバーはブネイ・ブリス総裁のモンスキー（Henry Monsky, 1890-1947）[33]の主導でアメリカ・ユダヤ人会議を開催する旨をユダヤ機関に伝えた。これは、モンスキーやシオニストがＡＪＣの不参加や反対を覚悟したうえで、アメリカ・ユダヤ人結集を試みようとしていることを示していた。[34]

こうして、アメリカ・ユダヤ人をシオニスト運動の目標・政策に向けて「団結」させ、シオニスト運動がアメリカ・ユダヤ人社会を「代表」しうるために、アメリカ・ユダヤ人会議開催に向けた動きが稼動することになったのである。

## 第二節　アメリカ・ユダヤ人会議開催に向けて

### アメリカ・ユダヤ人会議の呼びかけと非・反シオニストへの対応

一九四三年一月六日、元来は友愛団体であったブナイ・ブリス総裁モンスキーは、「アメリカのユダヤ人は、戦後の講和会議において全ユダヤ人を代表しなければならない」し、「ヨーロッパのユダヤ人の戦後の再建に向けた、アメリカ・ユダヤ人の統一された計画を作成する必要がある」として、三四のユダヤ系全国組織に対し、三週間以内に開催される予定の予備的な集会への参加を呼びかけた。[35] こうした試みの主導権自体はシオニストが掌握していたが、彼らはアメリカ・ユダヤ人社会全体の統一という観点から、シオニスト系団体ではないブネイ・ブリスが呼びかけるという体裁をとった。[36] 実際に一九四三年一月二十三日から二十四日にかけてピッツバーグに七六名のユダヤ人指導者が集結したが、その大部分はシオニストだったのである。[37]

この集会は、AJCの代表者が参加しないまま、アメリカ・ユダヤ人会議（assembly）の開催を決定した。これには、民主的に選出された五〇〇名の代表が参加することになっており、五〇〇名のうち一二五議席は各全国組織の代表によって構成され、残りの議席は各地方コミュニティの人口比に基づいてコミュニティで選出される代表者によって構成されることになっていた。

こうした動向に対しＡＪＣの一人は、「シオニストは、アメリカ・ユダヤ人委員会指導部との暫定協定達成の失敗に失望し、ユダヤ・コモンウェルスの要求も含むいわゆるビルトモア綱領のシオニストの最大限計画に対する大衆の支持を獲得するために、可能な限り多くのシオニスト的傾向をもつ組織を掌握する決断をした」という現状認識のもと、シオニストとの交渉をＡＪＣの大会後の三十一日以降に行うこと、性急に反応すべきではなくまずはＡＪＣ内部における対応を確定すべきことを主張した。(38)

そして一九四三年一月三十一日に開催されたアメリカ・ユダヤ人委員会第三六回大会では、反シオニストのプロスカー（Joseph M. Proskauer, 1877-1971）が総裁に選出され、「戦後のユダヤ人の回復にあたって、パレスチナのみに期待することはできない」として、「パレスチナの最終的な将来像をあらかじめ示す定式はない」ので「国連のもとでの国際的信託統治が当面は最善の提案」などと、以前に採用していたパレスチナ・ユダヤ・ナショナル・ホームへの共感から後退する決議を採択した。そして採択された声明を土台にしてシオニスト組織との交渉を再開する権限を指導部に付託した。(39)

これらの決定は、アメリカ・ユダヤ人社会においてのみならず、アメリカ政治・社会全体においてもシオニスト運動への共感、支持が広がり、「ユダヤ難民救済のためにパレスチナ・ユダヤ人国家を建設すること」が「自明化」していく傾向に対して、ＡＪＣ内で警戒や不安が高まり、一定の歯止めをかけることを試みようとしたものと捉えられる。しかし、現実のユダヤ難民の救済という点からすればシオニスト運動との協力関係の構築は不可欠であり、またアメリカ・ユダヤ社会全体における自らの影響力の低下、ひいては孤立という問題もあって、ＡＪＣはシオニスト運動との何らかの合意形成を必要としており、交渉再開の余地を残したといえる。

以降モンスキーとＡＪＣ総裁プロスカーとの間で交渉が行なわれたが、ＡＪＣは、アメリカ政府や他の政府との交渉の権限を有す擬似政府的な権威を有すユダヤ人代表機関の設立に反対し、会議の名称を会議（assembly）から協議会（conference）へ変更するよう要求した。交渉は難航し、三月二十六日にプロスカーはモンスキーに対し「ＡＪＣはユダヤ人を〔アメリカ国民とは〕別個の政治的民族集団とするようないかなるプロジェクトにも反対している。アメリカ・ユダヤ人会議という名称にはそのような含意がある」と警告し、三十一日にはＡＪＣは会議に参加しないことを発表した。しかし同時にモンスキーに対し、交渉の余地は残してあることを示唆する書簡を送っていた。アメリカ・ユダヤ人会議開催のための執行委員会においては、ＡＪＣが参加しない場合には撤退するとの意見も含めて、ＡＪＣ参加を求める意見が提出され、四月十七日に名称を「アメリカ・ユダヤ人協議会」へと変更することを決定した。シオニストはＡＪＣ抜きの会議開催を試みていた部分もあったが、最終的にはその参加を促すために、彼らの提示した条件の大部分を受け入れた。(40)

他方、一九四三年一月五日、「ユダヤ教のためのアメリカ会議（ＡＣＪ）」の指導者は、すでにシオニスト勢力が勢いを増していたＣＣＡＲの代表者との間で開かれた会合において、ＣＣＡＲがシオニズムに対して中立であるという内規を採択することを条件に、組織の解体を迫られていた。しかし代表のウォルゼイは解散を拒否し、十八日に開かれた二〇名のラビが集まった会合においても、幾人かの脱退者を出したものの、解散しないことを決定した。そして二月四日にはウォルゼイはＣＣＡＲ総裁に対し、解散しないままＣＣＡＲには留まるつもりであることを伝えた。(41)そうした状況への活路を求めて、ＡＣＪはＡＪＣの新総裁となった、反シオニスト的傾向の強いプロスカーに接触を試みた。(42)しかし、彼は非公式にはＡＣＪへの共感を示したものの、「個人的にも組織としても援助を与えることはできない」と主張し、(43)ＡＣＪは、組織としておおよそ孤立状態に陥っていた。

さらにアメリカ・シオニスト指導部の反・反シオニスト・キャンペーンは、年が明けていよいよ激しさを増した。一月八日の『ニュー・パレスチナ』の編集記は「人間には意見を述べる資格はある。しかし〔彼らが〕アメリカ・ユダヤ人を代表していると述べる時、良心と正義の感覚を持ち合わせている人ならば、彼らの名によってなされようとしていることに対し声を上げ否認すべきである」と主張し、さらに「ユダヤ人が民族であるという思想に対して彼らは反対しているが、彼らはユダヤ人の生においてマイノリティに過ぎない。彼らは時間を戻しユダヤ人を永遠に諸国民の間をさまよう漂流者のままにし、シオンの再生という希望をパレスチナにおいて達成するという偉大な発展を覆そうとしている。彼らは失敗するだろう。彼らは失敗せざるをえない。なぜなら彼らはすべての事実とユダヤ民族のすべての希望と努力に直面しても、逃避しようとしているからである」と非難する記事も掲載されていた(44)。二月五日にも「反シオニストに対する論理的批判」という記事が掲載され(45)、二月十九日の編集記も「反シオニストは恵まれているために民族の精神と魂が理解できない」などと述べていたのである(46)。

このように、アメリカ・シオニスト指導部は、ＡＪＣに対してはかなりの譲歩をしたうえでの共闘を、ＡＣＪについては徹底した攻撃によって孤立させる戦略を採用していた。

## パレスチナ・アラブ人問題の浮上

こうしてナチによるユダヤ人絶滅計画公表後の騒然とした状況のなか、「ユダヤ難民の救済」と「パレスチナ・ユダヤ人国家の建設」のリンケージがアメリカ社会全体において自明性を帯びつつあったわけであるが、それと同時にパレスチナ・アラブ人の問題も取り上げられるようになった。四三年一月に『ネーション』誌は、シオニストの意見を掲載し、それはアメリカの移民制限の解除を求める一方、「実際にはパレスチナへの大規模な移民がユダヤ人問題を解決するだろう」と論じ、「パレスチナはアメリカのユダヤ人の安全も保障する。つまり反ユダヤ主義を刺激するであろう『アメリカが難民を引き受けて救済しなければならない』という圧力を減少させるからである」とも述べたていた。さらに、パレスチナにおけるシオニストの発展は土着のアラブ人にも利益をもたらすと従来のシオニストの公式見解を表明し、ユダヤ人はアラブ人よりパレスチナを必要としているという前提で、一定のパレスチナ・アラブ人の立ち退きを擁護した。(47) 恐らく、ユダヤ難民救済を前提にパレスチナ・アラブ人の「立ち退き」や「移送」はやむなしとする見解が当時の一般的なアメリカ・シオニストの立場であり、シオニストのみならず広くユダヤ社会に、一般社会に共有されつつあったといえる。

こうした情勢のなか、マグネスがビルトモアのラビに宛てた書簡が新聞に掲載された。それは、「ユダヤ・ナショナリズムはヨーロッパのナショナリズムのスタイルのまま、不幸で排他的で矮小でテロリスティックである」とする意見を表明するものだった。これに対し『ニュー・パレスチナ』は「彼はパレスチナにおけるヘブライ大学の創設を可能にする条件を作り出した、まさにその運動を非難し」ており、「もし彼がシオニズムを悪いものだと確信しているのであれば、ZOA執行委員会の助言に従い辞職する以外に選択肢はない」と強い非難を行った。(48)

同時に緊急委員会は、二民族国家案が国務省やリベラルの支持を得ていたことから、それがアジェンダとして浮上することを抑制するために、ハダサーと共同でアラブ－ユダヤ関係についての委員会を設立した。この委員会は、優先事項をユダヤ・コモンウェルス内におけるアラブ－ユダヤ関係とし、そのうえで二民族国家案も検討するとしていたが、実際には緊急委員会指導部は二民族国家案を抑制するために自由な討論と調査を制限していた。(49) 一月二十五日のハダサー全国評議会では、「まずはユダヤ・コモンウェルスの枠内におけるアラブ－ユダヤ関係に専心する」として、二民族国家案を公的に事実上排し、さらにハダサーのアラブ－ユダヤ関係委員会は、パレスチナ・アラブ人のアラブ諸国への再定住についても検討していた。(50) 従来、アメリカ・シオニスト運動内でもとりわけパレスチナ・アラブ人との共存を主張し、二民族国家案を支持する傾向が強かったハダサーがこうした方針を採用したのは、ナチによるユダヤ人絶滅政策への戦慄のなか、ユダヤ人の救済を優先させざるをえないという判断に基づいていたといえる。このようなハダサーの立場は、アメリカ・シオニスト運動というアリーナでパレスチナ・アラブ人との共存を前提とした議論がアジェンダに上る余地が全くなくなっていたことを示していたと同時に、「パレスチナ・アラブ人のパレスチナ以外への再定住はやむなし」とする当時の状況を象徴的に示すものでもあったといえる。

そして三月五日の『ニュー・パレスチナ』は、ユダヤ人問題の論理的な解決として、「世界がユダヤ人のパレスチナに対する自然な結びつきを承認し、そこにおけるユダヤ人国家創設を支援する」ことと同時に「パレスチナのアラブ人はそこにおける民主主義のもとで自由で平等な市民として留まるかもしれないし、彼らの同意のもと近隣アラブ諸国へ移送されるかもしれない」と述べ、明確なユダヤ人国家の要求とともにパレスチナ・アラブ人の移送について明言した。そして「アラブ人が移民を拒絶した場合には、戦後のユダヤ人の移民によりユダヤ人が多数を形成し、国民投票という方法によって〔ユダヤ人〕独自の主権が確立しうるまで、〔パレスチナを〕世界連邦の監督下に置く」と、あくまで主権を保有したユダヤ人国家を建設するというアメリカ・シオニストの方針を提示していたのである。(51) そして、こうしたアメリカ・シオニストの方針は、パレスチナ・アラブ人との「共存」という発想を、全く除外することと表裏をなしていた。

こうした圧倒的な趨勢に最後の抵抗を示すかのように、ローゼンブラッドは「コモンウェルスとは何か」というタイトルのもと、以下のような内容の論説を『ニュー・パレスチナ』に掲載した。それは、「コモンウェルスとはアングロ・サクソンの影響のもと真に社会的に重要な意味を獲得した。それは国家における主権の非生産的な諸権利を強調する代わりに、共通の富を、すべての人々に共通の富を強調するようになったのである」としたうえで、ブランダイスによる『ピッツバーグ綱領』を今日のパレスチナにおけるユダヤ・コモンウェルスの青写真として再提示するものだった。彼は、ユダヤ人が移民の管理権を保持するという前提で「その土地のすべての住民に対する保護、すべての人々の政治的市民的権利の保障」を提唱し、「端的にいえば、『コモンウェルス』という用語は、政治的な民主主義とすべての人々の社会福祉に関する相補的な関心とを必然的に暗示している。こ のことはシオニストの用語法においてとりわけあてはまる。なぜなら歴史的にみてそれはイスラエルの預言者によって定式化された理想と適合しているからである。ゆえに政治的には、ユダヤ・コモンウェルスの枠内において、パレスチナのアラブ人に宗教的諸権利と同様に社会的諸権利が十分に守られることを保障することが疑いもなく重要なことなのである」と論じていた(52)。

ほとんどのシオニストが「コモンウェルス」を単に「国家」という用語を曖昧化するためだけに使用していたのに対し、ローゼンブラットは「コモンウェルス」をすべての住民に富を保障するための政治体制として再解釈し、位置づけ直そうとしたといえる。それは、移民の管理権をユダヤ人が保持することによってパレスチナでユダヤ難民を救済することを可能としたうえで、主権を相対化してパレスチナ・アラブ人の政治的権利を保障し、主権を有すユダヤ人国家を目指した場合における「論理的」「合理的」な解決としてのパレスチナ・アラブ人のパレスチナ以外の地への「再定住」や「移送」を回避しようとするものだったといえる。

しかし事態は、このような彼の試みがもはや全く意味をなさないような状況になっていた。

バミューダ会議

四三年三月に入ると『ニューヨーク・タイムズ』が、「ポーランドの五つの町でユダヤ人が殺害される」「ブルガリアがユダヤ人を追放」「ナチによって送られたフランスのユダヤ人は消息不明」などとヨーロッパにおけるユダヤ人のさらなる窮状を報じていた。(53)

こうした情勢に対し、三月三十一日には、アメリカの主要なユダヤ人団体が結成した「ヨーロッパのユダヤ人のための共同緊急委員会（Joint Emergency Committee for European Jewish Affairs）」がワシントンで大衆集会を行い、「国務省に中立国を通じてドイツに圧力をかけ」させ、「アメリカは移民割り当てを改定」し、「連合国が国家間特別機関を設置し財政支援を行う」ことを要求し、ユダヤ人の救済に向けてアメリカ・ユダヤ人が結集して本格的に政府に対し圧力をかける試みがなされるようになっていた。(54)

こうした状況に対応するために、一九四三年四月十九日、バミューダでアメリカ政府とイギリス政府が戦時難民の問題を議論するための会議を開催した。この会議直前の四月十四日、先の「ヨーロッパのユダヤ人のための共同緊急委員会」は救済計画を提出した。それは、「ヨーロッパのユダヤ人を絶滅から救うために中立国を通じて枢軸国支配下のユダヤ人の脱出許可のための交渉を行う」ことや「連合国が一時的恒久的な避難場所を創設する」ことを要求し、ヨーロッパ・ユダヤ人の救済についての連合国側の対応の遅さ、不十分さを批判し、連合国側の救済に向けた早急な行動を繰り返し強く要請していた。しかし同時に会議自体が米国務省と英外務省によって主として調査的なものと位置づけられていることや、ユダヤ・コミュニティの代表が諮問もされず招待もされていないこと、さらには外からのアクセスが不可能なバミューダという孤立した場所で開催されることへの疑惑などを述べており、英米政府にユダヤ人を救済する意思は実際にはないことをユダヤ人側が認識していたことを示唆していた。[55] そして、この認識はおおよそ正しかったのである。

国務省はアメリカ政府がシオニズムを支持することに関して一貫して反対していた。シオニズムを支持するアメリカ世論の高まりに対して、アラブ諸国は幾度もアメリカ国務省に対し親シオニスト的な政策をとらないよう訴えていた。[56] 一九四三年五月七日に国務長官がルーズヴェルト大統領にある中東駐在の大佐による報告を提出したが、[57] その報告は「連合国は、戦争の終結までパレスチナの基本的状況を変更すると考えられる、いかなる決定もしないことを表明する。この問題が検討される場合にはアラブ人とユダヤ人と十分に協議し、彼らの合意を得るべきである」という内容の宣言を発表すべきと進言していた。[58] ルーズヴェルトはこの進言に従い、サウジアラビアのイブン・サウドに対し、「ユダヤ人とアラブ人とが十分に協議しない限り、パレスチナの基本的状況を変えるようないかなる決定もしない」との言質を与えていた。結局ルーズヴェルトも含めたアメリカ政府はアラブ諸国との関係悪化という危険をおかしてまで、ユダヤ人、シオニストを支援するつもりはなかった。さらにいえば、アメリカ政府は、石油の利権問題やイランやトルコを除いて、中東の問題に高い優先順位をあたえておらず、ヤルタ会談でトルコとイランの将来が議論されるまで中東に関する決定が大統領のレベルまで達することはなかったのである。[59]

そして現実に、バミューダ会議において、アメリカは移民制限を解除することはなく、イギリスは戦時中にアラブ人が反乱を起こすことを恐れて一九三九年白書を厳守する姿勢を崩さなかった。アメリカ政府の代表は、「ヨーロッパのユダヤ人救済の効果的な方法は、早急な連合国の勝利である」と主張して、ユダヤ人救済が戦争努力を阻害するという認識すら示唆した。[60] 実際、会議後に発表されたコミュニケにおいては、まず会議による勧告が（一）連合国の戦争努力を妨げるもしくは遅滞させないか（二）戦争状態において実現可能か、という二つの観点から検証されることとなっていたと述べていた。そして「具体的な勧告の内容は軍事上の観点から機密である」との前提で、難民問題に関する議論の流れのなかで食料や生活用品の輸送などが中心に検討されたとしており、「ユダヤ人の救済」という観点からすれば、何らの具体策も打ち出すことはなかった。[61] 端的にいえば、『ニューヨーク・タイムズ』が評しているように、「ナチによる死の罠にとらわれている五〇〇万人のユダヤ人にとって、バミューダは残酷な徒労だった」のである。[62]

四月二十五日の『ニューヨーク・タイムズ』は、「パレスチナがユダヤ人の主要な希望である」というタイトルのもと、数人の国会議員が早急な行動の必要を訴え、パレスチナが難民救済努力の手段であると強調したことを報じた。[63] こうしたなか、五月二日の「パレスチナのための全国会議（The National Conference for Palestine）」での演説で、シルヴァーは、バミューダ会議と連合国政府を批判し、以下のように述べた。

連合国はヨーロッパの同胞を絶滅から救い出そうとするユダヤ人の努力に協力的ではなかった。彼らは同情を表明するものの、我々に対し我慢することを求めた。最終的に勝利した時すべてのヨーロッパのユダヤ人が死んでいるかもしれないとしても、我々の友人が救済や救助といった何らかの早急で特別な行動に駆り立てられることはないだろう。バミューダ会議は表面的には大衆の人道的な要求に応えるために開催されるとしていたが、その悲劇に適切に対処するために何かを行う意思は一切なかった。[64]

このようにシルヴァーは、連合国には何も期待できないとの見解を表明し、そして「ユダヤ・ナショナル・ホームをもたないことが迫害や殺害をもたらしているというシオニストの信念が正しかったことが証明された」と述べたうえで、すべてのアメリカ・シオニストに「ユダヤ人国家の地位という大義に忠実であり続けるよう」力説した。[65]

バミューダ会議における連合国のユダヤ人救済に対する無策は、結果的に「ユダヤ難民救済のためにはパレスチナ・ユダヤ人国家建設しかない」とするシルヴァーらシオニストの主張の説得力を増大させることとなったといえる。

## アメリカにおける修正主義派の活動

こうした状況のなか、バーグソン・グループをはじめ、ユダヤ人国家党や新アメリカ・シオニスト機構などの修正主義派がユダヤ難民救済に関する活動を一層活発化させていた。彼らが、「ユダヤ軍創設」から「ユダヤ・コモンウェルス建設によるヨーロッパ・ユダヤ人の救済」へアジェンダを変更したことは先述した通りであるが、さらに一九四三年一月には、「追放されたヨーロッパ・ユダヤ人のためのアメリカ再定住委員会」を設立し、パレスチナ・アラブ人のイラクへの再定住などをも主張するようになっていたのである。[66]一九四三年二月十六日には、「人間の大売出し」という見出しの全面広告を『ニューヨーク・タイムズ』に掲載するなど、大々的なプロパガンダ活動を行った。[67]

さらにバミューダ会議後、バーグソン・グループは「バミューダ会議がなすべきはずであった、ヨーロッパ・ユダヤ人の救済ための可能な方策を検討する」会議を開催することを目指した。そのため、彼らは政府高官や議員、大統領夫人のエリノア・ルーズヴェルト（Anna Eleanor Roosevelt, 1884-1962）に接触し会議への参加や協力を求めた。アメリカ・ユダヤ人指導者の介入などもあって、大統領は曖昧な返答を返すのみで、国務次官補ら有力者は参加を拒否した。しかし、財務次官のモーゲンソー（Henry Mogenthau, 1891-1967）や一九四〇年に共和党大統領候補となっていたウィルキー（Wendel Willkie, 1892-1944）らは明確な支持を表明し、エリノア・ルーズヴェルトは会議に参加はしなかったもののメッセージは送った。会議には一五〇〇人もの人々が参加し、救済活動に向けた詳細な勧告を行い、政府に対しユダヤ人救済のための特別な機関の設置を要請した。そして会議は新たな組織「ヨーロッパのユダヤ人のための緊急委員会（Emergency Committee for Save the Jewish People of Europe）」へとそのまま移行し、ユダヤ人救済に向けたロビー活動とプロパガンダ活動を行った。(68)

四三年二月にアメリカ・ユダヤ人会議開催に向けピッツバーグで会合が行われた際に、戦闘的な修正主義グループは招待されることはなく、ワイズをはじめアメリカ・シオニスト指導部は従来と同様、彼等を排除する方針を採用していた。しかし、シルヴァーは修正主義派との親和性が高く非公式には関係を有していた。と同時に、メドフによれば「修正主義派の活動によるヨーロッパ・ユダヤ人やパレスチナへの関心の高まりや戦闘的な雰囲気は、アメリカ・シオニスト運動内でワイズらの穏健なアプローチに対する不満を高め、『ユダヤ人国家』を明確に要求するシルヴァーのより戦闘的なスタイルに対する草の根レベルでの支持を広げさせ(69)」、こうしたことがアメリカ・ユダヤ人会議の帰趨の下地になっていた。

### アメリカ・ユダヤ人会議に向けたシオニストの草稿

アメリカ・ユダヤ人会議開催に先立ち、四月から六月にかけて、ＡＪＣはシオニストに対し、会議での混乱を避けるために、あらかじめ共通の政治的立場に達していることが望ましいと説得を試みた。その際、アメリカ政府が受け入れ難いビルトモア決議には触れず、一九三九年白書への反対を表明するということがＡＪＣの方針だった。[70]

この問題についての緊急委員会の立場は錯綜した。ビルトモア綱領を断固として提示すべきと主張する人々もいれば、相当数の反対意見があったうえでの決議採択は無意味な勝利だと考える人々も存在していたのである。ワイズはこれらの議論で積極的な役割を果たさなかったが、彼の「穏健」な立場はよく知られていた。[71]

こうした状況を反映して、五月になされた会議開催の公式の呼びかけで設定されていたアジェンダは、一つ目は「戦後世界におけるユダヤ人の権利と立場」、二つ目が「パレスチナに関するユダヤ民族の諸権利の履行」となっており、曖昧な表現に留まっていた。[72]

七月に開かれた会合において、緊急委員会は、いわば暫定的な措置として、明確に定義をしないままの形での「シオニスト基本計画」を承認した。同時に、会議開催中にシオニストの代表が集まり、明確なシオニストの立場を提示することとし、アメリカ・シオニスト運動内での意見や立場の調整が困難であったことを窺わせていた。[73]ところで、バミューダ会議においてはパレスチナについて言及されていなかったが、アメリカ政府内では水面下で問題となっていた。中東に滞在していた政府関係者が、「ユダヤ人の極端な主張がアメリカとアラブとの関係を損なっているため大統領は断固としてシオニストに反対する立場を採るべき」との進言や「ユダヤ人過激主義者が抑制されない限りユダヤ人とアラブ人の対決は不可避である」との報告を行っていたのである。大統領は、シオニスト、ユダヤ人の主張や要求を抑制する必要から「戦争終結までパレスチナの基本的条件を変更する決定は行わない」とする見解を発表することを検討し、実際にイギリス政府に打診し、両者は七月二十六日に両政府が同時にそのような声明を発表することに合意した。この宣言についての情報は、七月初頭にシオニスト側に漏れ、彼らは政府関係者に確認を求めたが疑惑がつのるばかりであった。そして、当時ワシントンのイギリス大使館でユダヤ担当として公務を行っていたアイザイヤ・バーリン（Isaiah Berlin, 1909-1997）[74]にも問い合わせ、彼が「大統領を煩わせるだけなので抗議はすべきでない」と答えたことによって、アメリカ・シオニストは宣言の発表が間近であることを確信した。[75]

さらにアメリカ・シオニスト指導者はルーズヴェルト大統領のスピーチ・ライターと接触したが、彼は「シオニストの要求をやわらげること」、「修正主義派の広告をやめさせること」、「国務省と大統領が予定されているアメリカ・ユダヤ人会議の中止を求めていること」を伝えた。

八月十二日にワイズらが会議の中止の要請について緊急委員会の事務局委員会において提起したが、圧倒的多数が拒絶し、さらに政府関係者やメディアにそうした声明への反対を訴えかけることを続けた。結果的に声明は発表されず、シャピロによれば、「この一件はアメリカ・シオニスト指導部が危機に対処しうるだけの有効な機構をもたないことを自覚させた。と同時に、結果的に発表が延期されたことは、政府とメディアにおけるユダヤ人、非ユダヤ人双方の善意に訴えることがアメリカの政策の方向性に影響を与えうること、シルヴァーの主張するような『行動主義的』立場が正しいことを証明し、アメリカ・シオニストは政府との対決を従来ほど恐れなくなった[76]」。

以上のような経過を経て、八月に入ると、シルヴァーを緊急委員会の活動にこれまで以上に直接的に関与させてアメリカ・シオニスト運動の活性化を図る動きが加速化し、八月九日にシルヴァーはワイズとともに緊急委員会の共同議長に指名された。一九四三年八月二十六日、緊急委員会は緊急委員会から「シオニスト緊急会議(The Zionist Emergency Council)」と名称を変更して組織改編を行い、シルヴァーがより指導権を発揮しうる体制を構築した。[77]

そして八月二十八日、シルヴァーの影響のもと、緊急会議はアメリカ・ユダヤ人会議においてシオニストとして提案する以下の草稿を承認した。[78]

我々は、バルフォア宣言とパレスチナ委任統治の実現を要求する。それらの明白かつ根本的な目的は、ユダヤ・コモンウェルスとしてパレスチナを再建することのはずであった。会議はパレスチナの門戸がユダヤ移民に開かれること、ユダヤ機関に移民の統制と管理についての完全な権限が付与されることを要求する。これらの手段は、ユダヤ人がマジョリティを確立し、ユダヤ・コモンウェルスを再建するために本質的に不可欠なものである。(79)

これ以前の八月二十日の『ニュー・パレスチナ』は、「[この会議における]戦後の計画と政治的な議論にユダヤ人の将来がかかっている」として会議に関する論説を掲載していた。そこでは会議のアジェンダは、(一)戦後世界におけるユダヤ人の諸権利と立場と関連する諸問題を検討し、行動を促す、(二)パレスチナと結びついているユダヤ民族の諸権利の実現を目指すためのすべての問題を検討し、行動を促す、(三)世界中のユダヤ人の信頼に値する代表と協力しながら、アメリカ・ユダヤ人会議の計画を実現するための代表組織を選出する、(80)となっており、「ユダヤ・コモンウェルス」については明示的に言及してはいなかった。

これに鑑みれば、八月二十六日の草案の承認は、シルヴァーが緊急会議ひいてはアメリカ・シオニスト運動における指導権を掌握したことを示すものであったと同時に、そのことによってアメリカ・ユダヤ人会議自体とそれ以降おいて「ユダヤ・コモンウェルス建設」がアメリカ・ユダヤ社会、そしてアメリカ社会において「自明」なものとみなされる状況が創出されていくうえで、極めて重要な意味を有していたといえる。

そして、この「ユダヤ・コモンウェルス建設」を明確に掲げる決議が、非シオニストの事前の同意なく、アメリカ・ユダヤ人会議において提示されることになるのである。(81)

# 第三節　アメリカ・ユダヤ人会議開催とその後

## アメリカ・ユダヤ人会議

八月二十九日、アメリカ・ユダヤ人会議が開催された。開会のセッションでは、モンスキーはバルフォア宣言と委任統治の実現を要求し、ワイズは白書の廃止という点に集中した。この会議の最初のセッションは、ユダヤ人の主権を要求しないという暗黙の合意がなされているとの印象を与えるものだったのである。AJCのプロスカーはユダヤ人がネーションの不可分の一部となるに至ったアメリカの自由を賞賛し、ヨーロッパの反ユダヤ主義こそが問題であると語り、団結のために会議は彼の提示する諸原則を破棄するような要求を行わないよう主張した。そのうえでイシューブを賞賛し、大量の移民を支持する一文を加えた。会議の初日はヨーロッパのユダヤ人の救済という問題に議論が終始した。(82)

翌日、本会議におけるシンポジウムにおいてパレスチナの将来について議論された。非シオニストがビルトモア綱領やユダヤ・コモンウェルスについて言及しなかったのに対し、シオニスト側は、まず議長のレヴィンサルがビルトモア綱領の精神に基づく決議の採択を主張するワイズマンの電報を読み上げた。

そして、シルヴァーが、パレスチナにユダヤ・コモンウェルスを建設することを支持すべきであると高らかに要求したのである。彼は、「慈善と静かな外交の壁の陰に隠れている」として非シオニストを批判し、イシューブが重大な危険にさらされていることを指摘した。そして、「ホームランドは、難民のためにシェルターを与えてくれるよう〔英米〕政府に嘆願することによって獲得することはできない。決定的に重要な問題は、パレスチナのユダヤ人ための正常な政治的地位、コモンウェルスであり、それは実際にはユダヤ人国家を意味している。

我々は妥協しない」と強調したのである。さらに非シオニストへの妥協という犠牲を払って「団結」を維持しようとする考え方を拒絶し、決議が多数決によって行われることを要求した。彼は、パレスチナにおけるユダヤ・コモンウェルス建設のためには、AJCとの対決も辞さない構えを明確に打ち出したのである。カウフマンによれば「シルヴァーのカリスマ的な姿は代表者をしびれさせ、彼の言葉は派閥や党派間の垣根を無効にし」、演説の終了とともに代表者は自発的熱狂的に「ハティクバ」(希望の意、のちのイスラエルの国歌となる)を唱和し始めた。(83)

非シオニストの改革派はシオニストに対して非シオニストの感情や原則が尊重されるべきだと主張し、プロスカーは信託統治というAJCの案に対する国務省の支持を持ち出して、国家の地位ということに強く反対した。しかしシルヴァーは他の改革派非シオニストの取り込みに成功して彼らとAJCとの同盟関係を崩し、彼らの意向を汲んで合衆国への忠誠を誓う一文を挿入したうえで、先の草案にいくつかの修正を加え、ユダヤ・コモンウェルスを明確に要求する決議案を提示した。(84)

九月一日、アメリカ・ユダヤ人会議は、シオニストが提示した「パレスチナにユダヤ・コモンウェルスを建設する」ことを掲げる決議を、たった四票の反対票のみの圧倒的多数で採択した。九月二十日の『ニュー・パレスチナ』の編集記は「……シオニストに対する感情の流れは、抵抗できないものであった。シオニストは安定多数をもって、威厳と栄誉を身につけた。……〔演説を行うなどの〕すべての機会が反対派にも与えられたが、彼らは片手で数えられるだけの数へと減少していた」と会議を評し、カウフマンが指摘しているように「アメリカ・ユダヤ人会議はビルトモア綱領を承認した」と理解されていたことを示していた。(85)

## アメリカ・ユダヤ人委員会の孤立

会議後の九月十二日の『ニューヨーク・タイムズ』は、ルーズヴェルト大統領が「アメリカ人は、ユダヤ・ナショナル・ホーム建設支援を継続するだろう」と述べ、シオニスト運動への支持を表明したことを報じ[86]、また十四日には「シオニストが連合国に請願」として「戦後、ユダヤ難民のためにパレスチナにユダヤ・コモンウェルスを建設する」という要求を公式に政府に行ったことも伝えていた[87]。十二月三日にはワイズが下院に対しパレスチナのために行動することを要求したことも報じていた[88]。こうして四三年末には、アメリカ・シオニスト運動は、アメリカ・ユダヤ人社会の「代表」として[89]、「パレスチナにユダヤ・コモンウェルスを建設する」ことを大々的に表明し、政治家や大統領にも影響を与えつつあった。

他方AJCは、その指導者がまず国務省に対し自らは会議の決議に共鳴していないと釈明し、さらには十月四日にはアメリカ・ユダヤ人会議から脱会することを決定した[90]。と同時に、AJCは、それまでのエリート主義的な方針を転換して草の根レベルの支持を集めることを試みた。しかし、ユダヤ人大衆がAJCとその政策を支持していないことが判明するばかりであった。AJCの立場やユダヤ・ナショナル・ホームへの財政的な貢献を主張するために広報活動を行っても、ユダヤ人の世論を変えるほどの影響は与えられなかったのである。アメリカ・ユダヤ人の大勢はアメリカ・ユダヤ人会議のパレスチナ決議を支持しており、AJCの脱退は組織化されたユダヤ・コミュニティへの責任を回避するものだとみなされていた[91]。

AJCの動向を察したシオニスト緊急会議は、すべてのシオニストやAJCと提携している諸団体に対しAJCとの関係を断つよう要求し、ハダサーをはじめ多くの団体がその指示に従った[92]。

十一月十一日の『ニューヨーク・タイムズ』は、ワイズとモンスキーがアメリカ・ユダヤ人委員会を「破壊者」と呼んだことを報じた。[93] さらに、四四年一月には、ZOAがAJCを直接攻撃するキャンペーンを組織化することを決定するなど、[94] アメリカ・シオニスト運動指導部が、AJCのシオニズムに批判的な主張や見解がアメリカ・ユダヤ社会というアリーナにおいてアジェンダとして浮上しえないような状況を創出することを具体的に試みるようになっていた。

こうしてAJCを孤立させつつ、ナチによる組織的なユダヤ人絶滅計画が明らかになり、そして実際の虐殺に関するニュースが断続的に入ってくるなかで、また同時に(パレスチナへのユダヤ移民を制限する)「一九三九年白書」のデッドラインの一九四四年三月三十一日を控えて、アメリカ・シオニスト運動の戦略とキャンペーンは激しさを増し、そして実際の成果をもたらすようになっていった。[95]

一九四四年一月二十七日には二人の下院議員 (James. A. wright; Ranulf Compton) が「アメリカがパレスチナへの自由な移民を支援するために尽力すべき」であり、「パレスチナを民主的なユダヤ・コモンウェルスとして再建設すべき」であるとする案を下院に提出した。二月二日には二人の上院議員 (Robert F. Wagner; Robert A. Taft) が「ヨーロッパにおけるユダヤ人への迫害は、この迫害の結果難民となった数多くのユダヤ人にとってのホームランドの必要性を示している」として、同様の案を上院に提出した。[96]

三月九日には、「パレスチナに関する全国会議」の大会が開催され、全国の八六のコミュニティから一四三名の代表、七〇〇名のワシントンの有力者や政府高官が参加し、クリスチャンの代表者やCIO、AFLなど労働界からの代表も出席していた。[97]

ルーズヴェルト大統領は、国務省と国防省の親シオニスト的な議会決議への反対に同意していたが、他方とりわけ大統領選の年にユダヤ社会の感情を刺激するイシューへの対応を誤ることの危険性を自覚してもいた。そのため彼は三月九日ワイズとシルヴァーの接見を許可した。彼らがアメリカのユダヤ人がパレスチナに関する声明を待ち望んでいることを伝えたのに対し、大統領はユダヤ人の窮状に対する自らの深い共感を示す声明を発表することを彼らに認めたのである。(98) しかし、その声明には「ユダヤ・コモンウェルス」に関する言及はなく、多様な解釈の余地を残す曖昧なものにとどまっていた。(99)

この結果を受け、シオニスト会議は三月二十三日には、さらなる政治活動を行うことを決定し、四月三日には、秋の大統領選を見据えたユダヤ・コモンウェルスに対する政府の支持を獲得するための明確な行動計画を打ち出した。これは「緊急会議の政治的思考において新たな出発を印すことと」なり、(100) 五月には実際にキャンペーンを開始した。先のアメリカ議会におけるパレスチナに関する決議案は、軍関係者や国務省の反対があり棚上げされていたが、(101) アメリカ・シオニスト指導者は、民主党、共和党の選挙綱領に（パレスチナにおけるユダヤ・）コモンウェルス建設に賛同する項目を含ませるためのロビー活動を行った。(102) 結果、まず共和党が先にシオニスト運動への支持を表明し、そして政権党であった民主党も「無制限のユダヤ人の移民と植民のために、パレスチナの門戸が開かれ、その結果そこにおいて自由で民主的なコモンウェルスが設立されることに賛同する」という項目をその綱領に組み入れた。ルーズヴェルト大統領も、個人の資格としてではあるが、ZOAの大会に「パレスチナにおける自由で民主的なユダヤ・コモンウェルスの建設をアメリカ国民は支持するであろう」と述べたメッセージを送った。(103)

選挙も近づいた十月十日、国防次官が議員のタフトに対し「軍事的な情勢が改善しているため、パレスチナについては軍事的な考慮より政治的な考慮を優先すべき」と提案したことによって、再度アメリカ議会においてパレスチナ・ユダヤ・コモンウェルスに関する決議問題が浮上することとなった。今度も大統領や国務省、軍関係者の反対もあって、結局十二月の第二週に議会はこの案についての議決を再度延期することを決めた。(104) この段階では、議会がアメリカ・シオニスト運動の掲げた「パレスチナにユダヤ・コモンウェルスを建設する」というアジェンダを公式に支持するには至らなかったものの、ルーズヴェルト大統領はついに一九四四年十月十五日、パレスチナにおけるユダヤ・コモンウェルス建設を支持することを表明した。[105]

以上のような過程を経て、ついにAJCもルーズヴェルトの再選決定後の十一月六日、「ユダヤ機関の内部においてシオニストと非シオニストの〝共同戦線〟を組む」という政策へ路線を変更することを公表するに至り、[106]このことはアメリカ・シオニスト運動が、この時点においてアメリカ・ユダヤ社会の「代表」としての立場を確固たるものとしたことを意味していた。そして、彼らが提示した「ユダヤ難民のためにパレスチナにユダヤ・コモンウェルスを建設する」というアジェンダが、アメリカ政治・社会全体のアリーナでも「自明性」を帯びる状況が創出されたといえる。

## 小括

第三部については、主眼が「ユダヤ難民救済のためにパレスチナにユダヤ人国家を建設する」というアジェンダをめぐる権力過程を描くことにあったため、内容それ自体を特にまとめる必要はないように思われるが、いくつかの指摘を行っておきたい。

アメリカ・ユダヤ人が最終的にシオニスト運動を支持したのは、絶滅計画に至るユダヤ人に対する凄まじい暴力を前に、連合国のユダヤ人救済に対する無策ということが加わって、シルヴァーらが提示した「ユダヤ難民の救済のためにはユダヤ人国家を建設するしかない」とするアジェンダが圧倒的な説得力と共感を呼んだからだといえる。ヨーロッパに家族、親族、友人を抱えるアメリカ・ユダヤ人が、ナチスによるユダヤ人絶滅の様相を目の当たりにした絶望と狂乱のなかで、主権国家でなくしてはユダヤ人を守ることはできないという認識を共有し、パレスチナ・アラブ人との共存といった発想を排除していくことになっていくのは、避けがたいことだったのかもしれない。しかしこのために、以降「共存」に関する議論がアジェンダから排除され具体的に検討されにくくなり、後述するように戦後イスラエル建国とパレスチナ問題発生まで一定の規定性をもつようになっていた。このような暴力連鎖の絶望的な状況にわずかな救いを見出すとすれば、最後まで共存を目指す具体的な議論を展開したローゼンブラッドの「理性」にあるのかもしれない。彼の「敗北必至の英雄的行為」は、ユダヤ人を絶滅させるための合理的方法を考案していったナチスとも、パレスチナにおける「ユダヤ人国家」と「民主主義」の矛盾をパレスチナ・アラブ人の具体的ライフ（生命／生活／人生）を損なう形で合理的に解決しようとしたブランダイスらとも異なる、より高度な理性と精神性を示しているように思われる。

他方、アメリカ・ユダヤ人のユダヤ人国家への支持は、彼ら自身が、ユダヤ人国家の構成員になることはないとの前提であった。その前提のもと、四〇年代以降のアメリカ・シオニスト指導部は、主には難民を指す「homeless」という用語を使用することで、アメリカ・ユダヤ人の広範な支持獲得を可能とし、同時に自らの「アメリカ国民」としての立場や信条・心情と「シオニスト」としての信条とを調整し、「アメリカ」・シオニズムを貫徹した。

こうしたアメリカ・シオニストのあり方に対し、ベン・グリオンやワイズマンらシオニスト指導部は、ユダヤ人の広範な支持獲得という観点から容認したものの、第一部で扱ったワイズマンのブランダイス批判やベン・グリオンのユダヤ軍に関する議論などを見れば、彼らはアメリカ・シオニストに心情的な違和感や抵抗、反発を抱いていたといえるだろう。アメリカ・シオニストのあり方は「ユダヤ民族＝ユダヤ・ネーション」というユダヤ・ナショナリズムとしてのシオニズムの原理的なイデオロギーそのものを侵食するものでもあったことは否めないのである。ネーション形成の観点からすれば、ベン・グリオンらシオニスト指導部のユダヤ・ネーション形成への願望は、アメリカ・ユダヤ人のスタンスを前に、頓挫を強いられたといえる。このことは、何らかの民族的自覚が国家を伴う政治的共同体としてのネーションへ一直線に連なるものではないことを意味している。ネーション概念を扱うにあたっては、それを所与のものとしてみるのではなく、その形成のプロセスや内実を丁寧に追っていく必要があるといえる。

本論でみたように、居住する国民国家がユダヤ人をネーションの一員として認めている限り、ユダヤ人の多くはそこに留まる傾向が極めて強いということである。その意味でシオニスト運動の成否は、彼らの主体的な戦略や活動と、ヨーロッパ、アメリカの政治・社会情勢や国際情勢双方に依存するものだったことを示しているといえる。

次の終章では、この部で述べてきたように、アメリカというアリーナで「ユダヤ難民救済のためのユダヤ・コモンウェルス」というアジェンダが形成・確定したことを前提として、トルーマン大統領が国際政治のアリーナにこのアジェンダをインプットし、最終的にイスラエル建国とパレスチナ問題発生がもたらされる過程を概観することとする。

## 註

（1）例えば六月一日の『シアトル・タイムズ』「殺害されたユダヤ人の総計は二〇万人」、六月二日のＢＢＣも「ナチがポーランドとバルカン諸国で二〇万人虐殺した」ことを報告した（Wyman, *The Abandonment of the Jews*, 1984, p. 22)。

（2）ブンドとはユダヤ人団体「リトアニア・ポーランド・ロシア・ユダヤ人労働者総同盟」の略称。

（3）Wyman [1984], *op. cit.*, p. 22

（4）世界ユダヤ人会議（The World Jewish Congress）とは、世界に向けてユダヤ人の利害を表明することを目的とした国際的な組織であり、一九三六年にナチの反ユダヤ政策に対してユダヤ人を団結し世界を動員するために設立されたものであった。

（5）Wyman [1984], *op. cit.*, p. 23

（6）*The New York Times*, 7/18/1942.

（7）Monty Noam Penkower, "Ben-Gurion, Silver, and 1941 UPA National Conference", *American Jewish History*, vol. 69, Sep., 1979, p. 360.

（8）「フューラー司令部において、ドイツによって占領もしくは支配されている国々のすべてのユダヤ人を、数にして三五〇万人から四〇〇万人を、東に追放し強制収容したのちヨーロッパにおけるユダヤ人問題を永久に解決するために一挙に絶滅（exterminate）するという計画が議論、検討中であるという憂慮すべき報告を受け取った。実行は秋に計画されていると報告されている。議論されている方法には青酸も含まれている。我々は、情報の正確性を確認できないため、すべての必要な留保のもとに送る。情報提供者は、もっとも地位の高いドイツ当局者と密接な関係をもっており、報告は信頼に足るものであると述べている」。もとの情報提供者は不明でありこの電報には不正確なところがある。例えば、ユダヤ人の大量虐殺は一九四一年六月から実行されており、ガスによる殺害は一九四一年九月から行われている。電報は「将来」の「一撃」が検討中だとしている一方で、すでに開始されていた絶滅の試みは進行中であった。さらに電報自体、その情報が真実ではないかもしれないことを示唆していた。しかし、電報は、西欧に届いていた大量虐殺についての一見したところ確定的でない情報を確証したという点で突破口となった（Jewish Virtual Library, A Division of American The American-Israel Cooperative Enterprise（http://www.jewishvirtuallibrary.org/jsource/Holocaust/Riegner.html）、元の情報はエルサレムにあるホロコースト博物館であるヤド・バシェムとサイモン・ワイゼンタール・センター）。

（9）Berman, *Natizm the Jews and American Zionism, 1933-48*, p. 98.

（10）*Ibid.*, p. 100.

（11）David Shapiro, *From Philanthropy to Activism*, pp. 53-54.

（12）Kolsky, *Jews Against Zionism*, pp. 28–30.

（13）*Ibid*., p. 30.

（14）シルヴァーはリトアニア生まれで、ユダヤ的伝統の濃い家庭で育っていた。

（15）Kolsky, *op. cit*., pp. 34–35.

（16）*Ibid*., p. 42.

（17）*Ibid*., pp. 44-46. これに対しＣＣＡＲ総裁ヘラーはＣＣＡＲ会員に、反対者の会議の中止をアピールする手紙を送り、反シオニスト側はＣＣＡＲの分裂を意図するものと主張した。両者は五月十一日に非公式な会合をもったが、総裁はアトランティック市の会議の中止の代わりにＣＣＡＲの特別会議を開催し、ユダヤ部隊決議を記録から抹消して中立条項を復活させ、ＣＣＡＲを政治的ナショナリスティックな観点からではなく、経済的文化的なパレスチナの再建に関わらせるという方法を提案し、ウォルゼイ陣営もこの提案を受け入れた。しかしその後ヘラー側がユダヤ軍創設決議を削除しない姿勢を明確にし、反シオニスト陣営はアトランティック市の会議を開催する決意をした（*Ibid*., p. 47）。

（18）*Ibid*., p. 54

（19）*Ibid*., p. 61.

（20）Medoff, *Militant Zionism in America*, 2002, p. 83.

（21）*Ibid*., p. 82.

（22）そのため四一年以降、ワイズマン、ベン・グリオンはＡＪＣと接触し妥協点を探る試みを行っていた。とりわけビルトモア宣言をめぐっての交渉の主導権はベン・グリオンが握っていた。しかし四月末にＡＪＣ側から送られた「パレスチナ以外でのユダヤ・ナショナリズムは宗教的文化的遺産に基づくものであり、国民国家の市民を統合する政治的なナショナリズムとは区別されるべき」ことなどを内容とする草案をベン・グリオンは拒否し、合意形成がなされないままビルトモア会議が開催されることになった（Kaufman, *An Ambiguous Partnership*, pp. 75–85）。

（23）*Ibid*., p. 86. この書簡は、公式に伝えられる前にヴェルトハイムに見せられたが、彼が交渉を阻害する主張をしたため公式に送られることはなかった。ベン・グリオン自体はシオニスト運動の目標に対する全面的な同意をＡＪＣに求めていたのではなく、具体的な行動指針への合意達成を目指していた。この書簡が事前にヴェルトハイムに見せたということは、差し当たってビルトモア宣言にＡＪＣ側がいかなる反応を示すのかと確認し、妥協点を探る「観測球」的な試みだったといえる（*Ibid.*, pp. 86-87）。

（24）*Ibid.*, p. 88.

（25）ベン・グリオンはＡＪＣとの交渉が難航していた一月に、「……我々は我々の提案を〔ＡＪＣに〕受け入れさせることができれば、それは疑いもなくアメリカのユダヤ人の団結に向けた重要なステップである」と述べており、ＡＪＣに最低限ラインでもシオニスト側の主張を受け入れさせることによって、シオニスト運動の主張がアメリカ・ユダヤ人を「代表」するものとみなされるようになることを目指していたといえる（*Ibid.*, p. 80）。

（26）*Ibid.*, pp. 89-90.

（27）*Ibid.*, pp. 92-93.

（28）十二月五日の『ニューヨーク・タイムズ』は「上院・下院がパレスチナに関する請願で一致」として「六三名の上院議員と一八一名の下院議員がドイツによるユダヤ人の大量殺害に決然としてとりかかること」や「パレスチナにユダヤ民族郷土を回復させるというアメリカの宣言と伝統的な政策を支持する」という共同声明を報じている。また十二月九日には、「大統領がユダヤ人に対する公約を繰り返す」「彼は人種に対する枢軸国軍の罪を担わせるためのあらゆる努力を行う」と述べた（*The New York Times*, 12/5/1942）。

（29）例えば「いまだ恐れという幽霊に取り憑かれ、自らの安全にしか関心がなく、ユダヤ人の故国喪失状態を強調するいかなる運動をも恐れ、彼らは利己主義という名の祭壇の前で人権を踏みにじられているユダヤ人の将来と安全を喜んで犠牲にしている」「ユダヤ人の生命を救う唯一の計画に対する狂気じみた反対をやめろ」（*The New Palestine*, 12/18/1942）。

（30）*The New Palestine*, 12/18/1942.

（31）例えば実際に一九四三年一月二十五日にＡＣＪ創設者の一人であるラザロン（Morris Lazaron 1888-1979）はシオニズムを民主主義と太平洋憲章を侵犯していると非難していた（Kolsky, *op. cit.*, p. 64.）。

（32）実際、国務省は非公式に反シオニスト勢力を支持していた（*Ibid.*, p. 43）。

（33）ブナイ・ブリス自体は、先に述べたようにシオニスト団体ではなく、アメリカ・ユダヤ人の権利保護や地位向上や慈善などを行うものであったが、モンスキーはシオニストであり、シオニストとＡＪＣとの長引く交渉に憤っており、四二年六月にまずワイズマンと、その後他のアメリカ・シオニスト指導者と会合と行い、そのなかでユダヤ人系団体の全国組織による予備的な会議のスポンサーとなることに合意していた（Halperin, *The Political World of American Zionism*, p. 223）。

（34）Kaufman, *op. cit.*, p. 94. 合意の達成に希望がもてたＡＪＣヴェルトハイムの総裁任期が終わりに近づくなかで、シオニストは、アメリカ・ユダヤ人の八〇パーセントぐらいはシオニストの綱領を支持しており、提案されている会議はＡＪＣを除いた諸組織によって開催しうると見込んだ。そして、そしてそれによってＡＪＣも参加せざるをえなくなるだろうと考えていた、とされる。

（35）Berman, *op. cit.*, pp. 108-109.

（36）Halperin, *op. cit.*, p. 223.

（37）Berman, *op. cit.*, p. 109.

（38）Kolsky, *op. cit.*, pp. 122-126.

（39）Halperin, *op. cit*, pp. 127-128.

（40）Kaufman, *op. cit.*, pp. 122-126.

（41）Kolsky, *op. cit.*, pp. 63-64.

（42）プロスカーは、総裁就任時に、連合国によるパレスチナの国際的信託統治を支持すること、戦後のユダヤ人復興問題の解決としてパレスチナのみに期待できないこと、パレスチナの恒久的な政治機構については意見が大きく分かれていること、などを内容とする指針をＡＪＣが採択することを総裁就任の条件としていた（*Ibid.*, p. 66）。

（43）Kolsky, *op. cit.*, p. 66.

（44）*The New Palestine*, 1/8/1943.

（45）*The New Palestine*, 2/5/1943.

（46）*The New Palestine*, 2/19/1943.

（47）Berman, *op. cit.*, p. 141.

（48）*The New Palestine*, 1/8/1943.

（49）Medoff, *American Zionist Leaders and the Palestinian Arabs, 1898-1948*, 1991, pp. 240-241.

（50）Medoff, *Zionism and The Arabs*, 1997, pp. 101-107.

（51）*The New Palestine*, 3/5/1943.

（52）*The New Palestine*, 3/19/1943.

（53）*The New York Times*, 3/21/1943; 3/22/1943; 3/24/1943; 4/1/1943.

（54）*The New York Times*, 3/31/1943.

（55）David S. Wyman（ed.）, *The Mock rescue conference: Bermuda, America and the Holocaust*, vol. 3, New York & London, Garlamd Publishing, 1990, pp. 38-52

（56）このような内容の書簡は一九四三年以降頻繁にみられるが、例えば一九四三年一月二日にエジプト公使のハサン（Hassan）は国務省宛ての書簡のなかで「……アメリカにおけるシオニストの宣伝工作の成功はアメリカ合衆国政府がアラブを犠牲にしてユダヤ人を援助（favor）しているという誤った印象を与えかねない」と、シオニストの宣伝の結果としてアメリカ政府が親シオニスト的な政策をとるのではないかとの懸念を表明している（Historical Office, Bureau of Public Affairs, *Foreign Relations of United States（FRUS）: Diplomatic Papers, 1943, vol. IV: The Near East and Africa*, Wasington D.C., Government Printing Office, 1964, p. 753、以下*FRUS*）。

（57）ホスキンズ中佐は近東において存在するアメリカに対する好意を利用して連合国の大目的を支援するために近東に派遣されていた。

（58）1943.5.7. *FRUS*, 1943. vol. IV pp. 781-785.

（59）Barry Rubin, *The Great Powers in the Middle East 1941-1947: The Road to the Cold War*, Frank Cass, 1980, p. 18

（60）Berman, *op. cit.*, pp. 104-105.

（61）David S. Wyman（ed.）, *American Jewish Disunity, America and the Holocaust*, vol. 5, New York & London, Garlamd Publishing, 1990, pp. 258.

（62）Medoff［2002］, *op. cit.*, p. 87.

（63）*The New York Times*, 4/25/1943.

（64）Berman, *op. cit.*, pp. 105-106.

（65）*Ibid.*, pp. 105-106.

（66）Medoff［1997］, *op. cit.*, p. 123.

（67）Medoff［2002］, *op. cit.*, p. 84. メドフによれば、これは「連合国の勝利によるユダヤ人の救済」というルーズヴェルトの見解に反駁する意図があったとされる。

(68) Wyman (ed.) [1990], vol. 5, *op. cit.*, pp. v-vi. 以上に関連する書簡、広告は同上に所収されている。

(69) Medoff [2002], *op. cit.*, p. 95.

(70) Kaufman, *op. cit.*, p. 133.

(71) *Ibid.*, p. 134.

(72) Wyman (ed.) [1990], vol. 5, *op. cit.*, p. vii.

(73) Kaufman, *op. cit.*, p. 134.

(74) 「二つの自由」を提示した政治哲学者であるが、第二次大戦中は英外務省に勤務していた。彼のこの時期の詳しい活動については、マイケル・イグナティエフ『アイザイヤ・バーリン』(石塚雅彦・藤田雄三訳、みすず書房、二〇〇四年)参照のこと。

(75) Davis Shapiro, *op. cit.*, pp. 139-141.

(76) *Ibid.*

(77) *Ibid.*

(78) シルヴァーは、アメリカ・ユダヤ人会議を「ユダヤ・コモンウェルスのための我々のプロパガンダが我々の名前だけでなくアメリカ・ユダヤ人の名の下で行われることを可能にする」と述べており(Wyman [1984], *op. cit.*, p. 170)、彼がアメリカ・ユダヤ人会議を「ユダヤ・コモンウェルス」建設がアメリカ・ユダヤ人の「統一的」「代表的」アジェンダであることをアピールする戦略的土台を提供するものとみなしていたことは明らかであった。

(79) Kaufman, *op. cit.*, pp. 136-137.

(80) *The New Palestine*, 8/20/1943.

(81) カウフマンは、サミュエル・ハルペリンがユダヤ・コモンウェルスの要求について、シオニスト側が譲歩するという妥協が背後で機能しており、非シオニストが無制限の移民を支持し、シルヴァーの演説が計画を覆したとする言及を疑っていると述べている(Kaufman, *op. cit.*, p. 137)。バーマンもこの会議においてシオニストがAJCに譲歩してビルトモア綱領を取り上げないことを前提に、壇上に立つ予定のなかったシルヴァーが壇上にあがり演説を行ったとしている(Berman, *op. cit.*, p. 112)。しかし、バーマンが参照しているのがハルペリンであり、出版の時期や資料を鑑みれば、カウフマンの理解の方が妥当だと思われる。

(82) Kaufman, *op. cit.*, pp. 137-138.

(83) *Ibid.*, p. 139.

(84) *Ibid.*, pp. 140-144.

(85) *Ibid.*, p. 144.

(86) *The New York Times*, 9/12/1943.

(87) *The New York Times*, 9/14/1943.

(88) *The New York Times*, 12/3/1943.

(89) 例えばリプスキーは、ACJの公聴会における反シオニスト的な証言に対し、「アメリカ・ユダヤ人会議で表明されたパレスチナのユダヤ・コモンウェルスを支持する二五〇万人のアメリカ・ユダヤ人の声に対し、たかだか二五〇〇人のユダヤ人による試みに過ぎない」と軽く退けることができるようになった（Halperin, *op. cit.*, p. 248）。

(90) Kaufman, *op. cit.*, pp. 146-147.

(91) *Ibid.*, p. 151.

(92) 十月二十六日の『ニューヨーク・タイムズ』は、ハダサーが「アメリカ・ユダヤ人委員会はパレスチナ政策をめぐってアメリカ・ユダヤ人会議を去るべきではなかった」「アメリカ・ユダヤ人の団結を阻害する」として、批判し関係を切ったことを報じていた（*The New York Times*, 10/26/1943）。

(93) *The New York Times*, 11/11/1943.

(94) Kolsky, *op. cit.*, p. 77.

(95) バーリンは、白書に反対するシオニストの煽動がルーズヴェルト政権を困惑させていると報告していた（Berman, *op. cit.*, pp. 133-134）。

(96) Kolsky, *op. cit.*, p. 92.

(97) Halperin, *op. cit.*, p. 185.

(98) Kolsky, *op. cit.*, p. 95.

(99) 声明の内容は以下の通りである。「大統領は、以下のことを公表する権限を我々に与えた。アメリカ政府は一九三九年白書を一度たりとも承認したことはない。大統領は現在においてはパレスチナの門戸がユダヤ難民に対して開かれ、将来において何らかの決定がなされるときには、ユダヤ・ナショナル・ホームを望む人々に対し完全な正義がなされることを希望している。政府とアメリカ国民はそれに対し常に深い共感を抱き、今日、家を失った数百万のユダヤ難民の悲劇的な惨状に鑑み、これまで以上にその共感は強くなっている」(David Shapiro, *op. cit.*, p. 167)。

(100) *Ibid.*, pp. 167-168.

(101) Kolsky, *op. cit.*, p. 95.

(102) David Shapiro, *op. cit.*, p. 168.

(103) *Ibid.*, p. 169.

(104) Kolsky, *op. cit.*, p. 97; David Shapiro, *op. cit.*, p. 170.

(105) Richie Ovendale, *Britain, The United State, and the End of the Palestine Mandate, 1942-48*, Boydell Press, 1989, pp. 29-30.

(106) Halperin, *op. cit.*, p. 139.

# 終章　イスラエルの建国とパレスチナ問題の発生

この終章では、第二次世界大戦中にアメリカで形成・確立した「ユダヤ難民救済のためのユダヤ・コモンウェルス」というアジェンダが、ドイツが敗北し戦後処理と戦後の国際秩序がアメリカとイギリスの間で、さらに国連において議論されるなかで、国際政治のアリーナにインプットされてイスラエル建国に至る過程を概略的に扱い、最後に本書の結論を述べたい。

## 第一節　ユダヤ人国家の建設とパレスチナ難民の発生

### 英米調査委員会

戦争終結以前の一九四五年二月一日、ワイズをはじめとするアメリカ・シオニスト指導者は、国務長官代理を訪れ、ヨーロッパのユダヤ人の悲惨な状況を述べるとともに「パレスチナの門戸がユダヤ人に開かれるべき」と主張した。[1] アメリカ・シオニスト指導部は、終戦と講和会議を見越して、「ユダヤ難民救済のためのパレスチナ、パレスチナ・ユダヤ・コモンウェルス」というアジェンダを、アメリカ政府を経緯して国際政治のアリーナにインプットすることを試みるようになったといえる。

第三部で述べたように、すでに戦時中から「ユダヤ難民救済のためのユダヤ・コモンウェルス」というアジェンダは、アメリカの政治・社会に相当程度浸透していたが、基本的にその対外政策決定に反映されてはいなかった。ところが、アメリカがドイツを占領し、アメリカ政府が実際にＤＰｓの解決の責任の一翼を担うようになると、アメリカ政府自体がユダヤ難民問題を本格的に扱わなければならなくなったのである。

そうした状況のなか、国務長官のステティニアス（Edward Stettinius, 1900-1949）は、ルーベズルトの死去によって副大統領となったトルーマンに対し、ルーズヴェルトと同様に、パレスチナ問題に関して、国務省の意向に反する発言や行動を控えるよう進言していた。[2]

にもかかわらず、トルーマンはポツダム会談開催中の一九四五年七月二十四日に、チャーチル（Sir Winston Leonard Spencer-Churchill, 1874-1965. この時点では辛うじて首相、このポツダム会談の時のイギリス総選挙で労働党が勝利し首相の座を退くことになる）に対して、パレスチナへのユダヤの移民の制限解除を要求したのである。[3] さらに、難民問題の解決に向けてその後トルーマンはハリソン（Earl G. Harrison, 1899-1955）をヨーロッパに派遣してＤＰｓの生活状況や必需品や意見を調査させた。[4] そして、ハリソンは一〇万人のユダヤ人のパレスチナへの移住許可証が認められれば、いまだドイツやオーストリアやその他の地域に滞まっているユダヤ人で、移住を望む人々の将来のための解決に役立つであろう、と報告したのである。[5]

この報告に基づいて、トルーマンは、八月三十一日に新しく労働党政権の首相となったアトリー（Clement

Richard Attlee, 1883-1967）に対して、ユダヤ難民のパレスチナへの移住を許可することを求めた。こうして、トルーマン大統領によって「ユダヤ難民問題」と「パレスチナ」とがリンケージされ、国際政治のアリーナにインプットされたのである。(6)

これに対しイギリス側は、アメリカ軍派遣の要請などをもって、トルーマンの声明の公表を辛うじて回避したものの、何らかの形で具体的に対応する必要に迫られた。十月十九日、アメリカ駐在イギリス大使は「ユダヤ人がナチスによる他の迫害の犠牲者と比較して過酷な状況のもとで生活しているという見解を受け入れることはできない」とし、「ユダヤ人は彼らが逃げてきた国の復興に積極的な役割を果たすことができるに違いない」と断言し、難民問題について調査、検討するために英米調査委員会（Anglo-American Comittee of Enquiry）を設立することを提案した。(7) イギリス政府はユダヤ難民救済の場としてパレスチナを想定することを回避しようとしていたのである。

これに対し、十月二十四日にアメリカ政府は英米調査委員会設立に対する基本的な賛意を表明したうえで、パレスチナを難民救済の場とするアメリカ政府の立場を前面に打ち出した委任事項を提示した。(8)

これを受け、十一月十三日、英外相ベヴィン（Ernest Bevin, 1881-1951）は、アメリカ政府の提案した委任事項に基づく英米調査委員会の設立を発表したのである。

こうして設置された委員会のメンバーは、下部委員会に分かれてドイツ、オーストリア、ポーランド、チェコスロバキア、ハンガリーなどの難民収容所を訪れた。各地域によって収容所も含めた難民の状況は異なっていたが、委員会のメンバーに大きな影響を与えたのはポーランドだった。ワルシャワで人間の遺骨や骸骨をみて、ホテルの部屋で遺骨の入った骨壺を発見した後、委員会のメンバーは「このような痛烈な記憶に満ちた場所から立ち去りたいというユダヤ人生存者の強烈な願望はよく理解できるし共感できる」と書いている。(9)

こうしたナチの迫害、虐殺の凄まじさに加えて、ポーランドにおける反ユダヤ主義の強さは委員会のメンバーの心情に多大な影響を与えた。例えば下部委員会は現地で多くの証言を聴取しているが、証言者の一人は、ポーランドの状況を次のように描写した。「既得権をもつキリスト教徒やポーランド人の商業者階級は、ユダヤ人がポーランドの国民生活に復帰することに激しく反対している。……特に遠隔地の村や小さな町では、――ユダヤ人社会は二〇人ぐらいのものだが――、そうしたところが特に危険である。ポグロムが毎日起こっている。……シナゴーグは壊され、ユダヤ人の家族が家ごと焼かれ、ユダヤ人は車からひきずり降ろされる。……そして道端で殺される」。この証言を聞いた下部委員会の一致した結論は、「反ユダヤ主義と広範な無法状態が支配しているため、ポーランドの状態を改善するいかなる勧告も無駄であろう」ということだった。[10] 委員会のメンバーにとって、これらの地域においてユダヤ人が同化することは不可能なことに思え、ユダヤ難民が移住を希望するのは当然であるし、移住させるしかないと考えた。彼らは「ユダヤ難民にとってシオニズムは、最も原始的な強い衝動、生き残ることへの強い衝動の発現である」と認識するようになったのである。[11]

ナチの迫害と反ユダヤ主義は、委員会のメンバーに根強かった「同化主義」の理想をうち砕いた。こうして委員会のメンバーはユダヤ難民の移住の必要性を認識したが、その移住先はパレスチナである必要は必ずしもなかった。そこに、シオニスト運動のユダヤ難民とパレスチナを結びつけようとする試みの意義があったといえる。

DPsキャンプには、シオニスト青年組織等で活動経験をもつユダヤ人青年が組織化と指導力を発揮していた。四六年一月二十七日は、ドイツのアメリカ軍占領地域で全ユダヤ人DPsを代表する中央委員会が設立され、ミュンヘン市庁舎で開催された設立式にはベン・グリオンも同席し、ホロコースト生存者の願いがパレスチナでのユダヤ人国家の設立であることが表明されていた。委員会よるDPsキャンプ調査では、難民はパレスチナへの移住を希望し、[12] アンケートや証言からもユダヤ難民がパレスチナへの移住を望んでいることは委員会のメンバーにとって明白なものに思え、大規模なユダヤ難民の移住を勧告する覚悟をもつようになったとされる。[13] ただし、DPは本来はアメリカに行きたいという願望を抱いていたともいわれており、DP当事者にとっても自らの救済とパレスチナが全く「自明」のものではなかった側面もあった。[14]

委員会は一九四六年四月二十日に最終的な報告書に調印し、五月一日に報告を発表した。勧告一は、ユダヤ難民の救済にあたってパレスチナが最善の場であることを表明した。そのうえで、「しかし、パレスチナだけではナチやファシストの迫害の犠牲者であるユダヤ人の必要にみあう移民を受け入れることはできない。世界全体が彼ら、実際には強制追放者に対する責任を有している」と述べている。勧告二では、具体的な方策として、「ナチスとファシストの犠牲者であるユダヤ人のパレスチナへの〔移住を認める〕一〇万の移民許可証をすぐに認めること」を要請していた。勧告三では、パレスチナに対するユダヤ人とアラブ人の排他的要求を恒久的に結着させるために以下のような原則を打ち出した。

Ⅰ　パレスチナにおいては、ユダヤ人がアラブ人を支配すべきではないし、アラブ人がユダヤ人を支配すべきでない。

Ⅱ　パレスチナは単一のユダヤ人国家となるべきではないし、アラブ人国家となるべきでもない。

そして、勧告四では、国連で信託統治合意が実行されるまで、現行の委任統治を継続することを提唱した。要するに、英米調査委員会はユダヤ難民にとってのパレスチナの必要性は認めたが、ユダヤ文化をベースとする共通のアイデンティティを有す「ユダヤ民族」全体にとってのパレスチナの必要性を認めたとはいえず、パレスチナにおけるユダヤ人の排他的権利を否定していた。英米調査委員会が扱ったのは、ナチスの犠牲者であるユダヤ難民個人の救済であり、ユダヤ難民を「ユダヤ人の民族的故国喪失状態」の象徴とみなしたわけではなかった。シオニスト運動が提唱した「ユダヤ難民救済とパレスチナ」のリンケージ戦略は、この段階では難民救済とパレスチナを結びつけることには成功したが、ユダヤ難民救済とパレスチナ・ユダヤ人国家とを結びつけることには失敗したといえる。

アメリカ・シオニストは、この報告を機に、いよいよトルーマンや政府への圧力を強化した。トルーマンは、一九四七年十月に「シオニストの不当な介入さえなければ、我々はこの問題を一年半前に解決していたはずだった。この問題が係争中の間に、この国のユダヤ人から三万五〇〇〇通の手紙を受け取り、プロパガンダ〔攻撃〕を受けた」と述べ[15]、その激しさを窺わせている。

こうした圧力を背景に、一九四六年の四月三十日に国務省は駐米イギリス大使に対し、トルーマンが「一〇万人のユダヤ人のパレスチナへの移住が認められるべきこと、実質的に白書の破棄を要求していることを支持する。長期的な解決に関しては慎重な検討を必要とする」ことを内容とする声明を発表することを伝えた[16]。トルーマンのイギリス政府に対する一〇万人の要求は、シオニスト運動の展開したリンケージ戦略が対外政策、国際政治レベルでも、一定の効果を発揮するようになっていたことを示していた。しかしながら、次にみるように、いわば「最後の壁」としてイギリス政府の頑強な抵抗が存在していた。

### モリソン＝グラディ案

イギリス政府は、一〇万人のユダヤ人のパレスチナへの移住を認めることが、アラブ人の憤激を買うことは必至であるので、この報告に対し強い抵抗を示した。アトリー首相は五月三日に、「報告はそのあらゆる含意において、包括的に考慮しなければならない。……一〇万人の移民を認めるための前提条件として、パレスチナにおける非合法な軍事組織の解散が不可欠である」と述べ、イギリス政府が無条件で委員会の報告を受け入れることを早々に否定した。[17] このように、イギリス政府とアメリカ政府の委員会の報告に対する見解は大きく異なっていた。

そのため、五月八日にトルーマンはアトリーに対し委員会の報告の有効性を確かめるために、ユダヤ人、アラブ人の見解を聴取するべきと主張し、[18] 実際に六月十七日に英米の専門家による英米調査委員会の報告に関する協議が始まった。

この協議において、アメリカは米軍派遣の回避を前提条件とし、[19] 他方アメリカの支持、支援を不可欠とするイギリス側代表は、アメリカに対し軍事的援助を要求せず、財政的援助もワシントンが設定した範囲内の額しか要求しなかった。[20] その上でイギリス側は、自治州案（Provincial Autonomy）をアメリカ代表団に提示したのである。

のちに「モリソン＝グラディ案」として知られるこの自治州案は、パレスチナをアラブ州、ユダヤ州、国際管理下に置かれるエルサレム地区とネゲヴ地区に分け、各州は広範な自治権限を保持するが、中央政府（イギリス）が防衛と外交の権限を掌握し、最初は移民の権限も高等弁務官の監督のもとに中央政府が掌握することになっていた。そして、この案の受け入れを前提条件に一〇万人の移住を認めるとするものであった。[21]

この案は、連邦制へも二つの独立国家へも展開することが可能なものであったといえるが、トルーマンらにとってモリソン＝グラディ案がパレスチナ分割による二つの国家の独立を承認する可能性を示唆したことは「嬉しい驚き」であった。[22] 七月二十五日には、イギリス内閣に対しトルーマンがモリソン＝グラディ案を支持することが伝えられた。[23] しかしながら、アメリカ代表のグラディ（Henry F. Grady, 1882-1957）が「全体の案がすべての当事者に受け入れられた後に一〇万人の移住を始める」ことに合意したことは、即座に一〇万人の移住を開始するとする大統領の立場と矛盾し、バーンズ国務長官（James Francis Byrnes, 1879–1972）が、グラディを叱責するという事態を生じさせた。(24) しかし、トルーマンは私的にはグラディに対し「この案はパレスチナに関するすべての解決案のなかで最善だと考える」と伝えており、当初はこの案を受け入れるつもりだったのである。(25)

ところが、こうしたアメリカ政府のモリソン＝グラディ案に対する積極的な態度は、シオニストの危機感を募らせた。シオニストにとっては、この案は受け入れ難いものだった。なぜなら、ユダヤ人国家の建設はパレスチナの分割という形で可能性を残したものの、シオニストにとって重要な意味をもっていた移民管理の権限がイギリスが担う中央政府に掌握されることになっていたからである。さらに、この案を受け入れることを条件に一〇万人の移住を認めることは、「パレスチナへの一〇万人のユダヤ移民によるユダヤ難民救済」という言説が、イギリス政府がシオニストに妥協を迫るためのバーター条件になったことを意味した。ユダヤ難民問題の解決とパレスチナをリンケージさせようとしたシオニスト指導部の試みは、逆にイギリス政府によるパレスチナ問題解決の試みのなかで利用される結果となったのである。

七月二十八日にバーンズはシオニストに対して、ワシントンがモリソン＝グラディ案を受託し、七月三十一日にロンドンとワシントンで共同声明を発表する旨を伝えた。これに対し、パリに滞在していたユダヤ機関の代表は、ワシントンの支局に「提案に対する反対を表明するためにあらゆる手段を尽くすこと」を急き立てた。アメリカにおいて影響力をもつユダヤ人であり、ブランダイスの腹心でもあったフランクファーター判事（Felix Frankfurter, 1882–1965）にも、国務省のアチソン（Dean Gooderham Acheson, 1893–1971）ら閣僚級レベルの政治家と接触して、新しい案を受け入れないよう警告すべきとするユダヤ機関代表からの電報が送られた。

こうしたシオニスト運動の動向や圧力とも関連はするが、アメリカ政府がモリソン＝グラディ案を受け入れることに関してはさらなる問題があった。それは、一九四六年秋の議会選挙を控えた議員たちによるトルーマンへの圧力だった。七月三十一日にはニューヨーク州議会の代表団がトルーマンを訪れ、「モリソン＝グラディ案は一〇万人の難民を抵当に案を受け入れさせようとするものだ」として攻撃した。秋の議会選挙において、共和党、特にニューヨークの候補者は民主党政権に対する攻撃材料としてパレスチナ問題に焦点をあてることを示唆しており、ニューヨーク州民主党委員会議長は、トルーマンに「この計画が実行に移されれば、民主党員をこの秋の議会選挙の国政公認候補者名簿に推薦することは無駄となるだろう」と電報で伝えた。[26] これほどの圧力は、単にアメリカ・シオニスト、ユダヤ人だけではなく、アメリカ社会で広く「ユダヤ難民の救済」に対する関心が高く、「ユダヤ難民救済のためのパレスチナ、パレスチナ・ユダヤ人国家」という言説が浸透していたことを示唆しているといえる。

こうした状況のなか、七月三十日に行われた内閣審議においては、当初は全体としてモリソン＝グラディ案を承認する方向へ向かっていたのだが、「モリソン＝グラディ案の受け入れは国内に重大な反響をもたらす」と主張するバーンズのパリからの電報が届き、最終的に議決をとった時には、案の受け入れに賛成したのはアチソンだけであった。[27] 次の日トルーマンは、「グラディの帰国を待ち、さらなる討議をしてヨーロッパの迫害されたユダヤ人の状況を緩和すると同時に、長期的な問題としてのパレスチナ問題の究極的な解決に貢献するような決定が下されることを望む」という内容の声明を発表し、モリソン＝グラディ案を受け入れることを一時棚上げした。[28] このことは、英米同時にモリソン＝グラディ案に関する声明を発表することを予定していたイギリスにとって重大な誤算だった。

こうして、アメリカ政府がモリソン＝グラディ案を受け入れることを差し当たって回避することができたものの、シオニスト指導部はモリソン＝グラディ案への具体的な対応を迫られた。アラブ人の反発を恐れるイギリス政府がユダヤ人国家の建設に消極的である以上、シオニスト指導部はパレスチナ問題そのものにアメリカ政府を介入させる必要があったのである。しかしながら、ベン・グリオンは、トルーマンがパレスチナ全土におけるユダヤ人国家の建設を提唱した「ビルトモア綱領」を受け入れないであろうということを知っていた。[29]そして実際、八月二日にはシオニスト指導部は「ユダヤ機関が合理的で現実的な計画を提出しない限り、トルーマンはパレスチナ問題から手を引くだろう」と伝えられたのである。[30]

一九四六年八月二日から五日にかけてパリで開かれたユダヤ機関執行部会議において、モリソン゠グラディ案についてイギリスがアラブ人、ユダヤ人と協議するために開催を予定している「パレスチナ会議」への参加をめぐって議論がなされた。この会議においては、アメリカの支持を得るためにも、迫害されたユダヤ人を救済し、早急にユダヤ人国家を建設するためにも、シオニスト指導部の政策方針として「ビルトモア綱領」から後退した分割案を採用することに合意した。さらに、アメリカ政府、イギリス政府に分割案について打診するため使節を派遣することも決定された。[31]

以降、シオニストはアメリカの国務長官らと交渉を行ったが、アメリカ政府の方針は定まらず、またイギリスは「パレスチナ会議においてはモリソン゠グラディ案が第一の議題である」として譲らなかった。[32]

他方、八月十二日から十五日にかけてアレクサンドリアで開催されたアラブ諸国外相会談において、アラブ諸国は、イギリスが分割案と連邦案とユダヤ移民問題を議題にしないという条件で、パレスチナ会議に出席することを決定していた。[33]

このような状況の八月末、シオニスト指導部がワシントンに対して分割案を支持するよう要請した時も、アメリカ政府はその要請に応じなかったのである。[34]その上、九月五日にはトルーマンは記者会見の席上、アメリカ政府が一〇万人の移住を要求していること、モリソン゠グラディ案を拒絶したわけではなく検討中であること、パレスチナ会議にアメリカからオブザーバーを派遣しないことを述べ、アメリカ政府の関心はユダヤ難民問題であって、パレスチナ問題には介入する意図はないことを明確に打ち出した[35]。

そして、九月二日、英外相ベヴィンはシオニスト側に対し、「ユダヤ人はイギリス政府の申し出（パレスチナ会議ではモリソン＝グラディ案が第一の議題）を受け入れるか拒絶するか選択しなければならない」と最後通牒をつきつけ、イギリス政府とユダヤ機関の交渉が停止する事態になったのである[36]。

結局、九月のパレスチナ会議にはシオニストもパレスチナ・アラブ人も参加せず、アメリカ政府も一切介入しない、イギリス政府とアラブ諸国との交渉のみに終始した。アラブ諸国は、分割案はいうまでもなくモリソン＝グラディ案をも拒絶し、あくまで統一アラブ国家の独立を主張した。そのため、両者間での合意形成ははかれず、イギリス政府は十月二日にパレスチナ会議を一時中断し、十二月の国連総会とシオニスト会議の後に延期することを決定した。

このように、パレスチナ問題に関する膠着した状況のなかで、十月四日にトルーマンはアメリカ政府の分割案への支持を示唆するような「ヨム・キプール声明」を発表し、パレスチナ問題に関わる諸勢力の動向に大きな変化をもたらしたのである。

## ヨム・キプール声明

この時期、シオニストの、特にベン・グリオンやシルヴァーらのいわゆる「行動主義者」は二重の意味での現状に危機感を抱えていた。一つは、イギリス政府が単独で主導する解決は、シオニストからみるとアラブ側に有利なものとなることは間違いないということ、もう一つは、従来イギリス政府との交渉においてはワイズマンら穏健派のメンバーが主導権を握っていたが、彼らがイギリス政府への譲歩、つまりモリソン＝グラディ案に同意しかねないことであった。[37]そうした状況のなかで、ベン・グリオン、シルヴァーらはアメリカの世論を喚起しアメリカの支持を獲得するという戦略に、さらに集中するようになった。

実際に、アメリカ・シオニストによる政権への働きかけは、先述したように中間選挙と知事選を控えた一九四六年秋に効力を発揮していたのである。「パレスチナや難民問題に関して政権が何もしていない」という批判は、ニューヨーク州における民主党の勝算を弱めるのに十分な威力をもっていた。[38]実際、ニューヨーク知事の共和党デューイ（Thomas Dewey, 1902-1971）は、十月初めにユダヤ難民問題やパレスチナ問題を政治的イシューとして取り上げ、民主党を攻撃する戦略をとっていた。[39]しかも、トルーマン自身の言葉によれば「彼ら〔アメリカ・シオニスト〕は、より実行の容易な移民ということ以上のものを欲した。彼らはアメリカ政府がパレスチナのユダヤ人国家という彼らの目的を支持することを欲した」のである。[40]トルーマンが民主党の党首として共和党に対抗するためには、何らかの形でユダヤ人国家を支持する声明を発表する必要に迫られたといえる。

そして、トルーマンはユダヤ人の贖罪日にあたる十月四日に、以下の声明（ヨム・キプール声明）を発表したのである

ユダヤ機関はパレスチナ全土ではなく、パレスチナの妥当な一部の地域に経済政策と移民に関する統制権をもったユダヤ人国家を建設することによって、パレスチナ問題を解決することを提案している。さらに、ユダヤ機関は一〇万人のユダヤ移民に対する許可証を早急に発行するよう提案している。……これらのラインに沿った解決案がアメリカ世論の支持を集めることができるだろう、というのが私の信念である。私は、提

唱されている案〔ユダヤ機関の分割案とイギリス政府のモリソン＝グラディ案〕の溝が深すぎて理性と善意のある人々によって埋められないとは思わない。そのような解決案に対し、わが政府は支持を与えることができるだろう。[41]

この声明の草案は当初ワシントンのシオニストが作成したが[42]、トルーマンはその草案を国務省に手渡し、国務省は、アメリカ政府がイギリス政府の意向に反して分割案を支持しているわけではないことを示す、「提唱されている案の溝が深すぎて理性と善意のある人々によって埋められないとは思わない。そのような解決案に対し、わが政府は支持を与えることができるだろう」という一文を挿入した。[43] このように、この声明は、トルーマンがアメリカ政府自らパレスチナ問題に直接介入し、分割案に向けた努力を行う意志を表したものではなかった。実際、この声明への反対を受けると、トルーマンはパレスチナ問題を国務省の手に委ね、シオニストの面会要求を拒絶し、この問題に一切関わらなくなったのである。[44]

しかしながら、トルーマンもしくはホワイト・ハウスの意図がどうであれ、この「ヨム・キプール声明」はアメリカ政府が公的にパレスチナ問題の解決にあたって分割案を支持するものと報道され、この問題に関わる諸勢力に大きな影響を及ぼした。[45]

イギリス政府にしてみれば、この声明は自らの意向に全く反するものだった。従来、イギリス政府はパレスチナ問題の解決にあたって、アメリカ政府が資金提供やモリソン＝グラディ案への支持という形で、イギリスのパレスチナへの支配権を脅かさない範囲においてパレスチナ問題に介入することを望んでいた。イギリス政府は自らの案つまりモリソン＝グラディ案に対するアメリカ政府の支持を獲得することで、シオニスト、アラブ諸国に対してパレスチナ問題解決に際し妥協を引き出すことを目的としていたのである。

ゆえに、トルーマンがアトリーの声明延期の懇願にも関わらず、再度移民制限の解除を要求し、しかも「アメリカ政府は分割案を支持している」と受けとめられるような声明の発表を決行したことは、イギリス政府に大きな衝撃を与え、従来のパレスチナ政策の見直しを迫ることになった。ヨム・キプール声明が、ユダヤ機関とイギリス政府との妥協を勧めていたとはいえ、イギリス政府にとっては少なくともモリソン＝グラディ案に対するアメリカ政府の支持を獲得することに失敗したことだけは明白だったのである。[46]

さらに、トルーマンが国務省やイギリス政府の反対を押し切ってヨム・キプール声明を発表したことは、アメリカ・シオニストのトルーマン政権に対する政治的影響力の強さをみせつけた。ベヴィンは「アメリカで強力なロビー活動を展開できる限り、シオニストは決して妥協しないであろうし、する必要もないだろう」と結論した。[47]しかも、ヨム・キプール声明はパレスチナ問題へのインパクトもさることながら、イギリスの中東政策全般の展開に大きな影響を及ぼすものであった。イギリス政府は中東における帝国－連邦体制の維持にアメリカの協力を不可欠としていた。[48]そのためには、英米が一致した中東政策を展開する必要があったが、パレスチナは対アメリカ関係における「宿痾（a running sore）」であり、現実のものとなりつつあるソ連の脅威に対して中東における英米の協力関係を構築することを最も困難にしている問題だった。[49]ヨム・キプール声明は、イギリス政府の懸念が現実化したものだったのである。

さらにこの時期、シオニスト側のイギリスを標的としたテロ行動の頻発とイギリスの鎮圧作戦の失敗によって、パレスチナ統治がイギリス政府に高いコストを要求するものであるとの認識を植えつけるようになっていた。[50]ヨム・キプール声明、シオニスト運動の対英闘争によるパレスチナ情勢の悪化という状況のなかで、イギリス政府は新たなパレスチナ政策を志向せざるをえなくなったといえる。その際浮上してきたのが「分割案」という選択肢と、「パレスチナ問題の国連への付託」という選択肢であった。ベヴィンは、シオニストが国連総会でユダヤ人国家の建設に対して三分の二の多数を獲得することが可能であるとは考えなかった。そのためには、アメリカ、ソ連の勢力圏の国家が協力してユダヤ人国家を支持するという、ありえそうもない組み合わせを必要としたからである。しかも、イギリスの官僚と同様、アメリカの官僚にも「ユダヤ人国家はそこにおける住民の多数の意志に反して特定の政府形態を課すので国連の根本原理に抵触するものである」と考えられていた。このような状況を背景に、ベヴィンとその側近は「国連は二民族国家という解決案を支持するだろう」と考えていたのである。[51] こうした予想もふまえつつ、イギリス政府内では「パレスチナ問題を国連に付託する」という意見が浮上、現実化しつつあった。

一方、ヨム・キプール声明はシオニストにとってどのような意味をもったのであろうか。

シルヴァーは、十月九日付けのベン・グリオン宛て書簡のなかで、「この声明はアメリカ政府の分割案支持を示すものではない」ことを強調し、選挙後ホワイト・ハウスがこの問題から撤退することを予想し、「政府の外交の有効性と誠意の最終的な試金石は、言葉ではなく行動である」という原則に基づいて、アメリカ・シオニストがさらなる強力な運動を継続していることを伝えていた。同時にシルヴァーは、ヨム・キプール声明をはじめとするアメリカ政府の親シオニスト的な発言・行動は、シルヴァーらを中心とするアメリカ・シオニストの成果であることを強調し、穏健派こそがシオニストの活動を阻害していると主張した。[52]

一方、ベン・グリオンは十月二十八日のワイズマンへの書簡のなかで、「この声明によってロンドンは孤立し、ベヴィンは戦術的に弱い立場に置かれ、シオニストをパレスチナ会議へ引き出すことを熱望するだろう。このようにシオニストの対イギリス関係が相対的に有利な時に、イギリス政府と妥協してモリソン゠グラディ案を受け入れることは得策ではない」として、その案について交渉することを拒絶し、パレスチナ会議をボイコットすることまで提唱した。[53] ワイズマンはこれらベン・グリオンの主張に対し「心からの同意」を表明したが、パレスチナ会議に関しては「シオニストの見解〔分割案を議論の土台とする〕が前もって受け入れられなくとも、会議を棄権することは間違っている」と主張した。ワイズマンはあくまでイギリス政府との関係に基づき、イギリスとの交渉によってシオニストの目的を達成するという従来の立場を堅持する姿勢を崩さなかったのである。(54)

他方、ヨム・キプール声明に対するトルーマンの意図がどのようなものであれ、「トルーマンがヨム・キプール声明でユダヤ機関の目的であった分割案に言質を与えたことは、〔その後の〕彼の中東政策において根本的な重要性をもつようになっ」ていた。(55) 大統領がヨム・キプール声明に拘束されるようになった以上、そうした大統領の状況を全く無視して政策を展開することは困難となり、国務省もトルーマンの声明に何らかの形で拘束されざるをえなくなったのである。その結果、国務省は、パレスチナ問題の解決にあたって分割案に傾斜していった。(56)

そして、シオニスト指導部はこうしたアメリカ政府、国務省の動向を把握していたのである。(57) ベン・グリオンはこの機会を利用してイギリスに分割案を受け入れさせるために、「シルヴァーがワイズマン総裁の指揮下に入ることはないだろう」との前提で、「ワイズマンを名誉職に『格上げ』し、ベン・グリオンとシルヴァーが共同で主導権を確立する」ことを目指した。彼は、シルヴァーとの共闘関係を強化し、と同時にワイズマンを切り捨てようとしたのである。(58) ベン・グリオンにしてみれば、対英交渉をイギリスに妥協的なワイズマンら穏健派に掌握されている状態は、アメリカの影響力を背景にイギリスに対し分割案を受け入れさせるという彼の試みを妨げるものでしかなくなっていた。(59)

このようなベン・グリオンの方針が具体化したのが、一九四六年十二月九日からスイスのバーゼルで戦後初めて開催された第二二回シオニスト会議であった。そもそも、この会議は勢力構成の面で従来のシオニスト会議と大きく異なっていた。選挙に参加した投票者総数は二一五万九八五〇人であり、投票の四〇パーセントがアメリカから投じられ、それまで第一勢力であった労働党系のシオニスト諸勢力に代わって、アメリカ代表のシオニストが第一勢力となったのである。シオニスト運動内でアメリカ・シオニスト、そしてシルヴァーの影響力が飛躍的に増大したことは間違いなかった。シルヴァーの影響力の強いアメリカ・シオニストは、イギリスに対してより強硬な立場をとることを主張する傾向が強かったため、この勢力構成自体、穏健派にとっては不利な状況であった。

総会では、「現行の条件のもとではパレスチナ会議に出席しない」ことが、総数五八五のうち三五〇の多数によって僅差ながら可決された。これは実質的に会議の出席を主張していたワイズマンへの不信任投票に等しく、実際ワイズマンは総裁に再選されなかった。ベン・グリオンは、ワイズマンを実質的に失脚させることで、対英交渉において自らが主導権を握ることに成功したのである。[60] これは、ベン・グリオン＝シルヴァー体制のもとで、アメリカで世論動員をはかり、分割案すなわちユダヤ人国家を獲得するという路線が一層強化されることになったことを意味していたといえる。

## パレスチナ分割

一月二十七日に始まったパレスチナ会議においては、パレスチナ・アラブ人は統一（アラブ）国家を主張して分割案を断固として拒絶し、妥協する姿勢を見せなかった。ベヴィンは閣議決定を背景に、イギリスの州自治案とアラブの連邦案を結合させた修正モリソン＝グラディ案を主張した。それは、「五年間の信託統治の後、アラブ－ユダヤ連邦国家を建設する」として、分割案すなわちユダヤ人国家の建設の可能性を否定し、シオニストとの妥協の可能性を排除するものだった。

二月十一日から十三日にかけて行われたイギリス－シオニスト非公式交渉においても、イギリスは妥協する余地すらみせず、何らの合意も成立しなかった。[61]

そして、二月十四日、英外相ベヴィンは「我が国政府はこの問題のすべてを国連に委ねることを決定した」と宣言した。[62] これにより、パレスチナ問題は国連のアリーナに移されることとなったのである。

これを受け、四月二十八日、パレスチナに関する特別委員会の設立に関する国連特別総会が開催され、五月十三日の総会では、一一の中立的な小国（オーストラリア、カナダ、チェコスロバキア、ガテマラ、インド、イラン、オランダ、ペルー、スウェーデン、ウルグアイ、ユーゴスラビア）が委員会を構成することが承認された。この特別委員会、いわゆる国連パレスチナ特別委員会（United Nations Special Committee on Palestine: 以下UNSCOP）は、事実を確かめ記録し、パレスチナ問題に関連するすべての問題と論点を調査するための広範な権限を与えられた。[63]

UNSCOP設置を受け、アメリカ・シオニストは五月の前半を「パレスチナのための行動（The Action for Palestine）」週間と定めた。彼らは、四〇〇の地方支部を通じて、地方のラジオ局に対し「パレスチナにおける国連の議論はユダヤ民族の運命を決定」し、「公明正大な感覚をもつすべてのアメリカ人は、正義の側に立ち、トルーマン大統領にアメリカはユダヤ民族に対する誓いを守るべきことを主張する手紙を書くべき」とする宣伝を流すよう説得した。そのような宣伝において、「文明世界の良心から汚点を取り除き、ユダヤ難民の苦難を終わらせることができるのはパレスチナのユダヤ民族郷土だけである」と訴えかけたのである。四四の都市のラジオ局がそのような宣伝を放送し、三一以上の新聞がそのような広告をだした。五七の都市で関心の高い市民による大衆集会が開かれた。それらのキャンペーンは大規模な手紙攻勢を誘発し、その結果トルーマンは一八の州の知事から手紙を受け取ることになったのである。

ユダヤ系以外の新聞、雑誌も、五月八日のシルヴァー、十二日のベン・グリオンの国連総会での演説を大きく取り上げた。シルヴァーの演説のなかでも、「国連に対しヨーロッパ中の『留置所（detention centers）』に拘留されている難民の状態を調査する」こと、「パレスチナにおけるユダヤ民族郷土の発展は、将来のその地域への移住のための『基礎的で最低限度』のものである」ことを力説した部分は、各紙面のヘッドラインを飾った。また、ベン・グリオンの演説についても、「ユダヤ人の祖先の地への帰還は、パレスチナ全土の発展に貢献する『自己解放（self-liberation）と自己再建（self-reconstructoin）』の行為である」と述べた部分は、アメリカの最も権威のある日刊紙の一面に掲載された。さらに、こうしたシオニストの「ユダヤ難民問題」と「パレスチナ」とをリンクさせる世論喚起戦略は、ある人物が「委員会は必ずヨーロッパの難民とパレスチナの将来の解決とをリンクさせるだろう」と述べるなど、多大な効果を発揮していた。(64)

さらに、この戦略を最大限・象徴的に示すものが「エクソダス号事件」であった。

この事件は、ユダヤ精鋭部隊パルマ（Palmach）が、四五〇〇人の難民を乗せた「プレジデント・ウォーフィールド号」をパレスチナへ出港させ、船の名称をユダヤ民族の悲劇性の象徴である「エジプト出国」になぞらえ「エクソダス一九四七号」と命名し、ＵＮＳＣＯＰのパレスチナ訪問にあわせてパレスチナの沿岸に到着するよう計画したものだった。そこにおけるイギリス軍との衝突の模様なども含めて、この船に関する出来事は船上の無線室からユダヤ人非合法ラジオ局を経由して詳細に報道された。こうした「エクソダス号」事件の展開は、特にエクソダス号がパレスチナから追い払われ、ハンブルグに到着するという結末を迎えるまでの二週間、新聞の一面で報道された。と同時に、シオニスト運動は、この事件を背景にしながら、トルーマンやＵＮＳＣＯＰに対し、事件に介入してユダヤ人の「苦難の最後の瞬間（eleventh hour of suffering）」を終わらせるよう訴えた。

七月にパレスチナで調査をしていたＵＮＳＣＯＰは、「イギリスのパレスチナに対する委任統治の継続は、将来のこの地域の地位の選択肢として考えられるべきではない」ことに合意した。さらに、彼らは「ジュネーヴで最終報告を作成する前にヨーロッパの難民収容所を調査する」という決定を下した。[65] こうして、国連の場におけるパレスチナ問題の解決にあたっては、ユダヤ難民問題とパレスチナ、パレスチナ・ユダヤ人国家との明確なリンケージを前提として議論がなされることとなったのである。

一九四七年九月一日UNSCOPは、最終的な報告を発表した。委員会は、「委任統治の終了」と「最も早い実現可能な時期に独立を認めるべき」ことを全会一致で可決した。将来のパレスチナ国家のあり方に関しては、結局統一案としては提示できず、多数派案として分割案、少数派案として連邦制案を提示することになった。分割案の内容は「二年間の移行期を経て、アラブ人国家とユダヤ人国家が独立する、ユダヤ地域に一五万人のユダヤ移民を認める、両国は経済連合条約を締結し国連が合意できるマイノリティへの権利保障を含む憲法草案を提出する、エルサレムは国連の信託統治下に置く」というものだった。分割案はオーストラリア、カナダ、チェコスロヴァキア、ガテマラ、オランダ、ペルー、スウェーデン、ウルグアイの八か国に支持された。一方連邦案は、「国連によって任命された政府によって統治される三年の移行期ののち、パレスチナは独立した連邦国家になる」という内容のものであった。連邦案はイラン、インド、ユーゴスラビアの三か国によって支持された。[66] UNSCOPの主流は分割案だった。多数派がユダヤ人国家を認め、しかも一五万人のユダヤ移民を認めるべきと勧告したことは、UNSCOPの大勢はユダヤ難民とパレスチナ・ユダヤ人国家のリンケージを公的に認めたことを意味した。

そして、UNSCOPの報告を受け、十一月に国連でパレスチナ問題に関して議論が行われ、十一月二十九日に国連総会で多数派案に基づくパレスチナ分割決議（決議一八一号）が可決された。

アメリカ、ソ連が分割を支持することを十月下旬にはシオニスト指導者は確信していたが、総会での採択については いまだ微妙な情勢だった。この過程でシオニストが猛烈にトルーマンに圧力をかけ、トルーマンも最終的に各国に圧力をかけたことが指摘されており、この決議採択は賛成三三、反対一三、棄権一〇と僅差での可決だったのである。

## イスラエルの建国とパレスチナ問題

このパレスチナ分割決議成立に対し、パレスチナ・アラブ人の政治組織アラブ高等委員会は受け入れを拒否し、さらに周辺アラブ諸国によって結成されていたアラブ連盟も同様に拒否した。イギリスは十一月に、当初は四八年八月一日に設定されていた委任統治の終了を五月十四日に繰り上げると発表し、イギリスを引き継ぐ予定だった国連パレスチナ委員会は、政治的治安的に業務遂行が不可能とした。こうした事実上の権力の空白のなかで、一八一号決議の直後からパレスチナは内乱状態となり、政治的・軍事的組織化が不十分なパレスチナ・アラブ人に対し、着々とそれを進めていたシオニスト側は優位を保った。

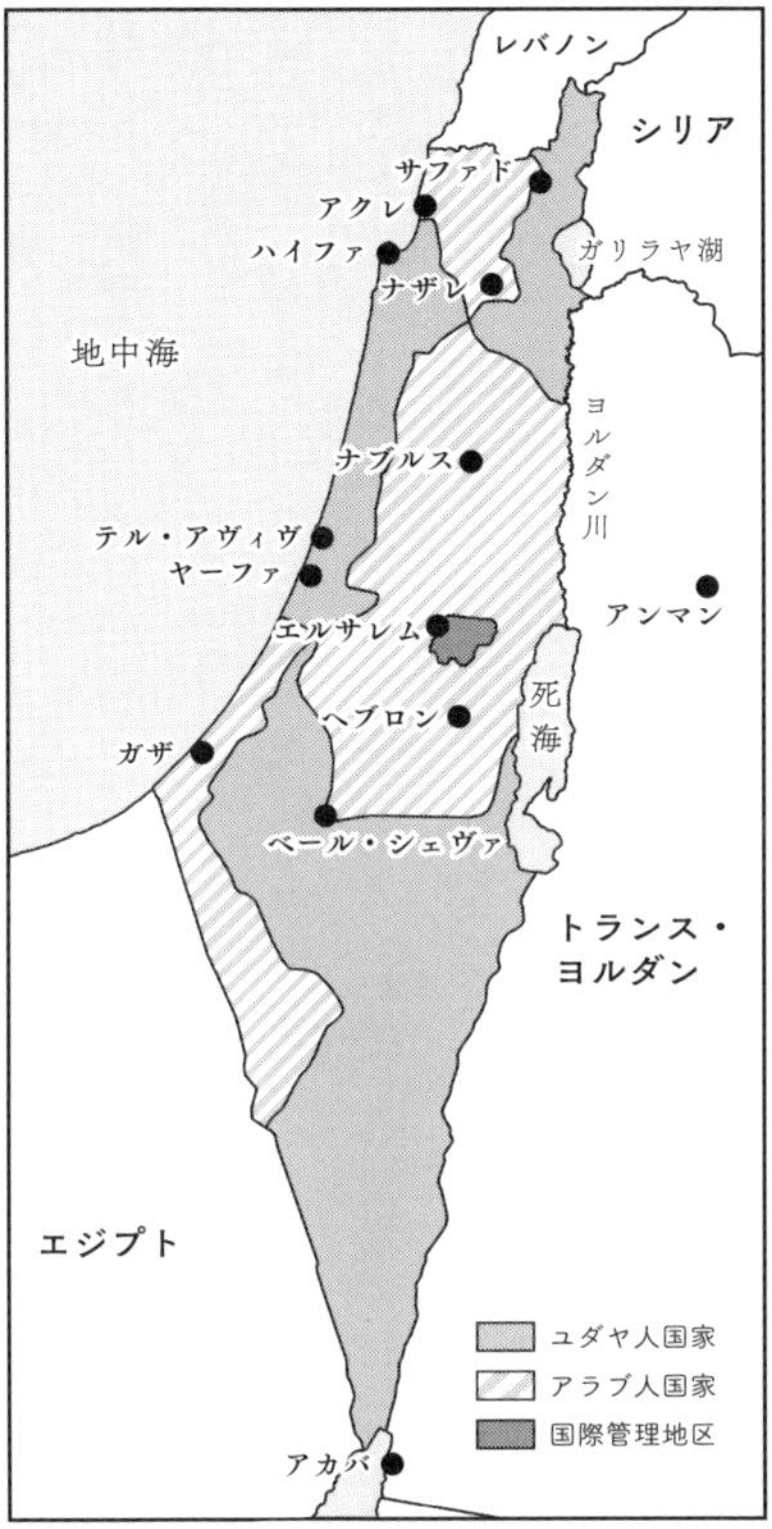


地図：国連分割案（阿部俊哉『パレスチナ』38頁をもとに作成）

他方、こうした情勢に対し、軍事的な介入なしには分割は実現不可能との前提で、アメリカ政府内で国際信託統治案が検討され、三月に国連で提唱された。そして四月の特別総会で、アメリカ代表が暫定信託統治案と停戦を提示したものの、もはやシオニスト側がそうした要請を受け入れることはなかった。さらに、シオニスト側は、四月以降、「D計画」と呼ばれる作戦を実施した。これは、この地域のアラブ市町村を恒久的に占領することを目的とし、(一)アラブ村が部隊の立ち入りに抵抗した場合、村を完全に破壊し、全住民を追放する、(二)無抵抗の場合は、武器、車両などをすべて押収し、疑わしい住民を勾留、ハガナの守備隊を送り込み、必要なら要塞化する、という原則に基づくものだった。この作戦進行のなかで、四月九日、エルサレム近郊のアラブ村デイル・ヤシーンで数百名が殺される虐殺事件が起こった。これがパレスチナ・アラブ人の間でパニックを引き起こし、あちらこちらで居住していた家や村から逃げ出すパレスチナ・アラブ人が相次いだ[67](これらのことをアラビア語で「ナクバ〔災厄〕という」)。

一九三〇年後半より、アメリカ・シオニスト運動内でも議論されていたパレスチナ・アラブ人のパレスチナ以外への「移住」「移送」は、ついに暴力的な「追放」「虐殺」として、実行に移されたのである。

そして、委任統治が終了する一八四八年五月十四日、ベン・グリオンは以下のような独立宣言をテル・アヴィヴにおいて読み上げた。

ユダヤ民族の当然で歴史的な権利と、国連総会の決議に基づき、我々はここに、パレスチナにイスラエルと呼ばれるユダヤ人国家の樹立を、宣言する。

この独立宣言の直後、アメリカ政府は新国家イスラエルを承認した。数日の間にソ連、ポーランド、チェコスロバキア、グアテマラ、ウルグアイなどの諸国がこれに続き、イスラエルは主権を有す国民国家としての体裁を整えたのである。(68)

アラブ諸国は、この宣言を契機にイスラエルへ宣戦布告し、第一次中東戦争（アラブ側は「パレスチナ戦争」、イスラエル側は「独立戦争」と呼ぶ）が勃発した。アラブ諸国は、戦争準備も不足し、統一的な統合司令部もなく、実戦経験があるのはトランス・ヨルダンの軍隊だけという状態であった。しかも各国が個別利害に基づき行動したため、一八四八年六月の一次停戦を経て、一九四九年までにイスラエルが各国別に休戦協定を結んで成立した戦争終結の際には、イスラエルが支配下に置いた領土はパレスチナ全土の約七七パーセントにものぼった。残りの二三パーセントにあたるヨルダン川西岸、ガザは、それぞれトランス・ヨルダン、エジプトの支配下に置かれることとなった。国連パレスチナ分割決議で建国される予定となっていた、パレスチナ・アラブ人の国家は実現することはおろか、彼らは虐殺され、追放された約七〇万人が「難民」となることを強いられることになったのである。(69)

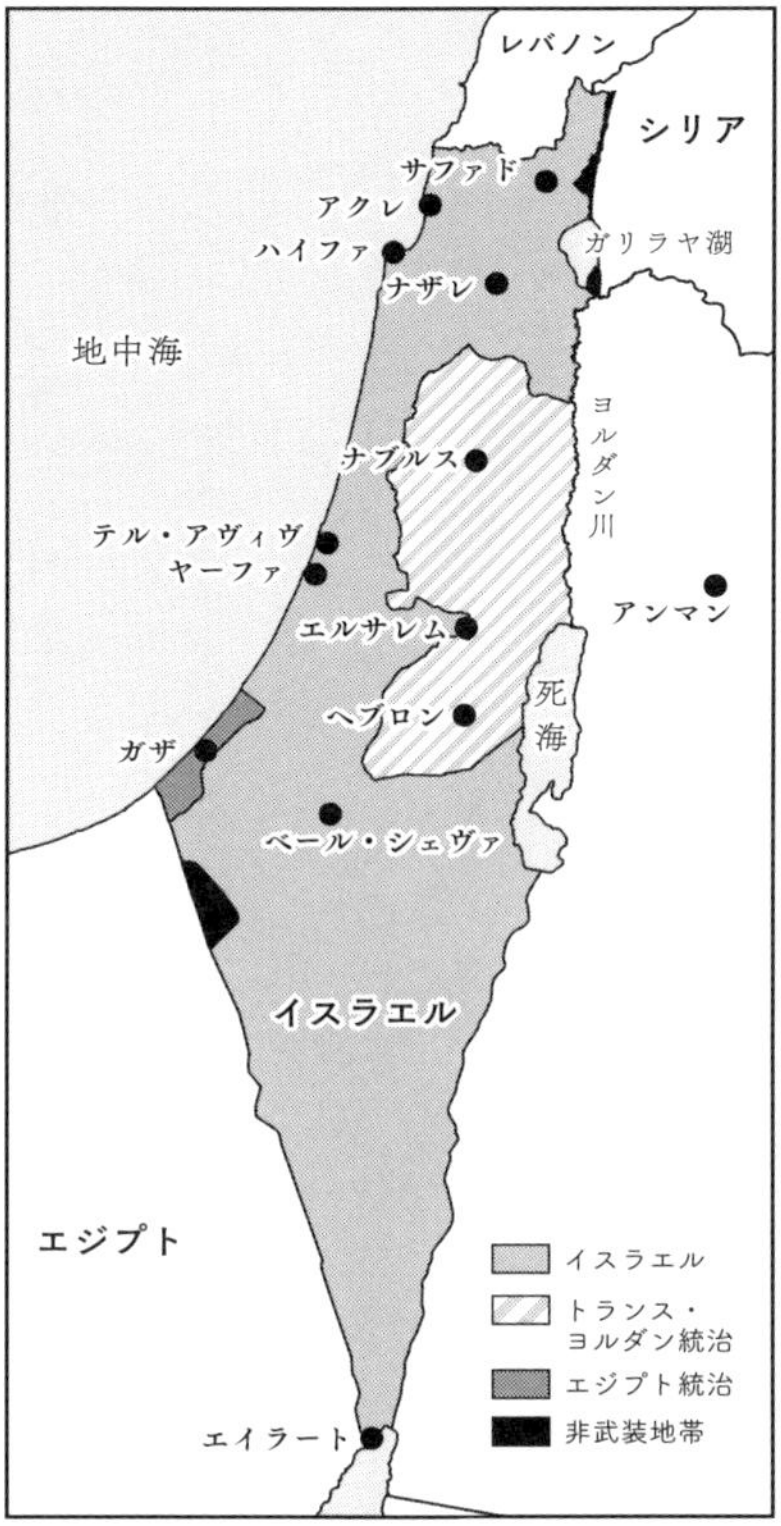


地図：休戦ライン（阿部俊哉『パレスチナ』54頁をもとに作成）

## 第二節　むすびに代えて

### ユダヤ人国家イスラエルの建国

以上のような過程を経て、ヨーロッパのホロコーストを極限とするユダヤ人問題から、中東のパレスチナ問題へと暴力は転嫁された。虐殺、難民問題の転嫁である。

イスラエル建国は、複雑な権力過程を経て実現するが、そこにあったのはユダヤ人とパレスチナ・アラブ人との共存という発想が概して希薄なままの、ユダヤ人救済とパレスチナ・ユダヤ人国家のリンケージであった。それはアメリカ大統領トルーマンの一〇万人のユダヤ難民へのパレスチナ門戸開放やユダヤ人国家建設を支持したヨム・キプール声明、そしてアラブ人とユダヤ人を共存させようとする発想がないままのイスラエル国家の承認ということにみてとれる。これは、第二次世界大戦中からのシオニスト運動のリンケージ戦略の帰結であるとはいえるだろう。難民／故国喪失状態のユダヤ人のためのパレスチナ・ユダヤ人国家の建設は、ナチスによるユダヤ人迫害の帰結としての絶滅計画と実行という事実を背景に、アメリカ・シオニスト運動、アメリカ・ユダヤ人社会、アメリカ社会とアリーナを広げて「自明」となり、トルーマンの行為を規定していったといえる。そして、アメリカをはじめとする国々の承認を得て独立したイスラエルは、パレスチナ・アラブ人を虐殺し、土地を奪い、大量の難民を生み出すことになった。一九九〇年代に中東和平プロセスが進展しパレスチナ自治政府の樹立までたどりついたものの、パレスチナ難民問題は解決されないまま、二〇〇〇年以降もパレスチナ人に対する虐殺、空爆、入植地建設、分離壁の建設など苛烈な暴力は衰えることを知らないかのようである。

## アメリカ・シオニスト運動

しかしこのユダヤ人国家イスラエルの建国は、シオニスト運動の内在的な要因からして、単純に実現しうるものではなかった。シオニスト運動はパレスチナにユダヤ人国家を建設することを目標としていたが、パレスチナで多数を占めていたのはアラブ人であり、その国家建設の正統性も実質的基盤も脆弱なものであった。またディアスポラのユダヤ人を対象としていたシオニスト運動は、ナショナリズムの基盤であるユダヤ・ネーション形成という点でも大きな困難を抱えていた。ユダヤ難民問題が深刻になった一九三〇年代末以降、シオニスト運動は、ユダヤ人国家建設を実現課題とするが、その成否を握っていたのはアメリカ・ユダヤ人であった。パレスチナでの基盤が脆弱ななかでユダヤ人国家を実現するには大国アメリカの支持、支援が不可欠であったし、ネーションとしての体裁を整えるためには、アメリカ・ユダヤ人の（原理的にいえば彼らもユダヤ・ネーションになることを要請するものでもあったが）、最低でもユダヤ人国家建設に対する支持を必要としていたからである。しかし、その道のりは平板なものではなかった。

アメリカにおいてシオニスト運動は、「二重の忠誠」を疑われる、反ユダヤ主義を助長するなどとして長い間警戒、忌避されていた。とりわけアメリカで有力なユダヤ系団体であったＡＪＣは、一九四四年に至るまで一貫してシオニスト運動に反対していた。こうした問題をアメリカ・シオニスト運動は以下の形で克服していったといえる。まずブランダイスという傑出した人物の登場によって、「アメリカ」・シオニスト運動という独自のあり方が可能となった。彼は、シオニスト運動をユダヤ人に「自由」を与える運動として規定し、シオニスト運動を支持してもアメリカ・ユダヤ人にパレスチナへ移住しなくてもいい自由を担保し、またアメリカニズムの根幹である自由とシオニズムが一致することを提示した。こうして、アメリカのシオニスト運動は、アメリカ・ユダヤ人一般に受け入れられやすい体裁を整え、(二〇年代はこの「アメリカ」・シオニズムの特性ゆえに運動内で「敗北」したものの) 大衆動員を可能にしていった。第二に、ユダヤ軍創設問題やビルトモア会議に関連する議論にみられるように、アメリカ・ユダヤ人を「例外化」した「ユダヤ・ネーション」形成をはかったことである。ユダヤ軍創設の場合、その位置づけをめぐってベン・グリオンらとアメリカ・シオニストの間で激しい攻防が展開されたが、最終的にベン・グリオンは、アメリカ・ユダヤ人の支持獲得を優先しユダヤ軍が象徴するはずの「ユダヤ・ネーション」という概念については妥協したのである。またビルトモア会議においては、「homelessのためのユダヤ・コモンウェルス建設」を掲げていた。この場合基本的には、homelessとは難民を指し、その強調は、実際にナチスによる反ユダヤ政策、さらにこの時期にはナチによるユダヤ人大量虐殺のニュースも伝わっているなかで、ユダヤ・コモンウェルス建設正当化を訴え、そして実際に説得力をもつものであった。もう少し詳細に検討すると、「難民」と強調することで、家も故国ももつアメリカ・ユダヤ人をユダヤ人国家の構成員から外すという側面を強くもつものであった。これにより、シオニストも含むアメリカ・ユダヤ人はアメリカ人としての立場やアイデンティティを損なわずに済んだのである。他方で、homelessとは「故国喪失」とも解すことができ、二〇〇〇年来故国を失っている「ユダヤ民族」全体のためのユダヤ・コモンウェルスという位置づけを残しうるものであり、辛うじてユダヤ・ナショナリズムとしてのイデオロギーを維持しうるものでもあった。このようにして、アメリカ・シオニスト運動は、アメリカ人としてのアイデンティティやアメリカ・ユダヤ人の支持獲得という目標とユダヤ人国家を建設するというシオニズムがもつ齟齬や矛盾を調整していったのである。

しかしながら、一九四三年にアメリカ・ユダヤ人会議に至る過程においても、いまだＡＪＣ、ＡＣＪらの強い抵抗が存在していた。「ユダヤ・コモンウェルス建設」を支持する決議が採択されるに至ったのは、ナチによるユダヤ人の組織的絶滅計画が知られるようになったこと、さらにユダヤ人救済に対する英米政府の無策という、ユダヤ人にとっては絶望的な歴史的状況を背景に、シルヴァーという急進的でカリスマ性のある人物が強い影響力をもつようになったという、出来事があってのことだといえる。

以上のことから、アメリカ・ユダヤ社会がおおよそ団結して「パレスチナ・ユダヤコモンウェルス建設」を支持したアメリカ・ユダヤ人会議の帰結は、アメリカ・ユダヤ人の「ユダヤ民族」としての意識を前提にした政治的自己主張といいうるものではなく、歴史的状況と出来事のなかで浮上していった、「ユダヤ難民のためのユダヤ・コモンウェルス」というアジェンダをめぐる権力過程の帰結としての、いわば一個の「終端的形態」(三九頁序章註44参照)ともいえる側面があった。そしてそれは、パレスチナ・アラブ人との共存という問題をアメリカ・シオニスト運動、アメリカ・ユダヤ社会、ひいてはアメリカ社会から排除するという帰結をもたらすものだった。このように、「パレスチナ・ユダヤコモンウェルス建設」というアジェンダの形成・確定をめぐる権力過程として、アメリカ・ユダヤ人会議とその帰結をみることで、ルークスのいう洗脳の権力の暴力性もわかると同時に、消えていったオプションとしての、共存を目指したローゼンブラットの議論にも光を当てることができたといえる。

またアメリカ・シオニスト運動のユダヤ・ネーション、ユダヤ人国家をめぐる複雑な軌跡をみるならば、「ユダヤ人とは何か」という根源的な問題は差し当たって措くとしても、少なくとも「ユダヤ人」という自己認識が、明確な実体的文化的共同体としての「民族」、それを基盤とした政治的共同体としての「ネーション」へと連続的に連なると想定することには無理があるとはいえるだろう。

さらに指摘すべきは、アメリカ・シオニスト(さらにはアメリカ・ユダヤ人)とユダヤ人国家(およびイスラエル)との、アンダーソンが遠隔地ナショナリズムの「脅威」として指摘した問題である。彼は、「このナショナリズムは生真面目なものであるが、しかし根本的には無責任であるような政治活動を生み出す」と述べ、具体的に以下のような指摘を行っている。

遠くの地から政治に割り込む人々は、活動の舞台としている国に税を支払うことはまずないし、その国の司法制度から責任を問われることもない。別の国の市民であるから、おそらく選挙の不在者投票さえしない。本人もその両親も刑務所や拷問、死刑をおそれる必要がない。彼らは第一世界のなかで安楽かつ安全な場所に身をおき、金や銃を送り出し、プロパガンダを流布させ、コンピューターを使って大陸間の情報ネットワークを築く。これらのすべての行為が、最終目的地となる地域では予想のできない結果を引き起こしてしまうかもしれないのだ。

つまり、アメリカ・ユダヤ人のユダヤ人国家（イスラエル）に対する明確な「責任」を伴わない支援や関与が、イスラエルによるパレスチナ・アラブ人への暴力や抑圧行為を促進してきた可能性が否定できないのである。本書で扱った時期においても、アメリカ・ユダヤ人がパレスチナ・アラブ人との共存という発想を排除したうえで「ユダヤ難民の救済のためのユダヤ人国家」を支持し、それがアメリカにおいて「自明」となったことは、ナチスによるユダヤ人大量虐殺に対する彼らのあまりにも痛ましい心情は察しうるにしても、パレスチナ・アラブ人の排除や彼らへの暴力へとつらなる基底となっていった側面は指摘しうるのではないか。また現在においてもアメリカ・ユダヤ人のイスラエルへの支持や資金援助が、共存という方向ではなく、圧倒的な軍事力を背景とする虐殺や入植地建設などによるパレスチナ・アラブ人への暴力を下支えしている点は否めない。このことは、紛争の継続によってイスラエル人も犠牲になり続けることも意味している。アメリカ・ユダヤ人の当事者性をともなわない関与が暴力的状況の発生、継続や拡大に寄与していることへの認識は、必要なのではないだろうか。

第二部で述べたように、アメリカ・シオニスト運動、アメリカ・ユダヤ人の間では、パレスチナにおける「民主主義」と「ユダヤ人国家」建設の正統性の齟齬に関する認識と議論は本来存在していた。最終的に、アメリカ・シオニスト運動の大勢は、パレスチナ・アラブ人のパレスチナ以外の地への「移住」や「移送」という方向に傾斜するわけであるが、これはパレスチナの現実状況において「何らかの文化的同質性を共有すると想定される『民族』と政治共同体の構成員としての『ネーション』が一致すべき」というナショナリズムの原理を前提に、主権を有するユダヤ人国家を、民主主義の多数決原理に基いて確立しようとすれば、論理的・構造的・歴史的に、免れることの難しい帰結だったのかもしれない。そして、こうした「合理的」な解決の志向性は、パレスチナ・アラブ人のライフ（生命／人生／生活）を犠牲にするものであった。

本書ではユダヤ人国家について「主権」を前提とするという発想も歴史的に規定されたものであり、その相対化の必要があることを示唆してきた。しかし、アーレントが『イェルサレムのアイヒマン』において述べている通り[70]、常にマイノリティとして他者に運命を翻弄され、迫害・虐殺されてきた歴史を共有するものとしての「ユダヤ人」（と自らみなしている人々）ほど、その必要性を痛感している人々もいないかもしれない。しかし、イスラエルという主権国家が及ぼしてきた苛烈な暴力を、ユダヤ人の筆舌に尽くし難い過去をもって、容認し続けることができるのかという問題性は強く残る。

また「ユダヤ人問題」から「パレスチナ問題」に連なる基底には、明確な「排除」とは別の形で、国民国家におけるマイノリティの困難という問題も存在している。本書では、ユダヤ人にとって、「法の下での平等」ということだけでは不十分であるという認識が、シオニスト運動の底流に存在していたことを指摘してきた。確かに、通常「民主主義」は少数派にも発言の権利を認め、少数派の意見を尊重するように要請するものであり、また争点によっては状況次第で多数派−少数派が入れ替わる可能性はありうる。しかし、民族やエスニシティに関連する争点は、利害関心が相対的に固定的であり（マジョリティがマジョリティにとって有利な政策を選択するのは当然である）、しかも人々の自尊心や実存に関わるため感情的になりやすい問題であることを考えるならば、そうした争点が固定的な国民国家の枠内での多数決原理によって最終的に決められることは、マイノリティにとっては恒常的・半永久的（人口の激変がない限り）に不利な状態を受け入れなければならないことを意味する。実際、シオニストが「マジョリティになること」を重視したのは、ユダヤ人国家建設の正統性確保とは位相の異なるレベルで、「民主主義」のこのような側面を自覚していたからだと考えられる。そして、このマジョリティ−マイノリティ問題の先鋭化は、新たな民族主権国家の建設、それに伴う暴力へとつらなる可能性を常に秘めているし、実際にそういう例には事欠かない。

だとするならば、より暴力の少ない秩序を形成しようとするならば、「民主主義」の再考も必要だといえるのではないか。「民主主義」には多数決原理や制度や手続きだけでなく「自由・平等な個人が自分たちのために政治社会を組み上げて共同生活をつくりだす」(71)という原理があるはずである。ブランダイス自身にも、人々の生活・実情への配慮を前提に人間性を維持・発展させるためのものとして「民主主義」を捉え、マイノリティの「集団の権利」を訴えていた。(72)その意味で、人々の実際のライフを前提に、より排除性の少ない政治制度としての、ローゼンブラットの提唱した属人主義的連邦制も、現実的な適用ははなはだ困難であるとはいえ、パレスチナ／イスラエルの、そして民族紛争や民族浄化が苛烈な地域の、将来の共存可能な安定的秩序を考えるうえで、再検討の余地はあるのではないか。

国民国家が基本的に「閉じる」傾向の強いものであり、その閉鎖性・排他性が強固になったこと、そのことによって「国民」と「民族」の狭間に陥った「マイノリティ」または「他者」(パレスチナ・アラブ人は数ではマイノリティではなかった)が国家の枠から排除され、場合によっては「虐殺」され「難民」にされてしまう構造が、「ユダヤ人問題」から「パレスチナ問題」に至る底流の一つにあるのだとすれば、パレスチナ問題の解決にあたっては、西岸・ガザに(ミニ)パレスチナ国民国家を建設するという「閉じた」政治体制の縮小再生産のような形ではなく、むしろ「開かれた」政治秩序の構築を検討すべきだといえるのではないか。その点からすれば、繰り返しになるが先にも述べたローゼンブラットが提起した属人主義的な連邦制も(そのまま適用できるものではないにせよ)一つの選択肢として再検討するに値するように思われる。また、「開かれた」政治体制という観点からすれば、ディアスポラ・ユダヤ人との関係においても、ユダヤ機関をより実効的に機能しうるように改革し、ディアスポラ・ユダヤ人にも税を課すことで、イスラエルにおける参政権を付与し、明確な「責任」を前提にした政治活動を促す枠組みを構築するという方向も検討する意味はあるように思われる。もちろん、その場合アメリカ・ユダヤ人のリベラル派と右派系のどちらが、より積極的に参加するかという予測などはつかないし、現実的にはおおよそ実現不可能な構想だろう。それでも責任を伴う政治行動によって、より安定的な秩序形成への道筋がたてられていくことを願って止まない。なにより重要だと思われることは、暴力的な現状を打開し将来のヴィジョンを構築するうえで、思考や志向の幅を狭めないこと、ライフ(生命/生活/人生)をベースとした安定的秩序構築のための様々な政治制度や改革のあり方を思考し続けることが必要だということである。

本書がこれまで示唆してきたように、ユダヤ人問題とパレスチナ問題とを結ぶ基底には、国民国家の有す「排除」の側面が、連綿と、かつ極限的に暴力的な形で流れているといえる。また、西欧近代が発明した「法の下の(個人の)平等」の限界という問題、さらに「民主主義」などの理念が、ある局面、ある人々にとっては、必ずしもポジティブに機能するものではなく、場合によっては苛烈な暴力をもたらすといった問題も、そこには存在する。だとするならば、やはりこうした「普遍的」理念が実際の現実のなかでいかに機能しているか、という点を常に注意深く検証する姿勢が求められるといえる。

ユダヤ人問題からパレスチナ問題に至る絶望的に暴力的な事態のなかに、唯一わずかな光を見出そうとするならば、それは人間の「理性」のあり方ということのように思われる。ナチスによるユダヤ人大量虐殺、絶滅計画の存在が知られ、「ただ『ユダヤ人』であるという理由だけで抹殺される」という現実を前に、おおよそのユダヤ人が恐慌状態となるのがある意味当然だといえるが、そうした状況のなかでローゼンブラットという人物は、最後まで属人主義的連邦制やパレスチナ地域の共通の富の共有という形での「コモンウェルス」の再解釈などパレスチナ地域の共存可能な具体的な将来構想を提唱し続けた。彼のあり方はいわば「敗北必至の英雄的行為」ともいえるものかもしれないが、それはナチスのように「他者」を合理的に抹殺するために用いられるような「理性」ではなく、「他者」との共存をはかるために常に現状を冷静に分析しつつ将来構想を思考し続けることを可能とするものとしての人間の「理性」のあり方を示しているように思われるのである。これは、パレスチナ問題を考える際にも、ひいては様々な暴力の問題を考える際にも参考になることなのではないだろうか。

## 註

（1）*FRUS, Diplomatic Papers, 1945, Vol. VIII: The Near East and Africa*, pp. 688-689.

（2）一九四五年四月十八日、彼はシオニストが大統領からシオニストの綱領を支持する言質を引き出しにくるであろうこと、パレスチナ問題は非常に複雑な問題であるから十分慎重に扱わなければならないことを警告したのである（*Ibid*., pp.

704-705)。

（3）*Ibid.*, pp. 716-717.

（4）ハリソンは難民政府間委員会（Inter-Governmental Comittee on Refugees）の代表だった。

（5）Cohen, *Palestine, Retreat from the Mandate*, 1978, p. 56.

（6）ただし、トルーマンの行動や発言に一貫していえるのは、トルーマンはあくまで「ユダヤ難民の解決」のための有力な選択肢の一つとしてパレスチナを取り上げているに過ぎなかったことである。トルーマンにとっては、第三部で述べたような戦時中のアメリカ政治社会の状況をふまえれば、パレスチナはユダヤ難民問題の解決策として妥当だと考えたであろうことは想像だに難くない。さらにトルーマン政権にとって焦眉の課題が、戦時体制から平時体制への移行、とりわけ具体的には失業問題だったことも鑑みるならば、自国に大量のユダヤ難民を引き受けることは回避すべきことだったといえる（石田正治『冷戦国家の形成——トルーマンと安全保障のパラドックス』三一書房、一九九二年参照）。

（7）イギリスが提示した委員会の目的は以下の通りである。

（一）イギリスとアメリカの占領下のヨーロッパにおけるユダヤ人の立場を調査する。
（二）出身国に再定住することが不可能なことが証明されるユダヤ人の数を見積もる。
（三）ヨーロッパ以外の国への移民による状況改善の可能性を調査する。
（四）緊急な状況の必要に応じた方法を検討する。

イギリス政府は、ユダヤ人が独自の国家を建設することのできる民族であることを認めず、さらに「パレスチナへのユダヤ移民は第三項に従って検討されるべき」だとして、ユダヤ難民の救済場所としてパレスチナを特別に取り上げることを回避しようとした（*FRUS* [1945], pp. 771-775.）。

（8）アメリカの提示した委員会の目的は以下の通りである。

（一）ユダヤ人をパレスチナに移住・定住させつつも、現在そこに居住している人々も良好な生活状況を維持することができるようなパレスチナの政治的、経済的、社会的状態について検討する。

（二）ユダヤ人がナチやファシストの迫害の犠牲となったヨーロッパの国々の現在のユダヤ人の状態を調査する。……パレスチナやヨーロッパ以外の国々への移住を希望する、もしくは移住せざるをえないユダヤ人の数を調査する。

（三）……パレスチナ問題に関してアラブ人とユダヤ人の代表を含めた有能な参考人の見解を聞き、アメリカ政府とイギリス政府に対し恒久的な解決と同様、種々の問題に関する暫定的な取扱いに関しても勧告する（*FRUS* [1945], pp. 785-787）。

（9）Amikam Nachmani, *Great Power Discord in Palestine: The Anglo-American Committee of Inquiry into the Problems of Europian Jewry and Palestine 1945-1946*, London, Frank Cass, 1987, p. 145.

（10）*Ibid.*, p. 146.

（11）Leonard Dinnerstein, *America, Britain, and Palestine: The Anglo-American Committee of Inquiry and the Displaced Persons, 1945-46*, Diplomatic History, vol. 4 no. 3, 1980, p. 293.

（12）野村真理「カタストロフィ・シオニズム――ホロコースト後のユダヤ人ＤＰ（Displaced Persons）」、臼杵陽監修、赤尾光春・早尾貴紀編『シオニズムの解剖――現代ユダヤ世界におけるディアスポラとイスラエルの相克』人文書院、二〇一一年、一三四―一三五頁。

（13）Nachmani, *op. cit.*, p. 144.

（14）ただし、本年はパレスチナよりもアメリカに行きたいという願望を抱いていたともされる。「もし選択しようとすれば、おそらくほとんどの者はアメリカを選ぶだろう。パレスチナはおそらく第二の選択肢だろう」とするＤＰの証言も存在している。アメリカは、一九二四年移民法を改正せず、一九四五年十一月二十二日に移民割り当ての半数を難民に割り当てるとする「大統領のクリスマス・プレゼント」と呼ばれる行政措置をとったものの、この措置ではＤＰｓ救済にはほとんど実効性はなく、移住手続きに居住国での身分証明を要求するなど、自国でのＤＰｓ救済には過酷なまでに厳しい態度を貫いていた（野村真理、前掲、一三〇―一三一頁）。

（15）Cohen [1978], *op. cit.*, pp. 109-110.

（16）*FRUS, Diplomatic Papers, 1946, Vol. VII: The Near East and Africa*, pp. 588-589.

（17）H. Levenberg, “Bevin's Disillusionment: the London Conference”, *Middle Eastern Studies*, Autumn, 1946, p. 618.

（18）*Ibid.*, p. 597.

（19）アメリカ政府の一貫した立場は、パレスチナに米軍を投入することを回避するということであった。六月二十一日にイギリス側の代表団の長であったブルーク（Norman Brook）が駐英アメリカ大使のハリマン（Averell Harriman）に対し、協議にアメリカ参謀本部の一員を送るよう要請した時、国務長官のバーンズは「パレスチナに関する特定の問題に関して、イギリスとアメリカの間で軍事的な議論をするのは現段階において望ましくない。米軍の介入の可能性に関してアメリカが利害関係をもっていることを示唆するものとして解釈される可能性のあることは何もすべきでない」と述べ、この姿勢を明らかにした。ロンドンに出発前のバーンズの代理としてアメリカ代表団を率いたグラディ（Henry F. Grady）に指示を与えた際、トルーマンはアメリカが委員会の勧告を実行するために米軍を投入するつもりも、アメリカがパレスチナの信託統治国もしくは共同信託統治国としての職務を果たすつもりもないことを断固として主張した（Cohen [1978], *op. cit.*, p. 122.）。

（20）*Ibid.*, p. 125.

（21）この案は統一パレスチナ国家の独立を主張するアラブ人に意向に沿った多数を占めるアラブが実質的に支配権を確保することのできる連邦制へも、パレスチナ分割によるアラブ人国家、ユダヤ人国家の二つの独立国家へも発展する可能性をもっていた。この案の意図は、アラブ人、ユダヤ人に妥協の可能性を示唆することで解決策を模索する、ある意味で時間稼ぎをしつつ、アメリカの財政的支援によってパレスチナにおける自らのプレゼンスを維持することにあった。その意味で、この案はアメリカの支援を得て帝国－連邦体制を維持するという、まさに戦後のイギリス帝国主義政策の産物だったといえる。

（22）Cohen [1978], *op. cit.*, p. 125.

（23）*Ibid.*, p. 125.

（24）*Ibid.*, p. 127.

（25）*Ibid.*, p. 128.

（26）*Ibid.*, pp. 130-131.

（27）Wm. Roger Louis, *The British Empire in the Middle East 1945-1951: Arab Nationalism, the United States, and Power Imperialism*, Oxford, Clarendon Press, 1984, p. 437.

（28）*FRUS* [1946], p. 674.

（29）Cohen [1978], *op. cit.*, p. 141.

（30）*Ibid.*, p. 142.

（31）*Ibid*., pp. 141–147, and Michael J. Cohen (ed.), *The Rise of Israel 35: The Anglo-American Committee on Palestine, 1945–1946*, New York & London, Garland Publishing, 1987, p. 219.

（32）*FRUS* [1946], p. 687.

（33）Levenberg, *op. cit*., p. 620.

（34）Cohen [1978], *op. cit*., p. 157.

（35）Public Paper of the Presidents, Harry S. Truman, 1946, June-Dec., pp. 424–425.

（36）Cohen [1978], *op. cit*., p. 156.

（37）実際ＺＯＡのゴールドマンが九月十四日にベヴィンらと会談を行った際、我々が先の決定（分割案を土台にしない限りパレスチナ会議に出席しない）を覆すことができるようなイギリス政府側の何らかの妥協的な意志表示がなされるならば、ユダヤ機関は会議に出席するだろうと伝えていた（*Ibid*., p. 157.）。

（38）J. C. Hurewitz, *Struggle for Palestine*, New York, Greenwood Press, 1968, p. 264.

（39）Cohen [1978], *op. cit*., p. 165.

（40）Harry S. Truman, *The Memoirs of Harry S. Truman vol. 2: Year of Trial and Hope, 1946–1953*, New York, Hodder and Stoughton, 1956, p. 148.

（41）Michael J. Cohen (ed.), *The Rise of Israel 31*, 1987, p. 256.

（42）Cohen [1978], *op. cit*., p. 169.

（43）Michael J. Cohen, "The Zionist Perspective", Roger Louis, Wm. and Robert W. Stookey (ed.), *The End of the Palestine Mandate*, London, I. B. Tauris & Co. Ltd., 1986, pp. 87–88.

（44）Cohen [1978], *op. cit*., p. 167.

（45）例えば一九四六年十月六日の『ニューヨーク・タイムズ』は、「彼〔トルーマン〕が昨日〔一〇・四〕に発表した声明は、聖地（Holy Land）の一部にユダヤ人国家を建設することに対するアメリカ政府の支持を誓ったものだった」と述べている。

（46）*FRUS* [1946], p. 704.

（47）Cohen [1978], *op. cit*., pp. 166–167.

（48）木畑洋一によると、イギリス政府は第一次大戦における戦争協力をもって自治化へと傾斜していた自治領に対し、政策決定における形式的平等性の付与をもって牽制し帝国の統合維持を目指し、一九三一年にはウェストミンスター憲章で最終的に確認される「連邦（commonwealth）」体制を確立した。しかし、これは自治領が本格的に帝国の紐帯を切るものではないという前提でのことであり、こうした帝国の枠組みの根本的な組み換えを意味するものではない連邦形成を、帝国－連邦体制と呼んだ。詳しくは木畑洋一『新しい世界史（5）支配の代償――英帝国の崩壊と「帝国意識」』東京大学出版会、一九八七年参照。

（49）Elisabeth Barker, *The British between the Superpowers, 1945-50*, London, The Macmillan Press Ltd., 1983, p. 52.

（50）政治的解決を否定し、武力によるユダヤ人国家の建設を目指す修正主義のイルグン（Irgun Zuai Leumi）やレヒ（Lehi）といったユダヤ人軍事組織は、イギリス委任統治政府の関連施設やイギリス要人に対するテロを継続的に行っていた。一九四六年五月には、ユダヤ機関の統制下にあったユダヤ人防衛組織のハガナ（Haganah）も、イルグン、レヒらと共同で、鉄道や道路を攻撃するなど対英武装闘争を展開した。基本的にハガナの軍事活動はあくまで政治的な一手段に過ぎなかったが、修正主義の軍事組織は完全に対イギリス武装闘争を目指していたため、その活動は過激化する一方であった。彼らの軍事活動の中でも、イギリス要人に対する誘拐や、一九四六年七月二十二日のイギリス軍事司令部のあったキング・デーヴィッド・ホテルの爆破は、イギリス政府内部でパレスチナ委任統治の継続を疑問視する主張を強めることになった。

　これらのテロを鎮圧するため、イギリス政府はイシューブの主要な軍事力であったハガナのエリート組織パルマ（Palmach）を壊滅し、シオニスト内部の行動主義者を逮捕し、委任統治政府に協力的な穏健派勢力の権威の回復をはかろうとした。そのため、イギリス政府は六月二十九日に「アガサ作戦（Operation Agatha）」と呼ばれる作戦を開始した。これは、ユダヤ機関の建物を占拠し、大規模な武器捜索をし、行動主義者を逮捕するものだった。

　しかしながらそれでもテロはやまず、十月、イギリス政府は植民地省長官にクリーチ・ジョーンズを任命して懐柔策に転じた。イギリス政府は、アガサ作戦時に逮捕した拘留者を解放し、テロリストや武器捜索の一時中断など一連の対シオニスト宥和政策を展開し、シオニスト穏健派の権威を回復させて、ユダヤ機関の対テロ対策に対する協力を得ようとしたのである。

　しかしながら、十月から十一月にかけてイルグンはローマのイギリス大使館爆破（一〇・三一）やイギリス警察車の爆破（一一・一七）など対英テロを継続し、この宥和政策によるテロの鎮圧が失敗したことを示した（Cohen [1978], *op. cit.*, p.

239)。

（51）十月二十五日、ベヴィンは内閣に対しパレスチナ政策の方針を打ち出した。それは、十二月の初めまでにユダヤ、アラブ双方との交渉による解決の見通しがたたない場合には、次の三つの選択肢のなかから方針を選択するというものであった。

（a）二つのコミュニティのどちらかに受け入れられる解決案を課す。その場合、統合参謀本部は、どちらにも抵抗される解決案は効果的に実行することはできないと述べている。

（b）委任統治を放棄し、パレスチナから撤退する。しかし、これはイギリスの中東における戦略的地位と世界における威信を損なうものであろう。

（c）分割案を採用し、パレスチナのアラブ地域はヨルダンに併合する。ただし、パレスチナ・アラブ人はいうまでもなく、アラブ諸国もそのような解決案に反対するだろう。

閣僚の大部分は、分割案が唯一実行可能なものであろうと考えていたが、ベヴィンは、分割案はアラブの反対が強く、イギリスの中東全域における立場を損なうものだとして懐疑的であった（Roger Louis, *op. cit.*, p. 445）。

パレスチナ政策における実質的主導権を握っていたベヴィンは、明らかにこの段階でパレスチナ問題を国連へ委ねることを有力な選択肢としてとらえていた。ベヴィンをはじめ英外務省は、シオニストの提案する分割案はイギリス政府として受け入れられないものであり、再開の予定されているパレスチナ会議において、分割案の非実行性が明らかになるだろうと考えていた（Cohen [1978], *op. cit.*, pp. 203–204）。ベヴィンは、基本路線としてアラブ諸国の合意を獲得するということを第一の目標とし、合意に至らない場合には、イギリスに対するアラブ諸国の反発を軽減するためにこの問題を国連へ委ねることを考えた。その際、イギリス主導によるパレスチナ問題解決の最後の試みとして、一九四七年二月のパレスチナ会議の再開に向けたシオニストとの交渉のなかで、パレスチナ問題を国連へ委ねることを主張し、シオニストからの妥協を引き出そうと試みたのである。

（52）Cohen (ed.) [1987], vol. 31, *op. cit.*, pp. 265–271.

（53）Cohen [1978], *op. cit.*, p. 171.

（54）*Ibid.*, p. 172.

(55) T. G. Fraster, *The USA and the Middle East since World War 2*, London, Macmillan, 1989, pp. 22-23.

(56) 十月二十一日に、国務省の近東・アフリカ問題局長のロイ・ヘンダーソンは国務長官アチソンへ宛てた書簡のなかで、ヨム・キプール声明の「イギリス案とユダヤ機関案の妥協」を基本路線としつつ、「イギリス政府にアメリカ政府に受け入れられる解決案を見いだすためにアメリカ政府と協力するよう説得する以外のことをすべきではない」と主張した。これは、国務省がシオニストの意図したようにアメリカ政府がイギリス政府に分割案を受け入れるよう圧力をかけようとしたものではないが、「アメリカ政府に受け入れられる解決案」を強調することで、イギリス政府にユダヤ機関の案を真剣に検討することを促したものであるとはいえる。また、シオニストに対しては、関係勢力が合意に至らなかった場合パレスチナ問題を国連へ委ねるというアメリカ政府の意向を伝えることで、シオニストにより穏健的な解決案を提示させることを試みることを提案した。このように、国務省は「シオニストもイギリスもアメリカの支持を必要としている」という事実を逆手にとって、アメリカ政府にとって、アラブ人の反感を買うことでソ連の中東進出の契機となりかねず、また戦後国際秩序の構築にあたって協力関係を維持する必要のあるイギリスとの関係を損い、さらに国内政治上円滑で包括的な対中東、対世界戦略を阻害する可能性をもつパレスチナ問題の早期解決を目指そうとしたのである。ヘンダーソンは、最後にアメリカ政府がパレスチナ問題の解決に介入しない限り、「大統領、国務長官、国務省は誠実さの欠如もしくは裏切りを非難され続けるだろう」と述べ、アメリカ政府としてパレスチナ問題の解決に積極的な姿勢を示す必要性を訴えた (*FRUS* [1946], pp. 710-713)。十一月二十六日には、駐米イギリス大使インヴァーチャペル (Lord Inverchapel) は、アチソンが「イギリス政府が最善の策として分割案を支持するならば、アメリカ政府はイギリス政府に協力するであろうと確信している」ことを報告している (Cohen [1978], *op. cit.*, p. 176)。

(57) Cohen (ed.) [1987], vol. 31, *op. cit.*, p. 274.

(58) Cohen [1978], *op. cit.*, p. 173.

(59) 実際、穏健派は九月以降の対英交渉のなかで、モリソン＝グラディ案をパレスチナ会議の土台にするというイギリス政府の提案を、ユダヤ機関の決議にもかかわらず、受託する、もしくは分割案を前提とせずに会議に出席するべきであると主張していた。

(60) ベン・グリオンは「パレスチナ会議に出席しない」ことを主張しながらも、パレスチナ会議への不参加は、ワイズマンを失墜させイギリスに圧力をかけるための戦術的なものであり、対英交渉を打ち切る意図はなかった。ゆえに、会議の議決は「パレスチナ会議に出席しない」としながらも、「現行の条件においては」という留保をつけることで、執行部にイギリスとの交渉を行う余地を残したのである。このように、ベン・グリオンは、アメリカの支持とシオニストの対英闘争の可能性という二枚のカードをもってイギリスとの交渉に臨み、イギリス政府に分割案の受託と実行を要求しようとしたのである。

このベン・グリオンの強硬な態度の背景には、「イギリス政府はパレスチナから撤退しない」、具体的には「パレスチナ問題を国連へ委ねることはない」という確信があった。彼は「イギリス政府が、国連への委託を宣言するのは単に策謀的なものに過ぎない」と考えていたのである（Cohen [1986], *op. cit.*, p. 89)。

(61) Cohen [1978], *op. cit.*, pp. 219-220.

(62) J. C. Hurewitz, *op. cit.*, pp. 272-273.

(63) Charles L. Geddes (ed.), *A Documentary History of Arab-Israeli Conflict*, New York, Paeger Publishers, 1991, pp. 249-250.

(64) Bruce J. Evensen, *Truman, Palestine, and the Press: Shaping Conventional Wisdom at the Beginning of the Cold War*, New York, Greenwood Press, 1992, pp. 58-60.

(65) *Ibid.*, pp. 71-88., and Cohen [1978], *op. cit.*, pp. 250-257.

(66) UNSCOP、国連パレスチナ分割決議の詳細については、木村『パレスチナ分割』、一〇三—一九七頁。

(67) 奈良本英佑『パレスチナの歴史』明石書店、二〇〇五年、一四五—一四九頁。

(68) この宣言の起草中、イスラエルの国境、領土を明記すべきかどうかが議論となったが、ベン・グリオンは、明記する必要はないと主張し、国境は戦争のなかで事実上確定されることとなった（奈良本、前掲、一五〇頁）

(69) 同上、一五〇—一五四頁。

(70) アーレントはアイヒマン裁判について以下のように述べている。「イスラエルにとってこの裁判の持つ古今未曾有の特徴は、〔イェルサレムがローマ人によって破壊された紀元七〇年以来〕ここにはじめてユダヤ人は自分の民族に対しておこなわれた罪を裁くことができるようになったということ、ここにはじめてユダヤ人は保護や裁きを他者に求めたり、人権など当てにならない美辞麗句に頼ったりしないですむということだったのである。たとえばイギリス人は自分がイギリス人だとしてその権利を守り、その法律を押通すが、それだけの力のない民族のみがこの人権なるものを盾に取るのだということを、ユダヤ人以上によくしっているものはなかった。……ベン゠グリオンが『イスラエルは国際法廷の保護を必要としない』といったのは、このような非常に痛切な経験と願望を背景にしてのことだった」（ハンナ・アーレント『イェルサレムのアイヒマン——悪の陳腐さについての報告』大久保和郎訳、みすず書房、一九六九年、二〇九頁)。
(71) 福田歓一『近代「民主主義」とその展望』岩波新書、一九七七年、三二頁。
(72) イスラエルはイスラエル市民権をもつアラブ人にも結党の権利は認めており、「民主」国家としての内実を整えている側面は存在する。しかしユダヤ人入植地建設にみられる領土拡大とそこからのパレスチナ・アラブ人の排除は、ユダヤ人国家が有す暴力的な排除的側面を示しているといえる。

# あとがき

本書のもとになった論文は、二〇一〇年三月に法政大学大学院政治学研究科より博士（政治学）の学位を授与された学位論文「19世紀末から1948年イスラエル建国に至るアメリカ・シオニスト運動の展開――『アメリカ』と『パレスチナ問題』形成序説」である。ただしこの論文は、一部がすでに活字論文として発表されたこともある。既出の論文は以下の通りである。

第三部第三章、「一九四三年アメリカ・ユダヤ人会議をめぐる政治過程――ホロコーストとユダヤ・コモンウェルス」『法政研究』（九州大学法学部紀要）、二〇一二年三月、七八巻第三号、七九九―八三三頁。

第二部第一章・第二章、「アメリカ・シオニズム運動と『パレスチナ』――国民国家・民主主義という観点から」『経済志林』（法政大学経済学部紀要）、二〇一一年一二月、七九巻四号、六五―一一二頁。

第一部第二章、「アメリカにおけるシオニズムの論理――ルイス・ブランダイスに関する考察を通じて」『政治研究』（九州大学政治研究会）、二〇〇四年三月、第五一号、五九―九二頁。

第三部第二章、「アメリカ・シオニスト運動と『パレスチナ・アラブ人問題』――ビルトモア会議を中心と

して」『政治研究』(九州大学政治研究会)、二〇〇一年三月、四八号、五五—九二頁。
第三部第一章第三節、「アメリカにおけるシオニスト運動の検討——緊急委員会によるユダヤ軍創設構想に関する議論を中心として」『九州歴史科学』(九州歴史科学研究会)、第二七号、一九九九年九月、四〇—七九頁。

それぞれの論文は、発表当時のまま本書に収録されているわけではない。博士論文、そして本書に至る過程で、かなりの修正を加えている。これらの諸論文を体系だててまとめるにあたっては、一定の理論枠組み、方法論が必要であった。

本書を執筆するにあたっての問題関心の源流は、一九八七年の第一次インティファーダであった。当時高校生であった私は、「過酷な目にあったユダヤ人が、また再度他者に過酷な暴力を振るうのはどうしてだろうか」という幼稚といえば幼稚な関心を抱いた。大学院に進学するにあたって、「では、どうしてユダヤ人はユダヤ人国家をつくりあのような暴力を振るうことになったのか」という問いのもとにシオニスト運動の研究を始めた。修士課程においてはシオニスト運動の指導者であるベン・グリオンの研究を行ったが、そこでアメリカ・ユダヤ人の動向が重要な意味をもっていたことを知るに至り、アメリカ・シオニスト運動に対象を絞って研究を行うことにした。そのなかでの問題関心は、同化ユダヤ人が多いアメリカで、シオニスト運動がいかに展開されていくのか、相対的にユダヤ人に対する暴力が少ないアメリカでパレスチナ・アラブ人との共存を先導する道筋はなかったのかということであった。後者の問題について研究を進めるうちに、ドイツ、ヨーロッパにおけるユダヤ人の大量虐殺によって「共存」思考が消えていく過程に向かい合うことになって絶望しながらもがき苦しんだが、メタレベルでの思考枠組みが必要であると認識して何とか構築し、またローゼンブラットという人物の共存に対する具体的アイディアと絶望の中でのあがきをアメリカ・シオニスト運動の機関紙資料にみつけ、そこに人間が最後に放つ一筋の光をみた。

研究にあたっては、非常勤という困難もあって、パレスチナそのものに対する研究は結局ほとんど手付かずに終わった。自分の未熟さに恥じ入るばかりである。

本書をまとめるにあたっては、たくさんの方のご尽力をいただいた。人名が多すぎるかもしれないが、挙げさせていただければと思う。本書に名前を取り上げられたことが、不名誉にならなければ幸いである。むろん、ここに挙げきれなかった人もあることを付記したい。

まずは法政大学法学部の杉田敦先生に感謝しなければならない。博士論文執筆の困難と混乱のなか、幾度も貴重なお時間を割いてアドバイスを受けた。そのなかで方法論も含めた構想がまとまり博士論文を完成することができた。研究のうえでも、杉田先生の権力論にふれるなかで本書で使用した「アジェンダ形成・確定をめぐる権力過程」という枠組みを思いつくことができた。厚かましくも法政大学大学院政治学研究科で博士号取得にチャレンジできないかとお願いしたところ、ご快諾いただき、無事博士号（政治学）を授与されるに至った。九州大学で杉田先生の集中講義を受けた機縁のみで、ここまでお世話してくださった先生には、心よりの感謝を申し上げたい。

また博士号取得にあたっては、副査をパレスチナ問題の専門家である法政大学経済学部の奈良本英佑先生にお願いした。そもそも研究を政治史として本格化するにあたっては、奈良本先生から一次資料をコピーさせていただくことができたことが大きかった。奈良本先生の懐の深さに感謝するとともに、パレスチナ問題の専門家の先生から博士号承認をいただいたことは大きな喜びであった。

九州大学大学院法学研究科では石田正治先生のご指導を賜った。また熊野直樹先生には、政治史の基本的な作法を教えていただくとともに、九州大学の非常勤に就く際もご尽力いただいた。九州大学の政治研究会では、先の両先生とともに、小山勉先生、関口正司先生、木村俊道先生はじめ諸先生、先輩、同輩、後輩の鋭く本質的な質問にのたうち回りながらも、充実した研究生活を送ることができた。また木村俊道氏、先輩である安武真隆氏、兵頭淳史氏には、非常勤、研究員ポストを得る際にご尽力いただき、心から感謝を申し上げたい。大学院時代には、先輩、同輩、後輩に恵まれ、法学領域の方々とも交流でき、法学的思考に一定の勘所がついたように思う。それはブランダイス研究、関西大学法学部非常勤での導入演習に大変役立った。

日本学術振興会特別研究員時代には、国立民族学博物館地域研究企画交流センターから京都大学地域研究統合情報センターに所属を移すことになったが、そこでは指導教官である臼杵陽先生、押川文子先生のご指導のもと学際的な知見を得て刺激的な研究生活送ることができた。また地域研究企画交流センター主催の「ユダヤ研究会」では、徳永恂先生、大塚和夫先生、市川裕先生、有田英也先生、長田浩彰先生、手島勲矢先生、高尾千津子先生、高木久夫先生はじめユダヤ研究の一線の方々の研究報告と議論に触れ、ユダヤ研究に対する自らの知見のなさに恥じ入りながらも学識を深めることができた。また諸先生にはいろいろなところでお世話になった。お礼申し上げたい。

また国立民族学博物館時代に知己を得た錦田愛子氏が、パレスチナ研究会への参加を呼びかけてくださったことを有難く思う。

長い非常勤生活を続けるなかで、非常勤のポストを得ることは研究者としての研究歴の継続ということもさることながら経済的にも深刻な問題であった。いまに至るまで研究者としての経歴を続けられたのは、先に述べた九州大学の諸先輩、諸氏のおかげであり、さらに以下の方々のご尽力のおかげであった。熊本県立大学の非常勤をお世話してくださった星乃治彦先生、九州産業大学の非常勤をお世話してくれた後輩である田中慎一氏、関西時代には龍谷大学の非常勤を紹介してくださった馬場優氏、また引き受けてくださった石田徹先生、大阪商業大学の非常勤をお世話してくださった織田健志氏、滋賀県立大学の非常勤をお世話してくださった馬場義弘氏、北九州市立大学の非常勤のお世話をしてくださった北美幸氏、熊本大学の非常勤のお世話をしてくださった中内哲氏。以上の方々には改めて感謝申し上げたい。

また本書の刊行にあたって、法政大学出版局の高橋浩貴氏は、法政大学出版局の出版助成をご紹介してくださった。そして無事出版助成をいただけることになり本書の出版に至ることができた。作業がはかどらずご迷惑をおかけしたことをお詫びするとともに、高橋氏と法政大学出版局に感謝を申し上げたい。

そして最後に、両親と姉と親族に心より感謝を述べたい。研究者という経済的にも身分的にも不安定な状態が長期に続くなかで、物心両方ともご面倒をおかけした。その支えなしには、本書の刊行はありえなかったし研究の継続もあり得なかった。無事本書が刊行できたことで少しの恩返しになればと思う。

本書の内容、誤り、未熟さについては、筆者一人の責任であることはいうまでもない。

二〇一七年六月　　池田有日子

# 索　引

## ア行

## カ行

## サ行

## タ行



## ナ行

## ハ行

## マ行



## ヤ行

## ラ行

## ワ行



## A-Z

# 参考文献

## I　史料

### A　一次史料


Abba H. Silver Papers, Menson Files II-5 Minutes of Meetings of the Emergency Committee for Zionist Affairs（以下 MEC), 6/19/1941.
MEC 11/19/1941.
MEC 12/4/1941.
MEC 12/23/1941.
MEC 1/8/1942.
MEC 1/14/1942.
MEC 1/15/1942.
MEC 1/22/1942.
MEC 1/23/1942.
MEC 2/12/1942.
MEC 2/19/1942.
MEC 3/8/1942.
MEC 3/23/1942.
MEC 4/22/1942.
MEC 4/29/1942.
ZOA National Administrative Council 4/20/1941, Central Zionist Archive（以下 CZA), F38/127.
ZOA National Administrative Council 6/22/1941, CZA, F38/130.
Resolution adopted by Political and Public Relation Round Table on Monday Morning, ZOA 44th Convention Printed Material, CZA, F38/319.
44th ZOA Annual National Convention 9/6-9/1941, CZA, F38/334.
ZOA Executive Committee Minutes 9/15/1941, H. Silver Papers II-57.
ZOA National Administrative Council 9/28/1941, CZA, F38/126.
ZOA National Administrative Council, CZA, F38/129.
ZOA Executive Committee Minutes, 2/17/1942, Silver Papers II-109.
Extraordinary Zionist Conference: Stenographic Protocol, CZA, Z5/3488.
ZOA Press Release 10/4/1942, CZA, F38/924.
ZOA Printed 45th Convention Printed Material 10/17/1942, CZA, F38/317.
JewishVirtuaLibrary, A Division of American The American-Israel Cooperative Enterprise (http://www.jewishvirtuallibrary.org/jsource/Holocaust/Riegner.html)

Public Papers of the Presidents, Harry S. Truman, 1946, June-Dec.

## B 史料集

Cohen, Michael J. (ed.), *The Rise of Israel 31: The Zionist Political Program, 1940-1947*, New York & London, Garland Publishing, 1987.

——— (ed.), *The Rise of Israel 35: The Anglo-American Committee on Palestine, 1945-1946*, New York & London, Garland Publishing, 1987.

Geddes, Charles L. (ed.), *A Documentary History of Arab-Israeli Conflict*, New York, Paeger Publishers, 1991.

Goldman, Solomon (ed.), *The Word of Justice Brandeis*, New York, Henry Schuman, 1953.

Historical Office, Bureau of Public Affairs, *Foreign Relations of the United States (FRUS): Diplomatic Papers, 1943, vol. IV: The Near East and Africa*, Wasington D.C. Government Printing Office, 1964.

——— *FRUS: Diplomatic Papers, 1945, vol. VIII: The Near East and Africa*, Wasington D.C. Government Printing Office, 1969.

——— *FRUS: Diplomatic Papers, 1946, vol. VII: The Near East and Africa*, Wasington D.C. Government Printing Office, 1969.

Wyman, David S. (ed.), *The Mock rescue conference: Bermuda, America and the Holocaust*, vol. 3, New York & London, Garlamd Publishing, 1990.

——— (ed.), *American Jewish Disunity, America and the Holocaust*, vol. 5, New York & London, Garlamd Publishing, 1990.

## C 逐次次刊行物

*The New Palestine*, New York, Zionist Organization of America.

*The New York Times*.

## D 書簡集・回顧録・伝記・欧語

Ben-Gurion, David, *Israel: A Personal History*, New York, Sabra Books, 1972.

Truman, Harry S., *The Memoirs of Harry S. Truman vol. 2: Year of Trial and Hope, 1946-1953*, New York, Hodder and Stoughton.

Urofsky, Melvin I. and Levy, David W. (ed.), *Letters of Louis D. Brandeis vol. II, 1907-1912*: People's Attorney, New York, State University Press of New York, 1972.

——— (ed.), *Letters of Louis D. Brandeis vol. III, 1913-1915: Progressive and Zionist*, New York, State University of New York Press, 1973.

——— (ed.), *Half Brother Half Son: The Letters of Louis Brandeis to Felix Frankfurter*, Norman and London, University of Oklahoma Press, 1991.

### E　回顧録・伝記・邦語

テオドール・ヘルツル『ユダヤ人国家——ユダヤ人問題の現代的解決の試み』佐藤康彦訳、法政大学出版局、1991年


## II　研究

### A　研究文献・欧語・単行本


#### Political Theory

Oommen, T. K., *Citizenship, Nationality, and Ethnicity: Reconciliating Competing Identities*, Cambridge, Polity Press, 1997.

Smith, Anthony D., *The Nation in History: Historiographical Debates about Ethnicity and Nationalism*, Juelsalem, Historical Society of Israel, 2000.

Tamir, Yael, *Liberal Nationalism*, Princeton University Press, 1993.

#### American Zionist Movement, American Jews

Berman, Aaron, *Nazism the Jews and American Zionism: 1933-48*, Detroit, Wayne State University Press, 1990.

Gal, Allon, *Brandeis, Progressivism and Zionism: A Study in the Interaction of Idea and Social Background* (Ph.D.), Brandeis University, 1976.

——— *David Ben-Gurion and the American Alignment for a Jewish State*, Indiana, Magnes Press, 1991.

Haas, Jacob de, *Louis Brandeis: A Bibriographical Sketch*, New York Bloch Publishing Company, 1929.

Helperin, Samuel, *The Political World of American Zionism*, Detroit, Wayne State University Press, 1961.

Kaufman, Menahem, *An Ambiguous Partnership: Non Zionist and Zionist in America, 1939-48*, Jerusalem, The Magnes Press, 1991.

Kolsky, Thomas, *Jews against Zionism: The American Council for Judaism, 1942-1948*, Philadelphia, Temple University Press, 1990.

Mason, Alpheus Thomas, *Brandeis and The Modern State*, Washington D.C. Princeton University Press, 1933.

Medoff, Rafael, *American Zionist Leaders and the Palestinian Arabs, 1898-1948* (Ph.D.), Yeshiva University, 1991.

——— *Zionism and The Arabs: An American Jewish Dilemma, 1898-1948*, Westport, Praeger Publisher, 1997.

——— *Baksheesh Diplomacy :Secret Negotiations between American Jewish Leaders and Arab Officials on the Eve of World War*, New York, Lexington Books, 2001 .

——— *Militant Zionism in America: The Rise and Impact of the Jabotinsky Movement in the United States, 1926-1948*, Tuscaloosa, The University of Alabama Press, 2002.

Shapiro, David H., *From Philanthropy to Activism: The Political Transformation of American Zionism in the Holocaust Years 1933-1945*, Oxford, Pergman Press, 1994.

Shapiro, Yonathan, *Leadership of the American Zionist Organization 1897-1930*, Urbana Chicago London, University of Illinois Press, 1971.

Strum, Philippa, *Louis Brandeis: Justice for the People*, Cambridge, Harvard University Press, 1984.

Urofsky, Melvin I., *Louis D. Brandeis and Progressive Tradition*, Tront, Little, Brown and Company, 1981.

——— *Voice that spoke for Justice: The Life and Times of Stephen S. Wise*, New York, State University of New York Press, 1982.

——— *American Zionism: From Helzl to The Holocaust*, Lincoln and London, University of Nebraska Press, 1995.

Weyl, Nathaniel, *The Jew in American Politics*, New York, Arlington House, 1968.

Wyman, David S., *The Abandonment of the Jews: America and the Holocaust*, New York, The New Press, 1984.

#### Zionism, Israel/Palestine

Halpern, Ben, *A Clash of Heroes: Brandeis, Weizmann and American Zionism*, Oxford, Oxford University Press, 1987.

Lockman, Zachary, *Comrades and Enemies: Arabs and Jewish Workers in Palestine 1906-1948*, Berkley Los Angels London, University of California Press, 1996.

Morris, Benny, *The Birth of Palestinian Refugee Problem, 1947-1949*, Cambridge, Cambridge University Press, 1987.

Shavit, Yaacov, *Jabotinsky and the Revisionist Movement 1925-48*, London, Frank Cass, 1988.

#### Foreign Policy of U.S.A., and U.K.

Barker, Elisabeth, *The British between the Superpowers, 1945-50*, London, The Macmillan Press Ltd., 1983.

Bauer, Yehuda, *From Diplomacy to Resistance: A History of Jewish Palestine 1939-1945*, New York, The Jewish Publication Society of America, 1970.

Cohen, Michael, *Palestine, Retreat from the Mandate: The Making of British Policy, 1935-45*, London, Paul Elek, 1978.

Evensen, Bruce J., *Truman, Palestine, and the Press: Shaping Conventional Wisdom at the Beginning of the Cold War*, New York, Greenwood Press, 1992.

Fraster, T. G., *The USA and the Middle East since World War 2*, London, Macmillan, 1989.

Nachmani, Amikam, *Great Power Discord in Palestine: The Anglo-American Committee of Inquiry into the Problems of European Jewry and Palestine 1945-1946*, London, Frank Cass, 1987.

Neff, Donald, *Fallen Pillars: U.S. Policy towards Palestine and Israel, since 1945*, Washington, D.C. Institute for Palestine Studies, 1995.

Ovendale, Richie, *Britain, The United State, and the End of the Palestine Mandate, 1942–48*, Boydell Press, 1989.
Roger Louis, Wm., *The British Empire in the Middle East 1945–1951: Arab Nationalism, the United States, and Power Imperialism*, Oxford, Clarendon Press.
Rubin, Barry, *The Great Powers in the Middle East 1941–1947: The Road to the Cold War*, Frank Cass, 1980.

## B　研究文献・欧語・論文

Bierbrier, Doreen, "The American Zionist Emergency Council: An Analysis of Pressure Group", *American Jewish Quarterly*, vol. 60–1, Sept. 1970, Waltham.
Cohen, Michael J., "The Zionist Perspective", Roger Louis, Wm. and Robert W. Stookey (ed.), *The End of the Palestine Mandate*, London, I. B. Tauris & Co. Ltd., 1986.
Dinnerstein, Leonard, *America, Britain, and Palestine: The Anglo-American Committee of Inquiry and the Displaced Persons, 1945–46*, Diplomatic History, vol. 4, no. 3, 1980.
Levenberg, H., *Bevin's Disillusionment: the London Conference*, *Middle Eastern Studies*, Autumn, 1946.
Mead, Walter Russell, "The New Israel and the Old: Why Gentile Americans back the Jewish State", *Foreign Affairs*, vol. 87, no. 4, July/August 2008.
Penkower, Monty Noam, "Ben-Gurion, Silver, and 1941 UPA National Conference", *American Jewish History*, vol. 69, Sep., 1979.
Urofsky, Melvin I., "To Guide by the Light of Reason: Mr. Justice Brandeis-An Appreciation", *American Jewish History*, vol. LXXXI, no. 3–4, 1994 Spring-Summer, pp. 365–394 .
奈良本英佑 "Preparation for the Biltomore Conference"『法政大学多摩論集』第10巻、1994年.

## C　研究文献・邦語・単行本

### 政治思想・理論

アーネスト・ゲルナー『民族とナショナリズム』加藤節監訳、岩波書店、2000年。

ウィリアム・コノリー『アイデンティティ／差異――他者性の政治』杉田敦・齋藤純一・権左武志訳、岩波書店、1998年。

カール・マルクス『ユダヤ人問題によせて　ヘーゲル法哲学批判序説』城塚登訳、岩波文庫、1974年。

杉田敦『権力の系譜学――フーコー以後の政治理論に向けて』岩波書店、1998年。

――――『権力』岩波書店、2000年。

――――『境界線の政治学』岩波書店、2005年。

スティーブン・ルークス『現代権力論批判』中島吉弘訳、未來社、1995年。

ハナ・アーレント『全体主義の起源（1）――反ユダヤ主義』大久保和郎訳、みすず書房、1972年。

――――『イェルサレムのアイヒマン――悪の陳腐さについての報告』大久保和郎訳、

みすず書房、1969年。

ベネディクト・アンダーソン『想像の共同体――ナショナリズムの起源と流行（ネットワークの社会科学シリーズ）』増補版、白石さや・白石隆訳、NTT出版、1997年。

――――『比較の亡霊――ナショナリズム・東南アジア・世界』糟谷啓介・高地薫他訳、作品社、2005年。

丸山敬一編『民族問題――現代のアポリア』ナカニシヤ出版、1997年。

――――編『民族自決権の意義と限界』有信堂高文社、2003年。

ミシェル・フーコー『ミシェル・フーコー講義集成（4）――社会は防衛しなければならない（コレージュド・フランス講義　1975-76）』石田英敬・小野正嗣訳、筑摩書房、2007年。

**ユダヤ関連**

有田英也『ふたつのナショナリズム――ユダヤ系フランス人の「近代」』みすず書房、2000年。

植村邦彦『同化と解放――19世紀「ユダヤ人問題」論争』平凡社、1993年。

ウォルター・ラカー『ユダヤ人問題とシオニズムの歴史』新版、高坂誠訳、第三書館、1994年。

大澤武男『ユダヤ人とドイツ』講談社新書、1991年。

レオン・ポリアコフ『反ユダヤ主義の歴史（5）――現代の反ユダヤ主義』菅野賢治・合田正人監訳、小幡谷友二・高橋博美・宮崎海子訳、筑摩書房、2007。

**イスラエル・パレスチナ関連**

阿部俊哉『パレスチナ――紛争と最終的地位問題の歴史』ミネルヴァ書房、2004年。

板垣雄三『石の叫びに耳を澄ます――中東和平の探索』平凡社、1992年。

浦野起央『パレスチナをめぐる国際政治』南窓社、1985年。

エドワード・W・サイード『パレスチナとは何か』島弘之訳、岩波書店、1995年。

大岩川和正『現代イスラエルの社会経済構造』東京大学出版、1983年。

木村申二『パレチナ分割』第三書館、2002年。

ジョン・キムチ『パレスチナ現代史――聖地から石油へ』田中秀穂訳、時事通信社、1974年。

奈良本英佑『パレスチナの歴史』明石書店、2005。

**アメリカ関連、その他**

有賀夏紀『アメリカの20世紀（上）　1890 ～ 1945年』中公新書、2002年。

――――『アメリカの20世紀（下）　1945 ～ 2000年』中公新書、2002年。

木畑洋一『新しい世界史（5）支配の代償――英帝国の崩壊と「帝国意識」』東京大学出版会、1987年。

紀平英作編『世界各国史（24）アメリカ史』新版、山川出版社、1999年。

草間秀三郎『ウィルソンの国際社会政策構想――多角的国際協力の礎』名古屋大学出版会、1990年。

チャールズ・E・シルバーマン『アメリカのユダヤ人』武田尚子訳、明石書店、2001年。

野村達朗『ユダヤ移民のニューヨーク――移民の生活と労働の世界』山川出版社、1995年。

古矢旬『アメリカニズム――「普遍国家」のナショナリズム』東京大学出版会、2002年。

ラビリー・J・レヴィンジャー『アメリカ合衆国とユダヤ人の出会い』邦高忠二・稲田武彦訳、創樹社、1997年。

## D 研究文献・邦語・論文

### 政治思想・政治理論

杉田敦「法と暴力――境界画定／非正規性」日本政治学会編『年報政治学 2008-II 政府間のガバナンスの変容』木鐸社、2008年。

ミシェル・フーコー「ニーチェ、系譜学、歴史」『ミシェル・フーコー思想集成（4）――規範／社会（1971-1973）』蓮實重彥・渡辺守章監修、小林康夫・石田英敬・松浦寿輝編集、筑摩書房、1999年。

### ユダヤ関連

市川裕「宗教学から見た近代ユダヤ人のアイデンティティ」市川裕・臼杵陽・大塚和夫・手島勲矢編『ユダヤ人と国民国家――「政教分離」を再考する』岩波書店、2008年。

大塚和夫「『ユダヤ教徒』と『ユダヤ人』の差異をめぐって」市川裕・臼杵陽・大塚和夫・手島勲矢編『ユダヤ人と国民国家――「政教分離」を再考する』岩波書店、2008年。

高木久夫「中世におけるユダヤ思想の動き」手島勲矢編『わかるユダヤ学』日本実業出版社、2002年、134-136頁。

長田浩彰「ユダヤ人のドイツ社会への統合――1871年から1939年の時期を通じて」『西洋史上における異民族接触と統合の問題』平成7年度～平成9年度科学研究費補助金基盤研究（B）(2) 研究成果報告書、1998年3月。

橋本公亘「ルイス・ブランダイスの思想と行動」片山金章先生追悼論文集刊行委員会編『法と法学の明日を求めて 片山金章先生追悼論文集』勁草書房、1989年、3-22頁。

丸田隆「世紀転換期のアメリカと若き法律家ブランダイス――『ソーシャル・リベラリズム法学』形成の時代」『甲南法学』第27巻3・4号（323）、1987年、5-113頁。

### パレスチナ

臼杵陽「パレスチナ・アラブ民族運動」伊能武次編『アラブ世界の政治力学』アジア経済研究所、1985年。

――――「イスラエル建国、パレスチナ難民問題、およびアブドゥッラー国王――1948年戦争をめぐる『修正主義』学派の議論を中心として」『大阪外国語大学アジア学論叢』第4号、1994年。

立山良司「パレスチナ問題」『現代用語の基礎知識』特別編集『国際情勢ベーシックシリーズ（3）中東』自由国民社、1994年。

**イギリス外交**

近藤申一「シオニズム運動とイギリスの出会い——エル・アリシュ案登場の背景」『史観』第90冊、1975年。

# 附録　主要人名・用語集

## シオニズムのイデオロギー

**政治的シオニズム**　ヘルツルに代表される、ユダヤ人国家建設について大国に政治的な働きかけを行いその承認の下に推し進めるというもの。

**実践的シオニズム**　ロシア、東ヨーロッパのユダヤ人を中心に、合法・非合法であるかを問わず、パレスチナへの移民を促進しユダヤ社会の建設を図ろうとするもの。これらは「社会主義シオニズム」「労働シオニズム」の源流となった。

**労働シオニズム**　19世紀末のロシアを中心に、農業、産業に足場を置く自由ユダヤ人労働者としてパレスチナにおけるユダヤ民族の発展を図ろうとするもの。理論的支柱はボロポフ（Ber Borochov, 1881–1917）であり、彼がユダヤ・ナショナリズムとしてのシオニズムと社会主義を統合した。ヘブライ語文化の発展を重視する。パレスチナにおけるシオニスト運動の中心勢力の基底的なイデオロギーであり、イスラエル建国の主導勢力であった。

**修正主義シオニズム**　ジャボティインスキー（Vladimir Jabotinsky, 1880–1940）の指導力、影響力によりシオニスト右派勢力として形成される。1922年にイギリスがパレスチナ委任統治領域からトランス・ヨルダンを分離したことに反対し、「大イスラエル（ヨルダン川両岸を含む領土）」におけるユダヤ人国家建設を主張する。パレスチナへの早急な移民を主張し、30年代後半には非合法移民活動を行った。その影響下にあるアメリカの組織（いわゆるバーグソン・グループ）は、1941年に「ユダヤ軍創設」、43年にはヨーロッパ・ユダヤ人のパレスチナへの移民を唱える大々的なキャンペーンを行った。自由経済を主張していたため、ベン・グリオンら農業入植を主張していた労働シオニストと鋭く対立した。1935年に社会主義的またはリベラル的な世界シオニスト機構の指導部の妥協的な政策に反発して新シオニスト機構を設立した。軍事組織として1937年にイルグン・ツヴァイ・レウミ（Irugun Tzvai Leumi）、さらに1939年から40年にレヒ（Lehi, シュテルン・ギャング）を設立した。

**文化的シオニズム**　アハド・ハアム（Ahad Ha'am, 1856–1927）を主要な提唱者とする。シオニズムはパレスチナにユダヤ民族の精神的文化的センターを作るものであるとした。（宗教的なものではない）民族的自覚の高揚が最重要であるとして、政治的シオニズムとも実践的シオニズムとも距離を置いた。

**宗教的シオニズム**　ユダヤ教正統派は、ユダヤ人のシオンへの帰還を希望し祈らなければならない、しかし積極的に救済を早めることは罪であり厳しく禁止されるべきだとしていた。そのなかで純粋に世俗的なシオニズムを拒否しながらも、ヨーロッパの精神的道徳的諸価値は限られた価値しかもたない、宗教なきユダヤ民族は魂な

き肉体であり宗教と民族は不可分の統一体をなしている、伝統的な法に則りパレスチナにユダヤ民族の民族郷土を建設することに力を注ぐべきである、としてシオニズムとユダヤ教と結びつける勢力が登場し、1902年に政党としてミズラヒを結成した。イスラエル建国以前は政治勢力としての影響力は微少だったが、建国後は政党政治力学のなかで影響力を持つようになっていった。

## 主要組織・団体（シオニスト系、ユダヤ系）

**世界シオニスト機構（The World Zionist Organization）**　1987年にヘルツル主導のもとバーゼルで開催された第1回シオニスト会議に創設された、シオニスト運動の正式組織。組織への加入に際しては、「ユダヤ民族のために、公に承認され、法によって保証された、ユダヤ民族のためのパレスチナの郷土を、確保するよう努めるものである」とするバーゼル綱領に著名しシュケルを払わなければならなかった。

**ユダヤ機関（Jewish Agency）**　元来はパレスチナにユダヤ・ナショナル・ホームを建設するという任務に際してイギリス委任統治政府に助言、協力するために1922年の委任統治条項に基いて設立された。1920年代初頭以来、ユダヤ民族全体の代表組織としてユダヤ機関を機能させるという目的のもとワイズマン主導でとりわけアメリカの非シオニストの援助獲得が試みられ、結果1929年に拡大ユダヤ機関が設立された。シオニスト運動の総裁は職権上ユダヤ機関総裁がなることとなり、本部をエルサレムに、支部をロンドンに置いた。パレスチナにおけるユダヤ・ナショナル・ホーム建設に対する非シオニスト・ユダヤ人の支持、支援の獲得を眼目としていたが、事実上の統制権はシオニストが掌握していた。拡大ユダヤ機関は、イギリスや世界に対してユダヤ民族全体を代表して主張、交渉を行うことを主要な目的としていたと同時に、移民の促進、経済開発、社会福祉政策の実施など、パレスチナのイシューヴ（ユダヤ共同体）の統治機関としての機能も果たした。

**イフード（Ichud）**　「Unity」の意。イギリス委任統治下においてパレスチナにおけるアラブ・ユダヤ二民族国家を唱えたユダヤ人マイノリティグループ。主要提唱者マグネス（Judah Magnes）がアラブ人とユダヤ人の直接的な衝突を避けるために断固たる試みがなされるべきであると主張して、1942年に決議された「パレスチナにユダヤ・コモンウェルスを建設する」としたビルトモア宣言に反対し、マルティン・ブーバー（Martin Buber）らとともに結成した。

### アメリカ

#### i）シオニスト系

**アメリカ・シオニスト連盟（Federation of American Zionist, FAZ）**　ヘルツルによる第1回シオニスト会議への招聘に応じるために1898年7月に設立された。100の団体で構成された非常にゆるやかな連合組織であり、ヘブライ語を話すクラブ、ユダヤ教育協会、シナゴーグ組織、友愛組合なども傘下に入っていた。

**緊急委員会（The Emergency Committee for Zionist Affairs）**　1939年8月16日からジュネーヴで開催された第21回シオニスト会議において、アメリカに設立することが決められた。この緊急委員会はイギリスとドイツとの戦争が不可避の状況において、「戦争によりロンドンとパレスチナのシオニスト指導部が機能しえなくなった場合に、世界シオニスト機構の指令を実行する機関を中立国において維持する」「シオニズムに対する共感を喚起する」ことを目的としていた。ZOAやハダサーなどのアメリカ・シオニスト諸団体の統括機関としてアメリカ・シオニストの団結を促進するものと位置づけられていると同時に、世界シオニスト指導部はこれを通じてアメリカ・ユダヤ人の世論を喚起しアメリカ政府のシオニスト運動に対する支持を獲得することを目指した。

**アメリカ・シオニスト機構（Zionist Organization of America, ZOA）**　1917年にブランダイスが中心となってFAZを改編して創設した、アメリカ・シオニスト運動の政治活動の中心組織。FAZが団体会員制だったのに対して、ZOAは個人会員制を採用し、強力な指導力を発揮することができるようになった。

**ハダサー（Hadassah）**　1912年にヘンリエッタ・ゾールド（Henrietta Szold, 1860-1945）により設立されたアメリカの女性シオニスト組織。主な活動はパレスチナにおける健康、医療ケアであったがのちに社会的教育的プロジェクトも展開する。アメリカのシオニスト系組織では最大の会員を擁していた。パレスチナにおけるユダヤ－アラブの共存への意思と試みを有していた。

**UPA（United Palestine Appeal）**　1925年にパレスチナのユダヤ入植地建設を支援することを目的として、様々なシオニストにより資金調達活動を調整、統一するために設立された。

**バーグソン・グループ（通称）**　パレスチナの修正主義派の組織であるイルグン・ツヴァイ・レウミの青年が1940年以降アメリカにおいてバーグソンという人物（Peter H. Bergson, 1915-2001, 本名Hilell Kook）を中心とした組織を形成し、様々な活動を行った。彼らのメディアを活用した戦略は相当な影響力を発揮したとされる。

**ii）非シオニスト系ユダヤ団体**

**ブナイ・ブリス（Bnai Brith）**　契約の息子たちの意。1843年にドイツ系ユダヤにより設立されたアメリカで最初の友愛団体。当初は保険への加入や文化集会の開催などを行える統一機関として発足したが、次第に慈善事業や海外のユダヤ人の援助など広範な活動を行うようになっていった。

**アメリカ改革派ラビ中央評議会（Central Conference of American Rabbis）**　アメリカの改革派のラビの組織。1896年には「ユダヤ人はネーションではなく宗教共同体」としてシオニズムに明確に反対する『ピッツバーグ綱領』を採択していた。第一次世界大戦中はシオニスト運動を支持したり、それに参加したりするのは個人の問題として次第に批判を弱め、1936年には正式にシオニズムに中立の立場を採ることを決めた。

**アメリカ・ユダヤ人委員会（American Jewish Committee）**　1906年に東欧におけるユダヤ人へのポグロムを契機に、アメリカ、世界におけるユダヤ人の権利擁護を目的として設立された。富裕で有力なドイツ系ユダヤ人によって構成されていた。

図　1940年代　主要シオニストおよびユダヤ系組織関連図

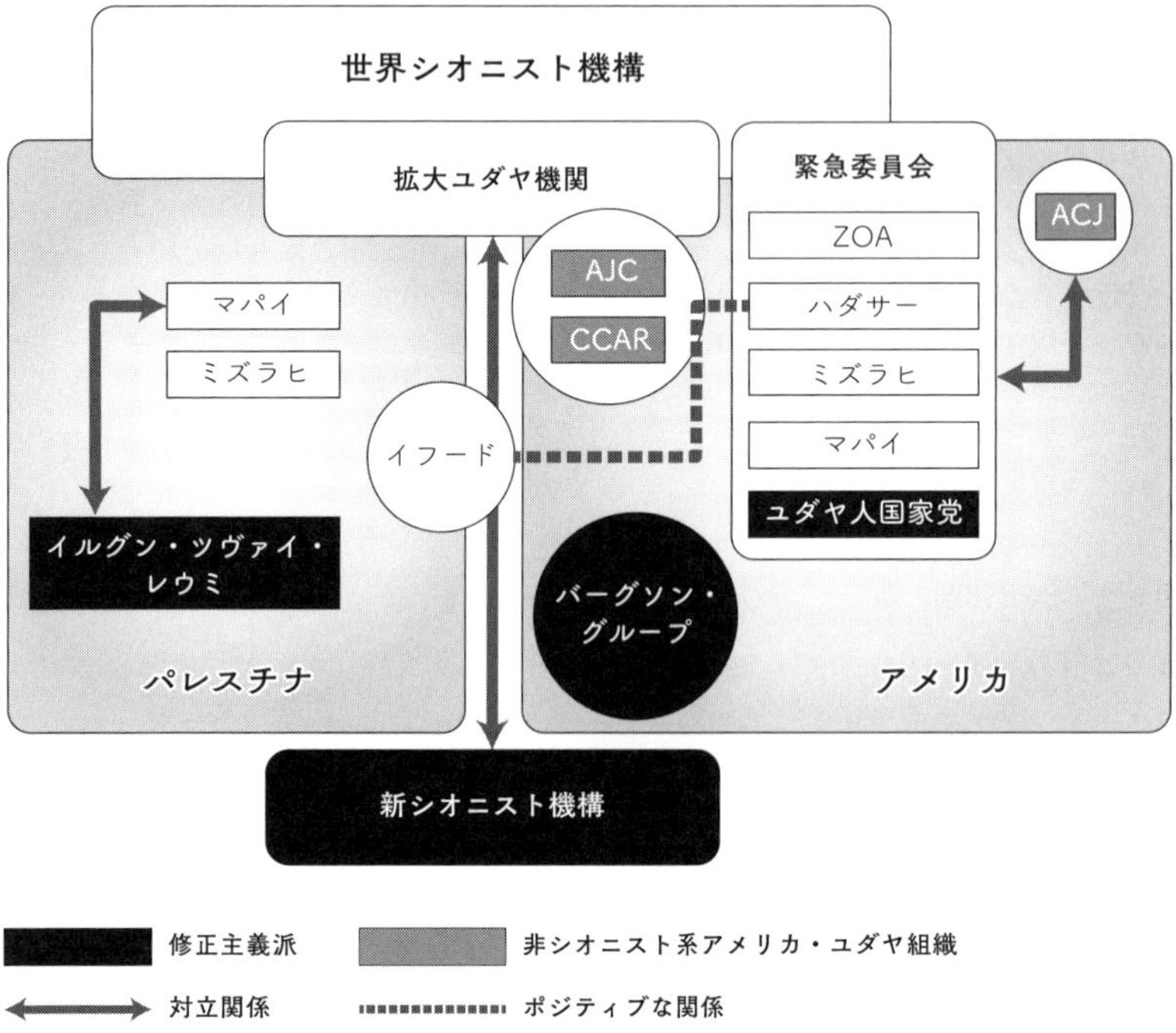


## 主要人物

### アメリカ

**ルイス・ブランダイス（Louis D. Brandeis, 1856–1941）**　「人民の弁護士」、革新主義派法律家として有名となり、1916年にはユダヤ人として初めてアメリカ合衆国最高裁判所裁判官となる。一方1912年にFAZに加入してシオニストとなり早期にアメリカ・シオニスト運動の指導者となり、「アメリカ」・シオニズムの理念的組織的基盤をつくった。

**ワイズ（Stephen S. Wise, 1874–1949）**　アメリカの改革派ラビ。FAZの創設からアメリカ・シオニスト運動に関わった中心的指導者の一人。

**リプスキー（Louis Lipsky, 1876–1949）**　ポーランド系移民を父にもつ。FAZ創設以前からシオニスト運動に参加。いわゆるアメリカの東欧系シオニストの代表、指導者。ブランダイスとワイズマンとの対立のなかでワイズマンを支持し、ブランダイス派

をZOA指導部辞任に追い込んだ。1920年代ZOAの指導権を掌握していたが、会員数の激減、財政的破綻などによりブランダイス派と妥協し、1930年のブランダイス復権を導いた。

**ヘンリエッタ・ゾールド（Henrietta Szold, 1860–1945）** ボルティモアのラビの娘として生まれる。ヘルツル以前からのシオニスト。夜間事業で教えたロシア系移民との接触によりシオニストとしての自覚を強めたとされる。アメリカ・女性シオニスト団体ハダサーを設立。第一次世界大戦中はパレスチナへのアメリカ・シオニスト医療部隊を組織し1920年にパレスチナに移住する。1927年には女性で初めてユダヤ機関執行部に選出される。二民族国家の一貫した提唱者。

**シルヴァー（Abba Hillel Silver, 1893–1963）** 9歳の時にリトアニアからアメリカに移住。改革派ラビのシオニスト。初期からその雄弁さで知られており、政府への世論圧力を主張し、1940年からイスラエル建国までアメリカ・シオニスト運動の転換に重要な役割を果たす。

## 世界シオニスト運動

**ヘルツル（Theodor Herzl, 1860–1904）** ハンガリーのブダペストの富裕で同化的なユダヤ人一家に生まれる。ウィーンで法学の勉強をし、その後著述業に転じる。1891年に『ノイエ・フライエ・プレッセ』紙よりパリ通信員に任命され、ドレフュス事件を目の当たりにし、1896年ウィーンの出版社より『ユダヤ人国家——ユダヤ人問題の現代的解決の試み』を著す。1897年にバーゼルで第1回シオニスト会議を開催し、現代的なナショナリズム運動としてのシオニスト運動を確立する。

**ワイズマン（Chaim Weizmann, 1874–1952）** 白ロシアのモントールに生まれる。学生時代より「ホヴェヴェ・シオン」に参加し、第2回シオニスト会議に出席する。1904年にロンドンに移住し、バルフォア宣言に至る過程において極めて重要な役割を果たす。その功績により世界シオニスト運動の指導者となる。初代イスラエル大統領。

## パレスチナ

**ベン・グリオン（David Ben-Gurion, 1886–1973）** ポーランドに生まれる。父親の影響により幼少期にシオニストとなる。1906年にパレスチナに移住。ポアレ・シオンの中央委員会に選出される。1915年にはオスマン帝国に追放され、渡米する。1921年から1935年までヒスタドルートの事務局長を務めた、パレスチナ・シオニスト運動の指導者である。1939年以降はアメリカにも数度訪れ、アメリカ・シオニスト運動に影響を与えた。初代イスラエル首相。

**池田有日子**（いけだ・ゆかこ）
1970年生まれ。九州大学大学院法学研究科博士後期過程単位取得退学。政治学専攻。現在、専修大学社会科学研究所客員研究員、九州大学法学部非常勤講師、熊本大学法学部非常勤講師。論文に「アメリカ・ユダヤ人とシオニズム」（『シオニズムの解剖——現代ユダヤ世界におけるディアスポラとイスラエルの相克』人文書院、2011年、所収）、「ルイス・ブランダイスにみる『国民国家』、『民主主義』、『パレスチナ問題』」（『年報政治学2007-2　包摂と排除の政治学』木鐸社、2007年、所収）ほか。

**ユダヤ人問題からパレスチナ問題へ**
アメリカ・シオニスト運動にみるネーションの相克と暴力連鎖の構造

---

2017年7月25日　初版第1刷発行
著　者　池田有日子
発行所　一般財団法人　法政大学出版局
〒102-0071 東京都千代田区富士見2-17-1
電話 03（5214）5540　振替 00160-6-95814
組版：HUP　印刷：日経印刷　製本：積信堂


---

Printed in Japan
ISBN 978-4-588-62536-7